只要這一切出於自然，
我不求深刻，只求簡單

塵世孤旅
三毛傳

常曉軍 著

「我們一生複雜，一生追求，總覺得幸福遙不可及，
不知那朵花啊，那粒小小的沙子，便在你的窗臺上，
你那麼忙，當然看不見了……我不求深刻，只求簡單。」

在無羈歲月中的流浪與追尋，作家三毛的孤獨行旅

目錄

第五章　落花時節的重生

第六章　一聲嘆息風流去

至情至性的驚豔傳奇（代序）

生命的品質不在於長短，而在於如何痛快地活過。就像三毛，用放蕩不羈的自由行走，完成了一種浪漫的生活方式。

說起三毛，讀者最先想到的是淒美。她看上去高冷的外表下，有著太多未知的痴迷和神往。確實，三毛的出現和離去，給人的感覺就像是一幅奇異的畫作，讓人從中解讀出各式各樣的內容，那其中就有著滾滾紅塵中的紛繁，有著夢裡花落知多少的單純，有著一個人漂泊的足跡，有著彼岸情若塵沙的愛戀，有著故鄉在遠方的鄉愁，有著追夢人的低聲哭泣……當然，她更像一個流浪遠方的夢。

歲月深處，她用獨特的文字，書寫著無比蒼涼的傳奇和記憶。為了愛情，情願把生命低到塵埃，並於千萬人之中尋找著所要遇見的那個人。不論結局如何，她勇於用她的真誠和愛心，來完成世俗而不世故的人生。

凡此種種，就如同那個千變萬化的萬花筒，從中反射出人生的絢麗。這些影像既是美麗真實的，也是虛幻斑斕的。其實，不管最終是海市蜃樓還是嚮往自由的探索都已不重要，依稀吹來的風中，能夠看到的只是一個靈魂不羈的奇女子，攜裹著她單薄的行李，在多情而又困惑的季節裡從沙漠深處走來。她是那麼的自如而婉轉，又是那麼的虔誠而浪漫，一頭長髮飄拂著，時而遮擋住了眼眸，時而撩撥著白皙脖項，勾畫出屬於少女最為真摯的夢想。

快樂不就是這樣嗎？即便是流著淚水的笑容，也要讓人看到不凡的光環和堅定。

這就是三毛，一朵於塵世間自由行走的花朵，一個已經逝去了許久，卻又讓人無法忘卻的非凡人物。她已不是單純文字的創作者，而是代表著一個時代的符號和夢想。

「我很容易就可以用這支筆把那個叫作三毛的女人殺掉，因為已經厭死了她，安排她死在座談會上好了，因為那裡人多——她說著說著，突然倒了下去，麥克風嘭地撞到地上，發出一陣巨響，接著一切都靜了，那個三毛，動也不動地死了。」

與俗世的距離，始終是三毛難以言說的隱痛。三毛之所以會用這樣冷冰冰的文字為自己的人生謝幕做好設計，源於內心對於死亡的幻想。這樣的幻想似乎充滿著美妙，始終在她周圍縈繞著，看似若即若離，實際上卻像生了根一樣，在慢慢地長大、蔓延。

許多年以後，真不知道三毛用筆寫下這段文字的時候，該是何種心情。但從那些文字的排列中，分明讀出的是無情和內心的陰雲密布。或許這樣才是真正的解脫。可這樣的文字還是讓人不寒而慄。

縱觀三毛一生，雖說光鮮的外表下有著不為人知的寂寞和無助，但她歷經萬水千山的追尋卻只是為著人生的簡單。「我們一生複雜，一生追求，總覺得幸福遙不可及，不知那朵花啊，那粒小小的沙子，便在你的窗臺上，你那麼忙，當然看不見了……我不求深刻，只求簡單。」

雖說不求深刻，但她還是窮盡一生都在營造著屬於自己的世界，這個世界對她而言是安全的。

第一章　那時我們還年少

一粒沙塵

淺淺海峽深深情，今朝恰似少年遊。許多年後，著名作家三毛又重新回到了當年生活過的地方——重慶的黃桷埡。這個地方已有了太多變化，唯一存在的還是那些樹，比之前粗壯了許多，形狀也變得更加怪異，但鋪天蓋地依然壯觀，很容易讓人一下子從這樣的場景中找到穿越往事的入口處。

黃桷埡老街確實十分古老了，當三毛撫摸著那滄桑的樹身時，更多的只是斷斷續續的記憶罷了，畢竟她當時只是個不諳人事的孩子。孩子的記憶是真實而又虛幻的，但這些片段的神奇之處在於，能給予她更為豐沃的生活土壤，讓這粒來到人間的塵土，能悄然扎根於這片土壤。有著江風吹拂，有著古樹滋養，有來來往往的人影響，黃桷埡上萬年來所形成的風土人情及神祕風貌，注定要成為一種無形的精神，深深地植入她的骨髓之中。三毛原名陳懋平，只是那個年代中出生的千千萬萬個幼小生命中的一個，可對於生存的強烈渴望，讓她生命裡從小便流淌著不為人知的激情和神祕。

如此看來，逝去的只是記憶。對於一個當時年僅三歲的孩子來說，她年幼的記憶又能留存下些什麼樣的美好呢？相信沒有人會知道這些，可是從她出版的一本本書中，從她的文字記錄中，還是可以逐漸釐清她的成長軌跡。

成長，就是更清楚自己想要什麼。

三毛刻骨銘心的成長中，既有著讓人黯然淚下的回望，又有著讓人心懷希望的真情。

記得當初她還被人叫作陳懋平時，她就在天真中不斷為自己的人生做著設計。雖然說似水流年，可以帶走少時的純真與質樸，但這樣的過程更像是蠶的蛻變，其間有著太多的痛苦。每個人的童年生活還是會留下太多述說不盡的記憶，而這些將始終銘刻在心中。無論如何，童年時期的種種經歷，終究會像樹的根鬚一般，努力地朝著地下不斷延伸，悄無聲息地浸入靈魂深處，最終又會影響到人的性格、成長和婚姻。

回溯三毛的成長歷程，彩色的時光緩緩定格在了1943年的山城重慶。

時令才近初春，封凍了一個季節的草木先後探出頭來，抖擻著毛茸茸的面孔，可愛而又單純，彷彿不諳人事的孩童，在期待、在盼望。今年的春天似乎來得比往年要早很多，雖然江風吹在身上還帶著絲絲寒意，可四周依然綠了起來，綠得那麼不懼不怕。樹枝還是先前光禿的模樣，葉子卻星星點點招展開來，江水的漣漪疊映著、交錯著，把逐漸變暖的陽光分成了形狀不一的光斑，然後又巧妙而不動聲色地投射在這些穿梭在各角落的街巷。

確實，這裡的每一條街巷看起來都十分古老。兩邊斑駁陸離的山牆不說，僅從地面變得高高低低的石板上就可以看出，這斑斑駁駁是歲月流淌而過的痕跡。每每有人說笑著從這些泛著銀光的街巷走過，儼然覺得它們要從這裡延展到天際。偶爾會有一兩聲弱弱的貓叫從陳舊的門後傳出來，不經意便打破了這悠長而又清涼的寂靜。或者有一兩隻狗垂著腦袋，一前一後從遠處跑過來，然後若無其事地從行人身邊過去，就像是什麼也不曾發生過。繁華落盡三千色，清風逐水煙裡波。

遠處是碧水翻滾的長江，看去恍若明亮耀眼的絲帶，有意無意搭在高高矮矮的房屋周圍。這些林立的房屋是有特色的，沿襲著山勢依次排布開來，黃葛樹一樣在這片土地上紮下根來。供人行走的街巷，便在樹蔭下變幻成為深深的渴望，古樸得像童年、像愛情，充滿著濃濃的鄉土氣息。

如果說用一秒鐘可以轉身離開，那麼則需要用一輩子來忘記。這便是黃桷埡給人的第一印象。

黃桷埡地方不大，歷史卻頗為悠久。彎彎曲曲的山路上，每一處都生長著特別的故事和內涵。自古以來，這裡就是重慶通往貴州的必經之道，早在南宋時就有詩人以「黃葛晚渡」來形容黃桷渡的繁華景象。到了清末，這條以遍植黃葛樹出名的黃桷埡更是人來人往，成為人們休閒遊玩的好去處，不經意間便隨著季節的變幻融入遊人的靈魂深處。於是，黃桷埡和夢一樣，幾乎讓重慶人難以割捨。

重慶南山岸遍布這種樹。熟悉黃葛樹的人都知道，它莖幹非常粗壯，形狀看起來十分奇特，繁茂的枝葉中經常會透出來別樣的盎然和古態。因為長壽、耐寒、耐旱，黃葛樹在佛經中又被稱為菩提樹。這裡或許是因樹而生出詩意，也或許是因樹而倍添異美。只是隨著第二次世界大戰進入白熱化狀態，美日兩個陣營的相持，頓時讓世界局勢變得更加撲朔迷離。因為戰爭，已經少有人來欣賞這煙霧繚繞的景緻，甚至連鳥雀也不知躲到了何處。江面上的輪船似乎多起來，刺耳的鳴笛聲時不時伴隨著防空警報撕心裂肺地喊叫。黃桷埡老街上，每天總有著各色的人流拖家帶口，倉皇失措地從船上下來，瞬間就消失在各個巷道中。這個時候，黃桷埡最高處的老君洞道觀，一眾僧人們在氤氳的香煙中開始了祈求和平的法會。

眾所周知，歷史從來都是用來記錄偉人、重大事件的。

這天，從遙遠的嘉陵江面上，乘著輪船來了一位極不起眼的小人物，他風塵僕僕地從上海來到了黃桷埡。

黃桷樹，黃桷埡，
黃桷樹下是我家。
我家有個好姐姐，
名字叫作馬蘭花。
……

人還未到，聲聲清脆入耳的童謠已經將他包圍，江風的吹拂，勾起他思鄉的念頭。他環顧四周，前面是山，後面是江，一個人渺小得微不足道，甚至連塵土也不如。這位始終沉默著的青年叫陳嗣慶，是位受人羨慕的律師。遷到定海後，雖然芸芸眾生相的社會中有著太多的齷齪不堪，而且每天還都在上演著各種悲慘淒涼，過去漫長的歲月裡，他只有默默地接受著，習慣著。他或許受到了海派飲食文化習慣影響，人長得白白淨淨，一表人才。

透過歷史的滾滾紅塵來看，上海無論如何都是一道繞不過去的印記。自然，有無數的人都喜歡上海，更多還是因為它的繁華景緻，始終春天一樣充滿著新鮮的感覺，尤其是那種時尚的躍動，更是讓每一位身處其間的人，都能從中領略到無與倫比的奢華。即便陳嗣慶年逾古稀之際想起這座大都市時髦與摩登的生活，依然為自己能夠出生在大上海而興奮。

其實，城市和人在某種意義上是相同的。如果不去深入了解，根本就不會明白它的想法是什麼。是啊，當他選擇別離妻女，孤身一人來到這裡時，誰會知道他的內心又有著怎樣的痛苦？一路跋山涉水，自然不是為了感受黃桷埡不同的人文風光。應該不是，尤其是那俊雅的面容，似乎飽含著讓人猜不透的心思，以至於疲憊的身體一直靠在船舷上。他在想著什麼？那感覺完全就像雕塑一樣，根本不在乎撲面而來的江風，哪裡又有心思來領略這山高水長的景緻。周圍的人卻是不停地說說笑笑，那模樣壓根就看不出來在逃難，更有著舉家外出旅遊的幸福。對比之下，陳嗣慶卻有著完全說不出口的壓抑，尤其是他那副沒有絲毫表情的面容。沒辦法，之前他可以西裝革履出入各式各樣的場合，可以一心做著自己的律師事業，可以隨意變化自己的表情，但現在不行了，因為他的身分已經改變。

許多年以後，陳嗣慶想起自己的選擇時，眼前還像在放電影。

當時，年幼的女兒尚不滿三歲，他心裡縱是千萬個不捨，縱是執手相看淚眼，決定的事情任千萬匹馬也拉不回來了。臨走的那天晚上，他說什麼也睡不著，除了不願屈服於自己之外，又根本找不到一句安慰妻子的話。女兒睡得很熟，臉上洋溢著淺淺的笑意，而妻子只是依偎在他的懷裡，緊緊地抱著他什麼也不說。那夜出乎意料地靜，靜得讓人有些懼怕，這大概也是一種愛的表達方式吧？

這一夜，自然又是無法入睡，而這樣的日子也不知道持續了多少天。他知道，妻子聽到這消息後沒有大吵大鬧，他也在無比的煩惱中學著習慣，又從習慣變成嚮往，全都是因為一切都是在真實發生著，雖然只是用靜悄悄的方式呈現著。

悄悄是別離的笙簫，但分外的沉默卻讓陳嗣慶想起了很多往事。那年從復旦大學法律系畢業後，其實他最大的夢想並非立即奉命結婚成家，而是打從心底想成為一名身強體健的運動選手，在千萬人的矚目中不斷地挑戰自己。可命運之神並沒有眷顧他，而是讓他依照父母的想法成了一名有尊嚴的律師。體面的工作，其實更多是中規中矩的條條框框約束，陳嗣慶不喜歡也沒有別的辦法，唯一欣慰的是工作強度不算大，他還能繼續堅持自己的興趣。

只是這樣愜意的單身生活還沒有好好享受，家人就介紹了一位叫繆進蘭的高中女生。本以為只是一種象徵性的見面，結果一見面他便愣住了。繆女士一身淺藍色的襖與裙，感覺衣服十分貼身，還略微帶著腰翹，下襬微微呈弧形，女生的青春活力完美展現。衣袖不長，恰好過肘，露出來白白的蓮藕狀的手臂，不胖不瘦，讓人看著不禁心慌意亂；裙無皺褶，自然下垂至膝蓋下，給人清純嬌美的獨特感覺。陳嗣慶恍若見到了天仙，反正那一刻他是呆住了。接下來，他們便「開始了一種半文明式的交往」。

由於都接受過新式的教育，一個散發著少女的智慧和溫柔，一個有著成熟男人的魅力和幹練。接觸沒多久便很快熟絡起來，尤其是談及知識、生活時更是十分合拍，以至於在沒有人的深夜，陳嗣慶還會傻傻地對著鏡子問自己，這一切是不是真的，自己是不是愛上了這位女學生？

陳嗣慶決心不放過這個機會，而繆進蘭也對眼前這位示好的男人有了特別的好感。

一個陽光明媚的日子，陳嗣慶一襲西裝，手捧著鮮花出現在繆進蘭面前，鄭重地表達出了內心積蓄許久的想法。

「嫁給我吧，見到你的那一刻，我就被你的眼神融化了。」

陳嗣慶說這些話時是真誠的，他眼神中透露出的完全是不容置疑的堅毅。

「婚姻是世界上最好的事情，對男孩女孩都一樣。」但年僅十九歲的高中生繆進蘭還是吃了一驚，雖然在無數個夜色裡期盼著愛情，可沒有想到幸福來得如此快。單純而又認真的她簡直要陶醉了，真想此時就撲倒在對方的懷抱中，享受那無與倫比的美妙。都說女人一談戀愛智商就為零，可繆進蘭心裡還是有件事擱不下，那就是她才收到了上海滬江大學新聞系的錄取通知書。

胸無城府人如玉，腹有詩書氣自華。家庭條件優越的女子都會選擇入校讀書，讀書無疑是一種眾人渴求的時尚。在繆進蘭看來，要想人生之路高雅光彩，除嫁個好夫婿之外，讀書自然是人生的最好選擇。婚姻和讀書之間的選擇，讓她突然變得糾結起來。

人生沒有太多的大道理，但總是充滿著太多無奈與糾結。既然做不到「獨坐停雲」，也不能「水聲山色」，那就愉快地接受吧？不論這之中有著何樣的無法迴避和孤獨，有著何樣的感悟和困擾，只有盡力去經歷未知的生活，才會在最好的選擇中面對和承擔。說不清楚到底是誰打動了誰，說不明白是誰先愛上了誰，最終，接觸不足一年的兩人步入了婚姻的殿堂。

結婚的念頭就像破繭的蝴蝶，從兩個人的心裡直接飛了出來，任何人都阻擋不住。看似簡單的婚姻就這樣平淡地開始了，有煙火綻放，也有繁華悲涼。隨著第一個孩子的降臨，有品質的家庭生活發生了蛻變，所有的翻天覆地都從一個新的起點開始了。

等到有第二個孩子時，陳嗣慶根本就不知道，他當時正為自己的事業努力著。單身生活是自由的，自從搬入這座帶花園的房子後，他便忘記了世外的戰亂和逃亡。他記得有人說過：如果能給我一束陽光，我就是這個季節最幸福的人。確實，當他享受著輕音樂一般流淌的春日暖陽時，心中又何嘗不是這樣的感覺呢？總之，不能辜負時光。

當然，除了在戰亂中能夠偷閒外，這位年輕的律師也不是個冷酷無情的人。當他從信中知道妻子又懷了孩子時，也不在乎是男是女，激動得就差邀朋友來慶祝了。這個俗世，生活雖然不易，但他還是真心希望再要幾個孩子，同時再結束掉兩地分居的尷尬。而繆進蘭卻屢屢不願動身。到後來實在挨不過父母的數次催促，身懷六甲的繆進蘭才抱著大女兒開始了長途跋涉。一路上的艱辛自是不在話下，各式各樣的問題也是層出不窮。面對這些坎坷，她始終咬牙忍著，只為著那久別重逢的激動。

對陳嗣慶來說，這一切都是無法想像的。在這個世界上，他更像一粒微不足道的塵埃，驚不起浪花，擋不住風雨。

這個讓人失望的社會，甚至連情緒也在失意。每一個夜晚，他都期待能接她們母女過來生活，體會黃桷埡這個簡陋而又安全的精神天堂。就算是世事紛亂，總歸在一起是有依靠的幸福。千盼萬盼，現在總算是圓了這個夢。

—歲月靜好—

夫妻被迫分離，無論怎麼說也是件殘酷的事。所以夫妻倆一見面，不經意間都紅了眼，尤其陳嗣慶心中更是內疚，自己竟然狠心將一個手無縛雞之力的弱女子，留在了日本人統治下的淪陷區。想到這裡，他只是緊緊地擁抱著母女久久不願意放開。女兒被夾在中間卻也不害怕，反而很享受這無比沉默的場景。執子之手，與子偕老。

歷經坎坷後的團聚是幸福的，也是對於愛情的演繹。一路上，陳嗣慶疼愛地抱著女兒，還要攙扶行動不便的妻子。一家人行走在這崎嶇不平的黃葛古道上。黃葛樹相互交錯著，映照著散發著歷史韻味的石板路。一塊一塊的石板拼接著，或殘缺，或錯落，鏡子一樣光滑地向遠方延伸，彷彿一條通向天際的「絲綢之路」。人走在其中，儼然構成了一幅漫然有趣的圖畫，恍若生活在無比美好的童話世界中。

位於黃桷埡小巷中的陳家小院因此有了生機，而陳嗣慶的言談舉止中也是喜不自勝。

歲月靜好，現世安穩。

所有這一切更像是回憶，因為彼此相愛才變得更迷人。而所有的沉靜與溫暖，似乎只是為著這名叫陳懋平的新生兒準備著。現在看來已經是萬事俱備，只是等著一聲響亮的啼哭了。

1943年3月26日，陳嗣慶終於迎來了二女兒的降臨，他已經等得有些迫不及待了。女兒的出生，為這個顛沛流離的家庭增添了無比的欣喜和述之不盡的話題。

眾所周知，每個人來到這世上，其實都肩負著特別的使命。正如陳懋平的出生，雖然誰也不知道她的未來會是什麼樣，可種種跡象卻似命中注定一般，以至於好多年之後，人們仍能夠從她的文字中清晰地讀出與其相關的身世、經歷等，這些都或多或少地沾染著與黃桷埡有關的神祕。這樣的氣息自然也與黃葛樹有關，其中不乏對生命的強烈渴望。

不足月的陳懋平總算是平安降生，而陳家小院頓時就因一位小生命的誕生，全然沉浸在特別的喜悅與溫馨中，似乎就連周圍的草木也多了幾許風情。這時候，陳嗣慶的大哥陳漢清也攜家帶口搬了過來。能在這樣的亂世中相互依靠著生活，自然又是另一種無法言說的幸福。

孩子長得很快，只是怎麼餵養都長不胖。其實當她被抱在懷裡時，就已經喜歡睜大眼睛四處張望，把所有的精力都用在了對外界的關注上。好在一大家人又可以重新在一起，在這個陌生環境中開始最為平淡的生活，每一天也使充滿著歡笑。大人們喜歡操心生計，孩子們只滿足於吃喝後的天真爛漫，然後就是互相追逐，彷彿根本就不願意長大。不論在哪裡，他們的歡聲笑語總是給這個家帶來開心和欣慰。不知不覺，陳懋平馬上就要過三歲的生日了。

從時光的記憶來看，這座絲毫不起眼的陳家院子，卻因為陳懋平短暫的童年，始終存活在人們的記憶中。

陳家老二陳懋平長相甜美，雖說不是美人坯子，但留給人的感覺卻頗為精明，做起事情來也是很有個性，最大的特點還是倔強。在母親眼裡，她「是個純真的人，在她的世界裡，不能忍受虛假，就是這點求真的個性，使她踏踏實實地活著」。自開始懂事以來，她便在父親的諄諄教導下開始學習。突然有一天，性格倔強的她無端地發起脾氣來。小孩子吵鬧本是很平常的事情，按理說很快就會恢復正常，然而那天下午，她卻不停地把書桌上的紙張往地上扔。母親起先沒有在意，她也知道這孩子出生時不足月，有時候會表現得很任性，可隨著筆墨紙硯依次往地上扔去，母親才發現事情並沒有往常想的那麼簡單。

「怎麼了，寶貝？」緊接著母親便把身體湊上前去。

「我不要這……這個……名字。」她一邊抽噎著一邊說，淚水順著臉頰無聲地流下來，很快就和清黃的鼻涕混合在一起，而後又流到嘴裡。她也顧不得擦去，就稀裡糊塗地吃進嘴裡，再用袖子用力地往臉上抹。

「寶貝，名字怎麼了？」媽媽不解，只是想盡快讓她開心起來。

「不要這……名字，難……寫。」陳懋平抽抽搭搭地止住了哭泣，抬頭望著媽媽。她一直喜歡用這樣的方式來解決問題，似乎她明白眼神的重要性。

「難寫嗎？這可是爸爸用心取的，希望你勤勉樂觀。」媽媽認真地對著陳懋平說。

「不要寫那個……醜八怪字。」

「醜八怪字？沒有啊。」母親弓腰從地上撿起凌亂不堪的紙，上面寫著各種缺手臂少腿的「懋」字。看到這裡，她頓時明白了女兒的煩惱和用意。

二女兒的要求，很快就讓父親知道了，他並沒有立即去滿足她，而是細心觀察了一段時間。他覺得孩子還是人生的開始階段，需要面對好多想不到的困難。至於這個難寫的字呢，實在是太不起眼的問題了。他試著開導了她幾次，又讓大女兒從側面進行幫助。二女兒也聽話，在學習書寫的過程中再也不亂扔紙了，但每次在寫名字時，都會自作主張對中間的「懋」字視而不見。大人們何嘗不懂得這樣的小心思，便時不時提醒著她。但是身體瘦弱的二女兒很少露出笑容，她開始用冰冷的態度面對眼前的一切，讓大家根本就不知道她的心裡在想什麼。

由於沒有依照她的意願，沒幾天後，她在書寫名字時又開始出現新狀況，不是把「陳」字左邊的耳朵移到右邊，就是把「平」字寫成了「来」、「夾」等字惹人發笑，而她卻始終不改自己的想法，讓內心的執拗表現得更加鮮明。一群孩子只會藉此來開玩笑，陳懋平也不在乎，通常是你笑你的，我寫我的，一副天馬行空、我行我素的模樣，任誰也沒有辦法。到了最後，做父母的認輸了，也不去考慮家譜上的排行，答應把「懋」字去掉，只想讓她的童年沒太多不開心。

原以為事情就會這樣結束，卻沒想到還沒舒心上幾天，剛改過名的陳平又開始了不滿，這次她可沒有大哭大鬧，而是慫恿著家裡的孩子們一起把「懋」字去掉。姐姐和大伯家的孩子自然不會聽從她，而她則是非常叛逆，不順心就會用筆把他們名字中的那個「醜八怪」給塗抹掉，要不就偷偷地把書本藏起來，任你怎麼詢問就是裝著不知道，或者在一旁心平氣和地讀著書，對所有發生的事情不聞不問。幾次之後，大家都知道這是小妹妹的惡作劇，但又不能去批評她、去打她，只好敬而遠之提防著她。

從小小的事情中便可以看出，陳平獨立的性格是天生的。她雖然極端敏感，但做事情終究還是有著自己的主見，這些所作所為並非全是沒有來由的搗亂，而是她早就已經認定的，有些事情要學會堅持。就像家門口那一棵棵的黃葛樹，雖外表看起來很醜陋，但根鬚卻始終在堅持著向地下延展，否則就不會有現在的枝葉繁茂了。陳平不同的地方是，其他小朋友關注的是外在的變化，而她用各種辦法深入內部了解，直到自己搞清楚才會罷手。這感覺似乎不像三歲孩子的做法，但她碰到問題就是喜歡不停地問，有時問得大人也不知如何回答才好。反正改名的事到了最後，還是大人們屈服了，答應把孩子們的「懋」字全部去掉。

改名風波在陳家院子裡帶來了不少的議論。孩子們只顧及吃穿，想不到那麼多，而做父母、做伯父伯母的則思慮到陳平的淘氣、好動和那讓人又恨卻又無法恨起來的乖戾。但陳平就是陳平，她從來不在意任何人的情緒，除了讀書時格外安靜外，其餘時間就是無休止地闖著各式各樣的禍。這些事情說起來也不大，但有些真的讓大家是百思不得其解。

陳平從牙牙學語開始，就很喜歡書。抓周時也是毫不猶豫地選擇了一本厚厚的大書。起先大家還不太在意，後來發現每次大哭大鬧時只要給她扔本書，她很快就會變得安靜下來，並露出會心的笑容。按常理說，小女孩們都很喜歡玩洋娃娃，誰家裡都會有十幾個，可她除了喜歡書，還喜歡玩泥巴，玩起來就樂此不疲，常常搞得自己滿身是泥，家人連衣服都來不及幫她換，彷彿生活在泥水裡一樣。更讓人不理解的是，她還喜歡一個人去附近的荒墳地裡玩，說是那裡安靜，沒有人來爭搶她手中的泥巴。別的小孩子知道那是埋死人的墳地後，便躲得遠遠地看陳平開心地玩，生怕從中跳出個三頭六臂的怪物來。

黃葛樹樹蔭下的美好童年，每一天總是那麼遲緩而又溫暖。孩子們漸漸長大，她們沒完沒了地編織美麗的故事充實著自己。他們也可以在樹下撿拾果實，可以捉弄小螞蟻，可以分搶一個玩具而不相讓。每每這時，瘦弱的陳平總會主動發聲要求大家，玩耍不可以弄死任何一隻螞蟻。倘若真的有螞蟻被弄死了，她就會急得恨不得上去同對方打上一架。誰都不明白她為何對一隻隻螞蟻的生死如此關心，而她從來也不說，或許是根本就說不清楚。這時候的結局只能是不歡而散，各回各家。

從對待一隻螞蟻的態度來看，陳平內心是多情且柔軟的，至少在她人性深處是敬重著生命的。沒錯，對於螞蟻都這般呵護，對宰殺牲畜自然也應該大加反對才是。可恰恰相反的是，陳平最大的興趣竟然是看宰殺牲畜，那恐怖的場景，就是成年人也會心悚，更何況是心智尚未健全的孩子呢？可陳平就是陳平，從來就是說一不二，她可以不吃不喝在旁邊蹲上老半天，非要從頭到尾看完，那真是看得津津有味，看得興奮不已。

有幾次，血直直地流向足底，她竟然不在乎，起身換了個地方再繼續接著看。當牲畜們捆綁著被刀捅後，整個身體就會緊張地抽搐，恍若要爆炸開來，即刻發出絕望而刺耳的叫聲，而散發著腥味的血也會立即隨著叫聲射出來，順著刀柄在空中煙火一樣盛開來。其他孩子早就嚇得跑回了家，或是躲在父母的身後偷偷看。陳平並不被眼前的恐怖所動，還會笑著向屠宰師問東問西，盡是些不著邊際的問題。在小小的她看來，這樣的屠宰不但能解除動物的痛苦，還可以讓它們去往極樂世界。正如人總歸要死一樣，只是宿命。

這樣說來，陳平確實膽子不小。確實，從她童年成長的諸種經歷來看，這些「出格」的事情似乎總是不少，而且每次都是意外不斷，常常會讓人擔憂不已。

這年的秋天，黃葛樹上的葉子也漸漸變得蒼翠起來，風一吹，枝葉便開始了碰撞，幾乎要響成一片風鈴。朝著樹上望去，只感覺碧空下，這樹的每一處空間中都飽含著傳說與故事。

有天下午沒事，陳平又開始跑到父親書房裡亂翻起來，她一會兒看這本，一會兒看那本，一本一本的書很快就被開啟，她心不在焉地也不知道找尋著什麼。母親知道這孩子從小就喜歡書，只要待在書房就不會四處亂跑。相較於其他孩子來說，她雖然有很多不為人知的缺點，但還是非常好帶。透過窗玻璃看到這裡，母親便想著收拾完家務再過來，不料想半頓飯的工夫還不到，卻在書房裡找不見陳平的蹤影了。她找了幾個地方都沒有，想都沒想就朝著院門衝了出去。倒是有幾個小孩在樹下玩過家家，只是大家都說沒有見到過陳平。

其中還有個孩子笑著說：「阿姨，陳平是不是又去看殺豬宰羊了？」陳母也來不及生氣，只能一邊小跑，一邊大聲喊著女兒的名字，無頭蒼蠅一樣在大街小巷找尋起來。汗水很快就溼透了她的衣衫，她根本無暇顧及，淚水早就在眼眶裡打轉了，卻不敢讓淚水流下來。依舊絲毫見不著孩子的人影，她越想越怕，腦海裡已經浮現出一幕幕與不幸相關的事情來。做母親的心都在子女身上。陳母一身疲憊地回到院子，還來不及坐下喘氣休息，一望到空蕩蕩的院子，慌亂的心情便變得更為緊張起來，只得準備折返再四處找陳平。就在這個時候，廚房裡卻傳來了一陣陣拍打水的聲音，忽大忽小的聲音彷彿江水拍打著岸邊。陳母都要神經質了，但還是朝著廚房快步走過去。

陳母首先想到的是老鼠又來搗亂了。經過這幾年的戰爭，人已經是生活不堪，可可惡的老鼠卻變得多不勝數，不斷地出來與人搶食物吃，沒有任何對付牠們的好辦法。陳母順手便提了個掃把，想狠狠地把這些沒眼色的害人精好好教訓教訓。走進廚房的第一眼，她並沒有看到老鼠，而是看到了在水裡上下掙扎的陳平。她用小手不停地拍打水面，想努力漂浮在水面上。陳母被這個情形嚇壞了，她三步並作兩步就來到了水缸邊，伸手把她從水裡拎了出來。可憐的陳平全身都溼透了，水像下雨一樣從衣服上面往下落，地上很快就變溼了。但她並沒有被這情形嚇哭，而是意味深長地學著母親的腔調說：「感謝耶穌基督。」聽到這話，母親的眼淚忽地就湧了出來，如果晚來一步，孩子真的就離開這個世界了。她緊緊地抱著陳平一動不動。以後的好多年，只要想起這件事情來，陳母就會不由自主地感到心慌。而陳平卻很淡定，表現得完全就不像是個孩子。

生死只是一瞬間的事，等陳母急匆匆為女兒換好衣服，還在考慮要不要帶她去醫院檢查，她卻輕快地跑遠了。母親哭笑不得，尤其是想到女兒問的那些怪異問題，更是對二女兒莫名地擔心。

「媽媽，你說蘋果掛在樹上會不會痛？」陳母無語，不知道如何回答是好。

「媽媽，螞蟻被捏死後會變成什麼？」陳母聽後更是摸不著頭緒。一連串的問題突然就襲擊過來，她也發現這孩子在思考問題方面不同於旁人，而且喜歡獨立地想些事情，雖然有擔憂，卻沒有想到會在以後的日子裡，成了家人的傷痛。

新的一年就要來了，陳家小院其樂融融。除了購置年貨，各式新衣服最讓小孩子們盼望了，只是沒想到陳平卻非常堅決地拒絕了。陳平喜歡各式的舊衣服，並不自慚形穢，常常在院子裡跑來跑去，根本就看不出任何的不愉快。

起先，媽媽還覺得她的說法很有趣，四處給朋友們講，可到最後就有了莫名的擔憂。私底下，她也會對著丈夫訴苦，害怕孩子的審美能力出了問題，她的種種表現，著實讓人匪夷所思。奇怪的舉止，讓父母非常擔心起這個與眾不同的孩子來。這時就有鄰居對繆進蘭開玩笑說：「你家的寶貝可是來向你討債的，她是你前世的債主。」

陳母聽後只有哭笑不得地應對。可她明白只有母親才會真正懂得孩子。好在夫妻兩人都接受過新知識的教育，在處理孩子的問題上表現得十分開明，最後還是決定順應著孩子的天性發展。

當葉子從高處緩緩地飄落下來，閃爍出時光所有的優雅與柔美，所有瑣碎的生活細節，也都一漾一漾地映著不同的故事與記憶，遍布在這座小院。

現在來看，陳平不僅僅為陳家小院帶來了歡聲笑語，也以我行我素的個性，為她的童年爭取到了許多權利。現在就要走了，回望這個熟悉的小院時，心中真有著說不出的意味。雖然才三四歲的年齡，可她對這裡的一草一木畢竟有著深切而又熟悉的感情。生活在這個戰亂的年代，真不知道何年何月還能夠回來？當然，這也是離去者必不可少的傷感情緒。

—凡塵冷暖—

一直在想，如果一個地方待得久了，是不是就會感到格外熟悉，以至於難以忘懷。至少陳平是這樣想的。不得不說，這是一種發乎內心的情結。雖然年紀尚幼，可陳平明白，她喜歡這個到處是樹，到處都與黃桷埡相關聯的地方。所以談及舉家要去南京生活時，她的眉宇間就有了諸多不解。夜深人靜的時候，她甚至流過淚，想著無論如何都要回到此前生活的地方，只因為太愛，所以不願意離開。

至於為什麼要離開重慶去南京，陳平是不懂的。她只是突然感覺父母臉上每天都是開心的表情，而之前愁眉緊鎖的模樣，就彷彿被江水沖走了一樣。

無論如何，重慶往事是要埋在記憶深處了，而即將面對的古城南京又讓她滿懷欣喜。兩座不同的城市，讓這個孩子心中有著懼怕，又有著更多的期盼。不懂就不會在乎。陳平雖然覺得一切都合乎情理，但她更感興趣的還是樹下的談天說地，江邊的追逐打鬧，以及怎麼唱都不厭煩的童謠。每天的時光很美，她實在不願意放下這些去一個陌生的地方。陳平一直就這樣簡單地想問題，享受著快樂。她也知道，「真正的快樂，不是狂喜，亦不是苦痛，在我很主觀地來說，它是細水長流，碧海無波，在芸芸眾生裡做一個普通的人」。或者說，陳平那B型血的敏感中，更有著與祖父相同的氣質，她喜歡在幽靜的時空中，去找尋屬於自己的樂趣。陳平生前好友曾經真誠而實際地評價過她：

「她本是陳伯伯、陳媽媽的混世魔王，前輩子欠的……」短短的一句話，雖然說出了陳平不同於人的個性特點，卻也真實地還原出屬於她的幸福時光。戰火一直在燃燒著，卻沒有給陳平的世界留下太深的烙印。

在嚮往自由的她看來，炮火連天的亂世，更像是人世的驚豔色彩，雖然有來回的奔波，有遷徙流亡的悲切，有辛酸悽苦的思念，但隨著1945年8月15日這個特別日子的到來，一切都似乎要煙消雲散了。哭喊聲、笑鬧聲、各種聲音都聚集在了一起，讓平時安靜的廣場上出現了成千上萬的人。大家扯著橫幅，喊著口號，浩浩蕩蕩一路走過去。

在這紛亂的戰火硝煙中，能夠生存下來本已是一種幸福，更何況還可以從一座城市到另一座城市呢？總之，離去是對於往事的告別，也是對於新事物的期盼，只是誰也不知道，陳平的骨子裡已經暗下決心，要用愛與流浪，來喚醒靈魂對自由行走的渴望。陳嗣慶全家又重新搬到南京，居住在市中心的鼓樓崗附近。

自古以來，鼓樓就與鐘樓相峙而立，既是一座城市的報時中心，也是一座城市的地標。從遠處看過去，雖然外觀有些破舊，卻也不失歷史的那份厚重。尤其是從那莊嚴、威儀的外觀中，更能讀出千年文化的積澱。一叢叢雜草在四處蔓延著，而那些燦爛的木槿、紫藤，以最美好的姿態點綴著一個季節，也映襯著一座座古老的建築。現在看來，這全然不是景點，也並非單純的建築，而是一處處能夠供人居住的地方。從那裡面流出的是濃烈的煙火氣息，是歡聲笑語的童年。

作為旅遊勝地，南京的風景自然與重慶有著很大不同，就連住房的風格和面積也都不同。雖然再也看不到漫天的黃葛樹了，但那些房前屋後的梧桐樹、桑樹以及其他一些叫不上名字的樹都葳蕤翠綠，任院子裡充滿花草的清香。鳥雀的鳴叫繚繞其中，讓人只想在這樣的環境中進入夢鄉。「那個房子是獨幢的，成為一個回字形。有圍牆，不算太高。如果我爬上假山，站在假山的頂上就可以看到外面的街道。如果我不爬假山只站在院子裡，我能看見鼓樓那幢建築以及在空中飄揚的英國旗子和蘇聯的國旗。」

院子裡的春秋自然是漫長的。每年夏天一到，煩躁的蟬鳴和著牆外不間斷的冰棒叫賣聲，始終牽掛著陳平的心。那時高時低的吆喝聲真的是太熟悉了，就像是母親無比親近的撫摸，不斷地誘惑著那顆少不更事的心。

南京的日子注定是美好而歡樂的。抗戰取得了勝利，人們每日都在慶祝著，孩子們最容易讓這樣的情緒感染，也最容易用心記下無比美妙的時光。這個時候，父親和伯父又開了一家律師事務所，生意也是非常好。大人們沒時間管束她，陳平就自己找樂子玩，不是在院子裡找尋小蟲子，就是用竹棍抽趕著雞鴨跑，反正不讓自己有時間歇息。

隨著陳平一天天長大，做母親的心裡考慮更多的是如何教育。有一天，陳家大院看門的下人找到了繆進蘭，懇求她能夠收留自己的一位遠房親戚。善良的她幾乎不假思索就答應了。女僕蘭瑛迫於生計，來時還帶著小兒「馬蹄子」。他與陳平的年齡相仿，頭上卻長滿著癩痢，一片一片的光禿禿，看上去非常噁心。他本就不在乎這些，很快就和陳平熟絡起來。

陳平雖說給人感覺古靈精怪，也很喜歡玩，可她怎麼也不喜歡「馬蹄子」這個小玩伴。每每蘭瑛在一邊做工作的時候，她都會找各種理由拒絕與愛哭的他在一起玩，有時還會找藉口把所有玩具都給他，自己則偷偷去藏書的閣樓上讀書。

在這樣無知的年齡，讀書給了陳平太多的想像空間，這個習慣也伴隨了她以後的人生。陽光從窗外射進來，一道道光束靜靜地鋪陳在地上，光鮮而又明亮。四周寂靜，只有成千上萬的浮塵在翻滾著。看書累了，看這些塵土也很有趣，有時用手去抓，卻像猴子撈月亮一樣，什麼也抓不住。但孩子們喜歡的就是這樣的樂趣，陳平喜歡的就是書香縈繞的環境。

為了讓孩子們喜歡上讀書，陳嗣慶也是用心良苦，專門在家裡開闢了一處藏書的區域，供家裡的孩子們隨時來翻閱。當然，最喜歡享受這種安靜淡然的莫過於陳平了，或許她本就讀不懂這些厚厚的書，但沒有人可以阻止她醉心地投入。好多次家人找不到她急得團團轉時，她卻一臉春風地從書的海洋裡走出來，即便當家裡眾人數落她時，她還沉浸在書中，想的是漫漫思路，想的是人與人之間的真情。在這樣生動安謐的圖景中，她有著夢想，有著嚮往，盡情享受著暖陽的撫摸。

如果要問書帶給她最大的欣慰是什麼，她一定會說書其實就是個神奇的魔術師，能讓人在各種有趣的故事中經歷太多的未知。確實，一旦靈魂與書本緊緊擁抱，對於一個人來說，就有了莫大的幸福和滿足。沒錯，當她被人生的第一本書深深吸引時，可以說那已完全不是一本書了，而是活生生的社會現實。「記得我生平第一本看的書，是沒有字的，可我知道它叫《三毛流浪記》，後來，又多了一本，叫《三毛從軍記》，作者是張樂平。」說到讀書，如果要用廢寢忘食來形容陳平的專注，其實一點也不為過。當她會心地看著一幅幅搞笑的圖畫時，無形中便生出了喜歡和不解。

「我非常喜歡這兩本書，雖然它的意思可能很深，可是我也可以從淺的地方去看它。」天生的靈性，讓小陳平具有別樣的思維方式。

「媽媽，這孩子為什麼要叫三毛啊？」陳平臉上滿是疑惑。媽媽笑著說：「妹妹，因為他頭上只有三根頭髮啊。」說罷還用手一指。

「那我也想叫三毛，雖然我有這麼多的頭髮。」陳平任性而又帶著撒嬌的口吻。

「誰都可以叫的，這只是個名字，說不定就是寫書的作者虛構的人物呢。」

「媽媽，我好像在街上見過這樣的人，他的臉色和三毛一樣，應該窮得吃不起飯了。」聽到這裡，繆進蘭心裡豁然開朗，她為女兒的這種解釋感到欣慰。

好多年後，陳平選用「三毛」這個筆名發表作品時，才知道自己內心深處始終有個讓她放不下的人，這或是緣分，或是偶然，總之命運在這個時候，已經為她的人生發展軌跡埋下了伏筆。

院裡的大孩子們都去上學了，陳平常常會對著背書包的背影發呆，然後又開始去找書看。自然，《三毛流浪記》便成為她每日裡必翻的書。她實在太喜歡那個帶著委屈，卻又非常可愛的漫畫形象。到了後來，她在父母的引導下，又陸續讀了許多的兒童繪本，以至於凡是有插圖的書她都會讀，不經意中為自己的世界增添著無比豐富的色彩。

從這個時候起，陳平便表現出了並不屬於她這個年齡的興趣，書也就以朋友的身分，悄無聲息地將她帶入了一個奇妙的境地。

大家都對陳平的用功和認真感到吃驚，更多的還是欣賞她的專注。「那時候，看了圖畫、封面和字的形狀，我就拿了去問哥哥姐姐們，這本書叫什麼名字，這小孩為什麼畫他哭，書裡說些什麼事情，問來問去，便都記住了。」這樣的好學，讓手裡可以閱讀的繪本都成了她的精神食糧。

讀書不斷豐富著陳平的知識。當家中的藏書漸然滿足不了她時，她的眼光便開始瞄向了院外的世界，尤其喜歡逛舊書攤。沒事的時候，她就央求媽媽或女傭蘭瑛帶自己出去玩，其實也就是十分委婉地表達想去舊書攤的願望。在這個啟蒙時期，這已經成了一種無法言說的樂趣，吸引著她連夢裡面也在舊書攤前徘徊。真不知道舊書攤對她到底有著何樣的魔力，但這個小孩子每次只要碰到舊書，她的腿腳就像灌了鉛一樣重，重得根本就無法移動。舊書攤讓她著了迷，而「這些本無聊的故事簡直讓我癡狂」。這個習慣陪伴了她很久，後來只要口袋裡有零用錢，她就忍不住想去舊書攤走走、轉轉。

生活不就是這樣麼?可以沒有太多的物質需求，但一定要有精神上的興趣。就像聰慧早熟的陳平，在自己無知無畏的童年時光中，只是傻傻地痴情於書本，然後又在故事的感染中哭笑嘆息著。這是一份對於快樂的期許，也是對於未知生活的渴望。可以想像，一個人縱情綻放在書堆中的情形，該是如何溫暖美好，就如同春日的陽光。

時光很美，時光裡的一切都很美。不論是絢麗多姿，還是孤芳自賞，所幸的是，我們不會輕易地辜負自己。在人生的路口，誰都不清楚自己會撞見什麼。

是啊，誰都以為陳平會在書堆中度過美好的童年，但一起事故，卻讓陳嗣慶敏感地覺察到了時局的變動。一大家人經過商議，決定從南京遷到臺灣去。

短暫的南京生活，分明讓陳平從絲絲刻骨浸心的雨水中，感受到了不同於重慶的鄉愁。這種境況下，無論她是如何不願意，也只能去面對現實，一步一步走上隨著海水來回顛簸的輪船。

這樣的大船，陳平早在重慶時就見過不少，但真正要自己乘坐時感受就大為不同。中興輪上視線十分開闊，可背井離鄉的感覺卻讓人無法忍受。沒有人知道海的對面是什麼，也沒有人知道那陌生的土地上能否生存。在陳平幼小無知的記憶中，那次母親在船上只是不停地嘔吐，似乎要把身體內所有的器官吐出來。她整個人趴在欄桿上，根本就無法起身。藍天白雲下，看過去一切都是那麼的微不足道和渺小，只有海鷗在無憂無慮地繞著船盤旋，對這樣的痛苦視而不見。這樣的情景，把陳平的小臉嚇得蒼白，她不顧其他人的勸說，只是緊緊地拉著媽媽的衣襟放聲大哭。

海水洶湧著，給了每一個人不同的夢想。有些人嚮往遠方，有些人在意安寧。而陳平卻從那刻開始，堅定了她獨自流浪的人生選擇——踏遍萬水千山，只為安撫今生不安的靈魂。

—不慕風物—

船上空間很有限，遊客一窩蜂地堆在一起，你擠著我，我靠著你，那感覺就像是在插蔥，任各種混濁的氣息交織在一起，又熱又暈，讓人恨不得直接從高處跳到海裡去。這時候，大家口中的高山、斷崖、瀑布、河流之美，完全都成了天馬行空的想像，有種望梅止渴的感覺。至於說什麼「綠島陽明山，花壇景美；秀水日月潭，鶯歌愛河」的景緻，此時也只能被視為長途跋涉中的嚮往。

人生就是這樣，沒有選擇的時候，也顧不得前面是如何的境況，所以說這樣的出行更像是一種逃亡。所有人都願意放棄大包小包的行李，只隨身帶些細軟，是因為這某種程度上又是極其難得的待遇。

記得上船時，前來送別的人很多，大家不斷地揮著手，大聲地喊叫著，然後又一個個相互簇擁著，讓人感覺不小心就會從碼頭上掉下去。或許是大家臨行前已經流過太多的淚，現在反而都非常矜持，還硬生生地從臉上堆出笑容來。

夾雜在人群中的陳平沒有笑，也沒有哭，她只是從高處觀察著人生的種種別離，這場景似乎很平常，人們卻難以割捨。陳平離開那座宅院時，自覺地留下了各樣的玩具和布娃娃，只是含淚帶上了那本翻得已經卷頁的《三毛流浪記》。從重慶到南京，現在又要去臺灣，她內心有著太多的不捨。對之前熟悉的草木、動物，甚至連院子裡最平常的水缸，都生出戀戀不捨的情懷來。得知要走的消息後，她並沒有像其他孩子一樣表現出自己的情緒，而是用心撫摸每個熟悉的物品，似乎知道這一去將是經年累月。

這年，陳平五歲。她對於社會的繁複變化一知半解，但從清純的眼睛中透出的是真實，是不斷遊走在心間的搬家經歷。

歷經艱辛，終於到了臺灣，一家人就住在了臺北的建國北路。這是一幢日式的房子，面積不大，還不附帶花園。陳平沒有說一句話，卻很快地喜歡上了地上鋪設的榻榻米。她先是輕輕地跳，讓身體在此起彼伏中感受喜悅，而後又脫掉鞋襪光著腳用力跳起來，其他孩子開始還不好意思，最終還是像一群瘋子一樣錯落著蹦起來，小小的屋子裡頓時就有了歡笑，而路上所有的不快和憂鬱都隨風而去。

「當我從中興輪上下來……」一時間，本就荒蕪的地方，便因這家人的到來，充滿著自由和快活。「到了臺灣，大人們背井離鄉，在離亂的大時代裡，丟棄了故鄉一切的一切，想來在他們的內心是感觸極深的。」

在孩子們的眼裡，一切都是純真的。那些不時在身邊響起的炮火硝煙，至多就是些坎坷，也根本不用放在心上。陳平又在平淡的生活中發現了一處讀書的地方，這個地方就是家中的榻榻米。每每趴在柔軟而不呆板的床墊上讀書，真的有種說不出的快活。這樣的快活是自由的，沒有任何人的約束。

大人們為著生計來回奔波，孩子們為著功課用功，只有陳平巧妙地運用了這個空當，安安靜靜地讀著一本又一本的書。

「我從來沒有妄想在書本裡求功名，以至於看起書來，更是如魚得水，『游於藝』是最高的境界，在那裡，我的確得到了想像不出的愉快時光，至於頓悟和啟示，那都是混在唸書的歡樂裡一起來的，沒有絲毫強求。」除了讀書，這個對物質沒有任何需求，想像力豐富的孩子，又延續了在南京時的好習慣，不時地出現在各樣的舊書攤前。那種快樂是不為人所知的，只有自己才能體會到，它會拂去初到臺灣的生疏感。

新生活就這樣開始了，讓人感覺只是換了個不同的地域罷了。要說環境，臺灣似乎還要勝於重慶和南京。屬於這座城市的柔軟與風情，就像是一本線裝的書，讓人慢慢地融入。反正，就算是生活再艱辛，有書讀就是快樂的。

陳家搬到臺灣後，生活條件大不如前，大家都有些懊悔這個決定，但島上實行了戒嚴令，一時半會又無法離開，只能硬著頭皮來安慰自己。隨身帶來的細軟大多都換成了島上通用的金圓券，結果這個貨幣每天都在貶值，到後來一捆連張紙都買不來。一大家人的生活水準逐漸在下降，而各式各樣的開支卻源源不斷，讓大人們每天都在犯著愁。為了能更好地生活下去，家人們常常要聚在一起，邊唉聲嘆氣，邊想著如何改善家庭生活。

時運不濟，陳嗣慶的律師事務所也不見起色，這個時候，遠去的一切便成了大家津津樂道的回憶。只有不諳世事的陳平，卻覺得世界之大，每個地方都有著太多不同，尤其是以前的江河湖泊，和當下的海洋比起來，簡直就是小巫見大巫。臺灣雖然遠離大陸，可這裡的生活條件和文化氛圍並不落後，又有著海水環繞，大有著遠離塵世的意味。所有這些美好，都讓陳平越來越喜歡。

這幾年間的輾轉搬遷，讓陳平總覺得在每一個地方都無法長久地待下去。這樣倉皇的感覺，也始終讓她覺得人生分明就是跌宕的旅途，流浪則是每個人的宿命和修行。煩憂塵世，心有美好，便是對自己最好的安慰。

建國路上很快就熱鬧起來，還開通了公車線路。寬大的車來來往往，載著各式各樣的歡笑。路邊的商鋪和高樓也漸次多了起來，就像是雨後春筍。現實的生活條件一時間無法改觀，可母親天生樂觀，她還是會不時地帶陳平出來逛街。幾次之後，眼尖的陳平就發現了一家新開的書店。書店不大，但很有特色，如同一處美麗的文化風景，讓來這裡的人總是流連忘返。陳平也是發乎內心地喜歡，將這裡視為最讓她開心的福地，以至於每次去那裡都不願意離開，總是要想辦法去翻翻書才算過了癮。母親知道她喜歡讀書，總會擠出些生活費用買書讓女兒開心。由於好多書的印製成本很低，便很好地滿足了口袋不是那麼殷實的讀書一族。塵世有著煩憂，也有著快樂。一旦活得簡單，時光便如此美好。

與閱讀結下深厚的緣分後，書便成了陳平的知音，始終陪伴著她的人生。為了能去書店買書讀，陳平可謂想盡了辦法，有時也會順手牽羊拿父母的錢物。那時她還沒有入學，午間休息起床後就在屋子裡亂轉，有一次也不知道怎麼就看見了五斗櫃上有一張五元大鈔，她突然變得忐忑不安起來。最終還是沒有忍住，抓起錢就去了書店。一路上的快樂自不可言，她興奮地在書堆間看來看去，用心挑著最喜歡的書，可突然又有些害怕，於是趕緊回家把錢放在原地。

臺灣釋出「戒嚴令」後，島上隨即便開始了聲勢浩大的禁書運動。從此之後的幾十年中，各式各樣審查不過的書便有了共同的命運——燒掉。

對於愛書的陳平來說，且不理論書中的內容如何，僅是燒書這事她便非常不解。街巷院落中每天都有人在燒書，濃烈的火光面目猙獰。當一本本散發著油墨味的書投入火中時，有的人在大笑，有的人卻在流淚。一本本看似沒有生命的書，其中卻潛藏著太多智慧和靈動。

每每當她帶著求助的眼神問及父母親時，大人們總會趕緊用手將她的嘴巴捂住，生怕人聽到似的，然後再轉頭看看，確定四周無人後，板著臉低聲告誡她以後不要亂問這樣的事。

那樣的文化氛圍中，誰也說不清楚選擇來臺灣到底是錯還是對，只知道四處瀰漫的白色恐怖，正讓人與人之間的關係變得謹慎、疏遠，即便在一起也不敢談與政府有關聯的言論。

時局動盪不安，所有的人突然都陷入無邊的恐懼中。

突然間就有了許多禁忌，人們不但在外面，就連在家裡說話都變得小心翼翼。自從來臺後，父母的笑容本就少了許多，現在更是要隨著環境的變化，無端地生出許多失落。這樣的滄桑感覺，讓敏感的陳平心中有了悵惋，沒人的時候，也會獨自對著鏡子感嘆：長大真的不好玩。

陳平曾說：「我笑，便面如春花，定是能感動人的，任他是誰。」話雖然坦蕩直爽，但剛到臺的那段日子裡，她還是深切地感受到了無形的壓力在不斷地襲向自己，讓她沒有任何辦法反抗。

沒有書讀，至少還可以玩。可現在玩也有規矩，完全不同於重慶的生活隨便，從而也讓她明白有些話絕對不能亂說。記得有天下午，幾個小孩子正在屋子裡亂蹦跳著玩，那榻榻米軟軟的感覺讓人生出了諸多快感，難得旁邊沒有大人管束，結果不知誰先喊出了一句「解放」來，孩子們都爭先恐後地跟著喊起來，聞聲跑過來的陳母嚇得趕緊捂住女兒的嘴巴，又在她屁股上猛抽了幾下。

大家一見這情景，誰也不敢哭，頓時如樹倒之猢猻向四處迅速地散去。陳母在後面大聲地叫喊著，耳紅脖子粗地要求大家不能再說此類的話。很平常的兩個字，卻讓母親如臨大敵，這是陳平沒有想到的，但從此開始，她再也沒有提及過，因為她不想讓母親變得非常「凶惡」。

書被燒了，話又不讓說，這樣的生活實在沒有太多樂趣。誇張的還在後面，由於物價飛漲，物質匱乏，孩子們的玩具都變成了花花綠綠的金圓券，每個人手裡都捧著厚厚一大綑。可以玩拍紙片，可以玩摺紙，可以用來貼牆壁，等等。與此相關的遊戲玩得久了，卻感覺還不如捉螞蟻玩得快樂。所有這一切，都在壓抑著陳平的性情，讓她在不斷尋求釋放的同時，又在努力醞釀著性格上的反叛。因為她實在不明白，眼前到底發生了什麼。

陳平的足跡所到之處，都陸續生出不同的喜怒哀樂。可能是感到無知懵懂的童年時代要結束了，陳平的抱怨突然間變少了，她時而變得沉默寡言，時而變得喜歡沉思。

家人見狀，便商量著要安排才六歲的她到家附近的「中正國民小學」就讀。由於還不夠入學年齡，陳家想盡辦法費盡口舌，才算打動了老師，讓個性獨特的陳平入學就讀。

對於陳平而言，去學校讀書的感覺，完全就像在搬家，她只需要盡快地熟悉這個生活的環境即可。同學們都很熱情，而她也沒有任何壓力，只是把那些課本粗略地翻了一遍，就差不多全會了。所有的新鮮感即刻消失了，她又在百無聊賴中想起了其他書。不管怎麼說，那閃爍著純真笑容的臉上，始終還有著對於未知的渴望和期盼。

人生的每一個階段都是不同的。成了揹著書包上學的學生後，陳平也改變了之前那副小娃娃的打扮，而是讓媽媽幫她把頭髮收拾得清清爽爽。齊眉瀏海透出乖巧，稍稍有些彎曲的頭髮梳在後面，秀出了小孩子的時尚和天真來。她的一雙大眼睛十分明澈，迷人的五官像花朵一樣綻放著可愛、機靈。這樣的改變，讓陳平很快就忘記了所有不快。或許對讀書有著太多興趣，她每日裡都會按時起床上學，從來不會無故吵鬧。每每那嬌小的身影穿梭在人群中時，陳母的心中總是充滿著愛意。對於這個孩子，她傾注了太多精力，只希望她能夠平平安安長大。

有好幾次，繆進蘭站在校門口看著漸漸遠去的女兒，覺得她好似一朵隨風而起、風靜而安的蒲公英，雖然很柔弱，卻沒有表現出任何的牽掛和欲求。看著看著，她的眼角就會不由自主地溢出滴滴淚花來。街道上人來人往的聲音包圍著她，耳邊有時還會傳來輕盈的歌曲：小小的蒲公英，不分南北和東西，輕風吹起就整裝出發，迎向那理想的遠方，隨風飄飛無所畏懼……

陳平的夢想很簡單。剛入學之際，她最感興趣的除了功課，還有著讓人不可思議的撿拾垃圾的興趣。不論走到哪裡，那些遭人丟棄的垃圾在她眼裡都是不可多得的寶貝。同學勸說，不聽；家人勸說，不聽。幾乎沒有人能改變她。她常常會為一顆彈珠開心幾天，為一個漂亮的瓶子來回炫耀。無論是迴紋針還是煙盒，陳平都會從中發現與眾不同的可愛與美。這些東西帶回家裡後，她會精心收拾，安放好或者加以利用，似乎這些東西天生就是等待著她來發現的。班上的同學不解地望著她，但她根本就不會在乎，依然我行我素，陶醉在自己的世界中。

有了撿拾垃圾的技巧和心得，陳平上學路上便多了不可言說的樂趣，她還特地把自己稱為「拾荒人」。「拾荒人眼底的垃圾場是一塊世界上最嫵媚的花園，垃圾雖是一樣的垃圾，可是因為面對它的人在經驗和藝術的修養上不同，它也會有不同的反應和回報。」

─瘋牛風波─

陳平因撿拾垃圾成痴，便不在乎這臭氣熏天中的骯髒了，以至於把自己的開心全部寫進了作文中。「拾破爛，不但可以呼吸新鮮的空氣，同時又可以大街小巷地遊走玩耍，一邊工作一邊遊戲，自由快樂得如同天上的飛鳥。」老師讀後是哭笑不得，直接在本子上面重重批下一行字：要拾破爛，現在就可以滾，不必再唸書。並要求她重新去寫。

陳平看後，內心中頓時生出酸楚，怎麼就不可以撿拾垃圾？看來老師真不知道拾破爛人的快樂，於是她又寫道：「拾破爛的人愉快的時刻，就是將這些蒙塵的好東西再度發掘出來。」

老師又是一頓光火，再次讓她重新去寫。

陳平聽話地又趴在桌前，用心地寫下：「我有一天長大了，希望做一個夏天賣冰棒，冬天賣番薯的街頭小販……可以順便看看，沿街的垃圾箱裡，有沒有被人丟棄的好東西。」理想可以各不相同，但老師一看到垃圾兩個字，便順手把手中的本子扔得遠遠的。他真想把陳平再叫到跟前好好批評，但從一次次的修改中看得出，即便再改，也逃不出垃圾的圈子，他只好嘆著氣，不解地原諒了這位一直執著於拾垃圾的學生。其實，他也知道自己的能力無法去改變一個人的夢想。

說歸說，陳平只要從學校回到家，立即就會沉浸在五花八門的寶貝中。

與同齡人大相逕庭的童年，就這麼演繹著陳平平淡而神奇的人生故事，讓她在懵懂中逐漸增長著對於生命的各種認知。或許那些被人扔棄的各種垃圾，就像是通往這個世界的一個個視窗，她正透過這逐步更新的快樂，來寫就屬於自己的不尋常故事。

一邊拾垃圾一邊讀書的生活自然有趣，但已經不再局限於看圖的陳平，正朝著各種大部頭開始進軍。隨著寫作才能的顯現，有時她也會天真地問老師，學校教育為何要用如此淺顯的知識來騙學生？老師不知道該如何回答。

以書為夢，以夢為馬。陳平的學校生活越發有趣起來。但與此同時，還有著太多的意外。

有天她去上學，突然從別處跑出來一頭大水牛，直接就朝著陳平衝了過來，孩子們嚇得四散開來，一個個抱頭鼠竄，恨不得找個地縫立即鑽進去。陳平使出吃奶的力氣往學校跑，她認為只要到學校就安全了，沒想到那牛跟了過來，連校衛們也擋不住。以往平靜的學校裡突然炸開了鍋，所有人都像逃難一樣。大家實在不懂陳平如何惹怒了這頭瘋牛，以至於它拚著性命要追趕到學校。絕望的陳平死的心都有了，因為她實在太害怕，只想立即躲到教室裡喘口氣。陳平聲音嘶啞著只能往前奔，至於書包、便當什麼時候丟的也不知道。「牠只盯住我鍥而不捨地追，哭都來不及，只是沒命地跑，那四隻蹄子奔騰著咄咄地拿角來頂——總是在我裙子後面的一點點距離。」好不容易到了教室，隨著大門重重地關上，牛被擋在了外面，只留下一聲聲粗獷的撞擊。一想起那情形，陳平就感到後怕。

學校的大廣播裡也反覆在播放著通知，告誡各班要管理好學生，不可以走出教室，更不許來回亂跑。大家面對這頭強大的瘋牛，唯一能做的就是把門窗死死地關好。

原以為瘋牛離開教室，事情就會結束。可沒想到那天輪到陳平當值日生，大家雖然無比害怕，但還是有人發現了教室後面的大水壺是空的，便慫恿著她去水房開啟水。無助的陳平神魂不定，在去與不去之間無比糾結。同學們見她站立著紋絲不動，就瘋狂地敲著桌子起鬨，悲觀透頂的情緒讓陳平不知所措，然而她又不敢放聲哭出來，無奈之下只好躡手躡腳走出門去。

長廊上沒有一個人，人家只是驚恐地從窗戶往外看，都好奇陳平此時要去做什麼。陳平也管不了這些，走著走著就拚命朝著廚房跑起來。

這次經歷誰也不知道，她是打死也不願意提起。這個陰影一直在她內心深處，讓她不斷地害怕、苦惱、黯然神傷。陳平來不及裝好熱水，就想著趕緊回到教室去。可是空蕩蕩的樓道安靜極了，她本就恐懼不已的心跳得更快，害怕得淚水都流了下來，也不敢用手去擦拭。學校裡誰能不怕這頭瘋牛，連老師都嚇得躲在辦公室裡不敢出來。

都說人之所以悲傷，是因為我們留不住歲月。其實，悲傷是因為我們笑著，卻不願意遺忘無法磨滅的傷害。

校園裡靜悄悄的，如同以往。其實瘋牛已經被駐校的士兵趕到田地裡，只是校方並不知道，大家都可憐地躲藏著。所以當陳平起身返回教室時，這靜就讓她生出了許多擔憂。

真是說什麼就有什麼，陳平越是擔心，事情就來得越快。當她提著滾燙的開水走到距離教室不遠的地方時，突然聽到腦後傳來了粗粗的喘氣聲。「不會是那頭牛又跟過來了吧？」她在心裡想著，腳步卻不由得加快起來。她只感覺路越來越長，似乎永遠也走不到盡頭，嚇得她只得蹲在地上，一隻手捂著眼睛，一隻手還緊握著壺不放。

她只感覺有東西在拍她的肩膀，她更是不敢睜眼來看，只是發了瘋地大叫著，腿部卻沒有絲毫的力量。等她偷偷睜開眼睛時，卻發現站在面前的不是牛，而是一位和藹可親的士兵。「乍一看去透著股蠻牛氣，再一看，眼光柔和得明明是個孩童。」

「你要幹什麼？」陳平問道。

對方卻不言語，只是用手比劃著。陳平不解，但還是很快用袖子擦去淚水，臉上紅一道白一道，花得如同臺上唱戲的戲子。

「你是誰？」

那當兵的還是不說話，只是放下身上的水桶，彎腰提起了陳平的水壺，然後又咧開嘴笑著讓她走在前面。那一刻她突然明白了，原來他是要幫助自己提水。陳平瞬間就沒有了害怕，反而有些開心地起身走到他前面。

其實這些士兵們早早就從南方過來，為了參加每年國慶的閱兵，便分散駐紮在各個學校的教室。最開心的莫過於這些小孩子們，成天跟屁蟲一樣看軍人唱歌比賽、支鍋做飯。當兵的經常走南闖北，對小孩子們也是十分喜歡，不時地逗弄他們。剛才衝進校園的那頭瘋牛，若不是士兵們出手趕走，校園一定亂成一團。現在有士兵為陳平保駕護航，她心裡早就美成了一朵花，故意放慢了走路的步伐，邊走邊看，不停地炫耀著。當陳平驕傲地走進教室，大家都感到不可思議，尤其是之前讓陳平打水的同學，心裡簡直就是十五個吊桶——七上八下。

後來陳平才知道這位伙夫兵是個啞巴。可她並沒有嫌棄，而是十分珍惜人生中這難得的緣分，把他當成自己的好朋友。

沒多久後，家裡便發現了陳平每天上學去得很早，放學回來得晚。陳母便暗中去了幾回學校，發現了女兒與這位士兵玩得很好。慢慢地，也從女兒嘴中聽到了關於這位士兵的資訊，她那開心的眸光中，蕩漾著無比的溫暖與激動。這個年齡的孩子，總會對未知事物充滿著好奇，因為無意中結識了啞巴士兵，陳平整個人都在發生著變化，毫不遮掩的熱情，幾乎讓人不敢相信，她就是那冷漠成習慣的陳平。

在啞巴士兵面前，她完全可以施展孩子的天性，又可以用心感受著寵溺。這樣的友誼，有時比朋友還要好，比父女還要親暱。陳平會不時帶些好吃的給他，有時還教他寫字。他則負責每天的衛生打掃和提水，有時也會送些自己手工製作的玩具。而陳平最享受的莫過於被翹翹板彈在半空的感覺，不僅吸引著其他孩子前來圍觀，而且啞巴士兵的偏愛讓她心中全是驕傲。

這是一段最為開心的時光，無憂無慮，單純而又美好。那感覺就像是用友情澆灌出的花朵，清香四溢。

接觸久了才知道，當年啞巴士兵被抓壯丁時，他的孩子馬上就要出生。他當時走在買藥回家的路上還想著以後如何如何，卻不料被迫來到臺灣。他無數次夢中哭泣，卻始終無法回到親人身邊。當他看到伶俐聰慧的陳平時，自然而然地起了思鄉之情。成為朋友後，他臉上永遠都是孩子般的笑容，絕對看不出一絲不快。敏感的陳平又何嘗不明白，這樣的真誠中有一種毫無保留的熱情，與周圍的人大為不同。

彼此的交往是開心的，也是快樂的。有天，啞巴士兵送給陳平一枚金戒指。年幼無知的孩子不懂禮物的價格，只是覺得好玩，然而卻遭到了老師的反對，他們當面訓斥陳平，並讓她離啞巴士兵遠遠的。陳平怎麼也不聽，結果老師們又找到家長，說士兵一定是另有企圖，並把兩個人的交往說得不堪入耳。最後只扔下一句狠話，要是發現他們再接觸就記大過。

不是所有的魚，都生活在同一片海洋。然而老師說出的話，對孩子來說卻是一道無法抗拒的聖旨。陳平不解，人和人之間的正常交往，為何會惹得老師們如此大怒？迫於無奈，她只能向世俗低下自己原本高傲的頭。那一刻的庸俗，也只有自己明白，她沒有一丁點辦法。

啞巴士兵很快就感知到這一切，從此便遠遠地觀望著陳平，他臉上沒有了笑容，滿滿的全是落寞。陳平何嘗不知道，膽小的她還得裝著視而不見。不是嗎？人從來都是這樣，對於喜歡的從來不知珍惜，失去後才知道它的可貴。過了沒多久，駐在學校裡的部隊要撤離了。

聽到這個消息時，陳平心中頓時變得空蕩蕩的，不知道如何形容自己的心情。她不停地去以前玩耍過的地方，想要撞見啞巴士兵，可是沒有。一次又一次的未果，讓陳平變得有些狂躁不安，傷心得只想痛哭一場。

原以為再也不會見到他了，結果卻又出乎意料。隊伍離開那天，響亮的聲響從操場傳到教室。陳平和同學們都不約而同地趴在窗戶往外看，外面已經圍了一大群人，她不想錯過最後的機會，直接拉開門就跑了出去。

她想，一定要和啞巴士兵道別，自己雖然很膽小、很懦弱，但也要讓他離開時感到開心。見面的那一刻，真是太多說不出的興奮，隊伍中的啞巴士兵終於笑了，還遞給她一包牛肉乾和一張寫著通訊地址的紙條。可是還不待隊伍離開，老師就從手中搶走了這些東西，牛肉乾被毫不猶豫地扔在一隻狗面前，牠迅速地用爪子刨開那些食物，沒有顧忌地享用起來，尾巴一搖一擺。同時出現在陳平眼前的還有飄散的碎紙條。

「那種不義的羞恥沒辦法跟老師的權威去對抗，那是一種無關任何生活學業的被迫無情。而我，沒有辦法。」陳平又一次害怕了，她孤獨無助地站在操場上，直到見不到一個人。地上全是各種垃圾，在風中肆意翻飛著。沒有了陽光的溫暖，撲面而來的便全是傷心。陳平的眼淚在眼眶裡不停地打著轉，好像這個世界本來就這般狂亂。「而這件傷人的事情，積壓在內心一生。每每想起，總是難以釋然，深責自己當時的懦弱，而且悲不自禁。」

啞巴士兵憨厚的背影遠去了，留下的只有無法言說的哀嘆。老師的做法，無形中傷及一位孩子的內心，也讓她對這個世界有了防範。難道交個朋友也不可以嗎？父母是懂她的，卻又不知道如何去撫慰她。老師始終沾沾自喜著，還以為用自己的火眼金睛挽救了這個孩子的未來。以至於許多年之後，陳平還在為這件事情耿耿於懷。那位啞巴士兵早已不知去向，她也只能希望他在有生之年能夠幸福。

人間的種種美好，就這樣被無情地打碎了，就像是灑在地上的顏料盤，永遠都在情緒中凌亂。對陳平而言，懷念成了生命中最無能為力的事，讓人無法勇敢面對，而必須要面對的上學，卻從此成了一種痛。從那時開始，她變得喜歡獨處。尤其是每天午飯後，大家都去休息了，而她還會坐在翹翹板上出神。

沒有人知道陳平在想什麼，反正她少了之前上學時的開心。隱約中她也向母親提到過不願上學的話題，說自己每天只要想到出門，就有一種即將死去的感覺。或許是逐漸長大的緣故吧，她用自己的方式在尋求解脫，只是看上去如此漫長而痛苦。

人的一切痛苦，都是源於對自己無能的憤怒。

雖然往事不堪回首，但陳平還是在生活中學著感悟生活。她無法釋放內心的壓抑，只能將心思全部轉移到課外書上。

於是，讀書成了逃脫課堂束縛的最好方式，她也開始涉獵起各種讀物來，而且永遠是那麼認真和執著。世俗的固執與無情，深深地傷害著她，而獨特的靈魂卻始終在飛翔。這個從三歲開始就喜歡讀書的孩子，現在不僅在同學中間是識字最多的人，而且也是同學口中最不可思議的人。

陳平怎麼也搞不明白，之前認為的那些簡單課程，怎麼突然間就變得複雜起來，尤其是數學，永遠都是長得稀奇古怪，讓人一看就頭痛不已。而自己的學習天分，似乎都被語文占有了，只要看到那些詞語，她內心就會不由自主地喜歡，不想沉浸其中都不行。每次考試，她也總是喜憂參半，雖然這樣的情況影響著陳平的心情，可她還是在同學們的不解中照樣看著閒書。

無論如何，讀書都是有用的，至少可以從中去明白芸芸眾生相，可以滿足永遠吃不飽的靈魂。讀書容易成痴，陳平雖不至於如此，但讀起書就會長時間呆坐著不動，連出身於書香門第的父親也看不慣了，屢次說她：「你這麼啃書啃書，將來要做什麼？不如去學一技之長。」

說歸說，讀歸讀。在陳平看來，能讀書也是一技之長。讀書，讓她與同學的距離越來越疏遠，讓她和生活的距離也越來越遠。有時她會為逃避數學教師的眼神而故意逃學。當她躺在舒適的陽光下，悠然讀著書中的故事時，才會忘記身邊的一切不快。「這就是一切了，這就是一切了。」書就是陳平的魂魄。讀書讓陳平感到了滿足。

第二章 離經叛道的天才

萌生愛情

學校的生活十分枯燥無味。不喜歡刻板生活的陳平，便始終想著要做些什麼事情來滿足自己，比如萌芽的愛情。

從某種意義上來說，陳平懵懂的內心是早熟的。那感覺應當等同於蘊藏著快樂和寶藏的垃圾。因為若沒有一雙慧眼，定然識不得明珠。

早熟，讓年幼的她越發喜歡幻想，對男女性別也十分敏感。這一切就像是從泥土中慢慢長出的芽苞，漸漸滋生出孩子們眼中的無比愛戀。

愛戀是有誘惑的。陳平所在的班上有七個如花似玉的女同學，私下裡結成了所謂的「七姐妹」組合，常常在一起談些身邊和書中的事，偶爾也會談及身體的發育。有時也會模仿著大人，說些故作成熟的話題。她最小，便經常在一旁靜聽。千奇百怪的話題，聽得人臉紅發燒、心驚膽顫。如男女生拉手會不會生小孩？小孩子從石頭中怎麼出來？

七姐妹在班上玩得很好，讓周圍的同學很羨慕。這天下午，其中的一個姐妹突然收到一張小紙條，而且還不知道是誰夾在書中的。那個時節，紙條是同學間最為直接的聯繫工具，其中的內容也經常是五花八門，有問訊、有關懷、有鼓勵、有探討，總之不方便當面表達的內容，只需要寫在紙條上，摺疊或者揉成團，遞送到對方手上即可。

起先，收到紙條的那個姐妹還不敢看，生怕有人惡作劇包裹了小蟲子，可最後還是沒有忍耐住好奇心。當她開啟後，臉上頓時忍不住露出笑容。

一筆一畫的字跡，整齊地展現在紙條上，讓人從中感覺到了對方的用心，感覺到訴之不盡的情愫。「風沙迷住了我們的雙眼，於是我們用心尋找對方。放學後，我們七兄弟在校外池塘邊約你們七姐妹，不見不散。」孩子們不厭其煩的遊戲，就這樣點綴著平淡無奇的生活。那姐妹讀了幾遍後，帶著特有的興奮，把紙條傳給大家看。

「怎麼辦?」大家幾乎不約而同地問道。

幾個人私下裡七嘴八舌，說到最後總算決定見面。就連素日冷漠的陳平也有了興趣，她對於見面也充滿著好奇和期待。

那天下午的課似乎很漫長，七姐妹都表現得心不在焉，只是盼望著快點放學。終於聽到了鈴聲，幾個人便扎堆向校外說笑著奔去。快接近池塘時，大家的腳步卻又突然慢了下來，一副不好意思的模樣。

池塘被金黃色的秋意包裹著，閃爍出淡而細膩的波紋。水清得可以見底，像一面平鏡，似乎要把秀麗的美和無法描摹出的天光雲影，全都倒映在其中。水中有魚蝦，時不時地躍出水面，蕩起一串串的波光，像是在歡迎這群開心的同學。周圍靜悄悄的，只有一朵朵綻放的花朵和陣陣蛙鳴。

所有的好心情都因著等待，而所有的壞心情也因著這等待。等待之後卻是無盡的失望。所謂的七兄弟根本就沒見到，也就是說，原本以為很奇妙的約會失敗了。大家垂頭喪氣，滿腹不快，只好悵然回家。

好在時間會把一切抹平，會將一切擦拭如新。七姐妹被擾亂的心雖說做不到從容，但還是很快將這事拋在了腦後。可陳平念念不忘的卻是這個過程，畢竟這是一個極其美妙的體驗。

學校的生活就是這樣千姿百態，既有著快樂，也有著失落；既有著奇妙，也有著迷茫。當人們都嚮往校園生活的美好時，卻常常會忽略掉那些不願示人的傷心。陳平認為，開心只是暫時的，那些讓人頭痛的功課卻真心讓人不快活。她根本不慕世間的風物情長，也不爭凡塵的冷暖朝夕。

一個不懼人生悲喜，活著就要縱情的女子，平時卻寡言少語，覺得自己永遠都不會活到20歲，以至於沒有機會穿上絲襪和高跟鞋。這樣的沮喪心情，一直在內心澎湃著，尤其是當她見到身邊漂亮的女老師飄逸而過時，更是充滿強烈的渴望。

這樣的憂鬱也是一種美，既有著對粉紅色誘惑的嚮往，也有著對女性特有嬌媚的畏避。她渴望自己能夠變得優秀，擁有不凡的顏值，只是這些都落在了姐姐身上。在她奪目耀眼的光環下，陳平只覺得自己就是一株不起眼的小草，就那麼努力地生長著。

姐姐一直以來學習成績都很優異，又喜歡表演，最主要的是長相甜美，那雙眼睛中飽含純美，讓人一眼看過去就喜歡，所以她向來在學校受人推崇，被稱為「白雪公主」。

說實話，能有人這樣稱呼姐姐，她打從心底是快樂的，但快樂中又透著說不清楚的酸楚。每個女孩子在這樣的年齡層，都會喜歡漂亮的衣裙，喜歡卷卷的秀髮，喜歡在人前舒心地表演。陳平自然也是，可她總會因容貌平凡被人遺忘在不起眼的角落。

很快，備受師生歡迎的「校際同樂會」就來到了。大家踴躍報名表演歌舞、話劇等節目，想在舞臺上一展身姿，贏得關注。姐姐自是不用擔心，老師早就推選她女扮男裝，主演《吳鳳傳》中的吳鳳。劇目的主角，自有人群簇擁，陳平幾次鼓起勇氣也想去報名，可最後都在糾結中無奈放棄。確實，她怎麼也搞不清楚，自己對同學們的眼光為何會如此顧忌，感覺那分明就是一聲聲嘲笑，一支支利箭，讓自己始終痛不欲生。她極不情願地放棄夢想，又想躲在無人處去讀書。這時候，書好似人生的避風港，讓受傷的身心得以慢慢痊癒。

姐姐可能是看出了她的難受，就主動推薦妹妹上臺去演出。那一刻的心情真是無法形容，她覺得自己就是天底下最幸福的人，排練時，老師並沒有安排角色給她，只讓她扶著個比自己高許多的道具。道具上面，畫著一棵亭亭玉立的樹。即便這樣，陳平也感到非常高興，至少實現了自己的夢想。學校的大禮堂裡全是高高低低的人頭，從臺上下來的時候，那種感覺真是妙不可言，連走路都似腳下生了風。說實話，她非常感激姐姐的推薦，能在臺上站成一棵樹也是別有情趣的。

一棵樹就讓陳平無端地交了好運，在接下來的《牛伯伯打游擊》的排練中，她便愉快地做起了忠實的觀眾，一邊吃著零食，一邊看姐姐在臺上用心表演，喜悅依然掩蓋不住。「牛伯伯」的戲排練得太簡單，似乎沒有可看的地方，這時臺下便會發出陣陣怪異的笑聲。她有時也會跟著大聲發笑，這發自內心的笑是真誠的、開心的。沒想到導演大聲叫她到臺上來。

「吳鳳的妹妹，你是吳鳳的妹妹嗎？你過來，我為你設計一齣戲，趕快過來。」她還在懷疑自己的耳朵，沒想到姐姐向著自己不停地招手。陳平嚇了一大跳，可她還是猶豫著，不知道是不是在叫自己。

演戲是美好的，既然一棵樹都可以演，還有什麼不能演的角色呢？所以當導演讓陳平演土匪時，她想都沒想就答應了。這次的角色也不複雜，就是和另一名「土匪」一起蹲在一塊布幔後面，當牛伯伯從旁邊經過時，兩人就不約而同地跳出來，然後用掃把當槍，大聲地喊道：「站住！你要到哪裡去？不許動！」接著就用槍頂住那人的後背。

這個動作幾乎沒有什麼可學的，陳平學得很快，沒事的時候，她和那名男土匪就一起蹲在幕布後，可是都不說話。其實是誰也不敢先開口。望著那個可愛的光頭男生，她起先還只是好奇，好奇導演老師為何會有這樣的安排。在那個特殊的時代，男女生之間是不可以講話的，就算是笑一笑也不行。如果讓其他同學發現，不但會瘋狂地加以傳播，而且很快就會見到牆壁上書寫的「某男某女在一起不要臉」之類的話。

每次排練，兩個「土匪」就這樣在一起。無形之中，這為兩人的獨處營造了空間。外間很吵，這裡卻非常靜，靜得讓兩個人的心在不斷地靠近著。幾次排練之後，陳平心中莫名其妙有了說不出口的感覺。

難道這就是喜歡？陳平不知道。難道是愛？好像也不是。但每次只要分開，她就會急切地盼望著相見，尤其擔心的是排練的結束，似乎那是人生最大的傷悲。

演出結束後，偶爾也會見到那個光頭男生。他還是那麼可愛，淺淺的笑容中帶著真誠和憨厚。陳平也有了很多變化，她開始喜歡做夢了，這個夢持續了許久。夢中經常出現的還是那個光頭男生，兩人站在舞臺中央，到處都是耀眼的燈光，兩人盡情地飛舞著。夢裡是開心的，可現實卻總是讓人匪夷所思。自從那次表演後，隔壁班的男生總喜歡成群結隊來看陳平，嘴裡還肆意叫喊著她和「牛伯伯」好的話。這種事竟然也有誤解，以至發展到後來，陳平為了平息內心的怒火，也不在乎對方人多少，就直接和站在最前面的男生動起手來。「大堆的臉交錯著撲上來，錯亂中，一雙幾乎是在受著極大苦痛而又驚惶的眼神傳遞過來那麼快速的一瞬，我的心，因而尖銳甜蜜地痛了起來。」

少女獨有的情懷，花一樣地盛開著，雖然嬌弱無力，卻也迎來了春天的明媚。那眼神雖然只是不經意的一瞬，卻讓她在腦海中出現了舞臺的光頭匪兵。陳平不再動手打架，而是用眼神飛快地看了他一眼，轉身走了，留下了一堆人驚訝地站在那裡。許多年後的同學聚會上，陳平無意中見到了那個光頭男孩的照片，他已經變得帥氣非凡，只是眉宇間的可愛依然還保持著那時的模樣。也就是那刻，她才知道，自己直到現在還將他安放在內心深處，就那麼靜靜地苦思冥想著。

「他頂著一個凸凸凹凹的大光頭，顯然是仔仔細細被剃頭刀颳得發亮的頭顱。布幔後面的他，總也有一圈淡青色的微光在頂上時隱時現。」這樣的形象深深地烙在她的心底，許久無法忘記。時光荏苒，逝去的是時光，不逝的永遠是真情。可以將這樣的情愫理解為愛，也可以將這樣的接觸視為春心萌動，但陳平卻深深地明白了這句話：你若不離，我便不棄。

不管這樣的想法是如何幼稚，愛需要的都是執著和堅持。誰也不曾想到，一齣話劇會生出一場單戀。種在陳平心中的情愫，固執而又單純地編織著她的夢想。這樣的夢想應該是幸福的，可以讓她全身心投入其中，以至於在黑暗中還焦灼不安地祈禱：讓這個不知道如何鑽到心裡的男孩，日後成為她的丈夫。

在那一剎那間，他便悄無聲息地走進了陳平的心裡。只要見到他，世上的一切事情就都忘記了，讓人惶恐不安，不知道靈魂究竟去了哪裡。這個祕密她對誰都沒有提起過，只是在心裡任其慢慢發酵著。少女的心被雷電擊中一般，她完全處於情感的亢奮中。少女之心在不斷燃燒，這雖然只是場獨角戲，卻始終充溢著浪漫。

學校的生活越來越無聊，天還不亮就要到校，昏頭昏腦到夜晚才能離去，回家後還要做各種題目。每天周而復始的疲憊也就罷了，可老師還要不時地會抽查每位學生的功課。如果不合格，老師心情好時便一笑了之，心情糟糕時便常常用教鞭抽手心。每天都能通過的人不多，所以差不多每個人手心都有著橫橫豎豎的血印，陳平自然也不例外。

大家似乎為老師學習著。除了抽打手心外，老師還會想出各式各樣的怪方法來體罰大家。老師會將兩個成績不好的學生叫到一起，直接用手將兩顆腦袋撞在一起，只聽到「砰」的一聲，大家眼前似乎就冒出了一連串的金星來。除了數學，陳平喜歡的語文也經常受到老師指責。有次作文課上，老師就毫無顧忌地當著全班的面讀了她的作文。「想到二十歲是那麼的遙遠，我猜我是活不到穿絲襪的年紀了。那麼漫長的等待，是一個沒有盡頭的隧道，四周沒有東西可以觸控，而只是灰色霧氣形成的隧道，而我一直踩空，沒有地方可以著力，我走不到那個二十歲。」老師越往下讀，陳平的臉就越紅，她當然也怕捱打，但更要緊的是臉上的難堪。

那篇作文最終的命運是重寫，陳平無法接受的卻是遭受了老師的嘲笑。從此，她不再偷看這位喜歡穿旗袍的老師，也不再羨慕她穿著絲襪、高跟鞋走過時的唯美和飄逸。

她真實地活著，用敢愛敢恨來表達著自己的夢想。面對諸多無頭緒的不開心，陳平能做的唯有埋頭讀書。用讀書來對抗刻板無聊的教育方式，來對抗讓人頭痛不已的考試，其實還是蠻有用的，至少此時此刻不用那麼費腦細胞。

也許消除痛苦的最好辦法就是讀書了。書中的時光短暫而又美好，還帶著不為人理解的哀傷。不管如何，小學生活就這樣結束了。對於嚴重偏科的陳平來說，可以重新換個學習環境；對於老師來說，一個所謂的「問題學生」終於送走了。只是沒想到的是，陳平卻出乎意料地考上了臺北市立第一女子高級中學。

家人們只是忙著開心，卻沒有發現強烈的孤獨感正包圍著陳平。煩悶而又沉重的心事，霧霾般環繞著、凝結著，讓身體單薄的陳平幾乎無法喘過氣來。靜心回首過去時，她才發現小學生活竟然如此灰暗，尤其被要求考入理想學校的壓力，更是讓她感覺「有如進入了一層一層安靜的重霧，濃密的悶霧裡，甚至沒有港口傳來的船笛聲。那是幾束黃燈偶爾衝破大氣而帶來的一種朦朧，照著鬼影般一團團重疊的小孩，孩子們留著後頸被剃青的西瓜皮髮型，一群幾近半盲的瞎子，伸著手在幽暗中摸索，摸一些並不知名的東西」。

—校園凌辱—

如果有來生，要做一棵樹，站成永恆，沒有悲歡的姿勢。現在想來，這定然是她最大的夢想。

一路過關斬將，在經歷了血雨腥風的考試後，陳平終於實現了目標。這是她和家人都未曾想到的，原本以為可以長長地喘口氣，然而國中生活卻要面臨著更多壓力。好在陳平很懂事，縱然她心中對學業有萬分的不喜歡，也只是把不滿一層一層地積壓在心底。尤其是面對著老師寫在日記本扉頁的「陳平同學，前途光明」那行大字時，更猶如大山壓頂，只覺得這樣的祝福是對自己無情的折磨。

秋風習習，滿眼都是收穫的景象。結束了悠閒而又自在的假期，即將跨入新學校前，陳平特意站在門前默默地許了個心願。

新的環境，定會帶給人全新的感覺，雖然有些孤獨無助，但一個人的生命歷程又被更新了。此時，她是緊張的，也是興奮的，既不知道會不會有更多屬於自己的自由，也不知道會面臨何種磨難。

新學校新穎別緻，讓人耳目一新。整齊的建築如精美的畫卷，陪伴著學子們的快樂成長；處處是綠植，幽雅中帶著別樣的魅力。陳平還沒有從新制服帶來的欣喜中醒悟過來，便開始在公車的顛簸中喜歡上了這裡的不同。

每天都是按部就班，每天也有著不同的快樂。人生旅途中，陳平盡量把自己的心事包裹著，不讓那種孤獨和寂寞影響心情。她一如既往地喜歡讀書，寫作水準提高很快，可其他功課還是停滯不前。這是陳平最為苦惱的心事，一直以來她都覺得自己太笨，無論如何努力，總是沒有任何起色。

陳平越發地不喜歡上學了。那感覺彷彿是步入深不見底的隧道中，周圍見不到一絲光，只能不停地往前走，看不到任何希望和出口。她真的需要人來幫助她，可是沒有一個人知道她在想什麼。

學校的生活著實讓人壓抑，只有每天公車上還有些樂趣。一個人被人群擠來擠去，反正已經是孤立無援，也便沒有了那麼多顧慮，恰好這樣的時空中，還可以藉助左右搖擺來天馬行空。對於性格內向的人來說，這絕對是難得的，沒有人來打擾，也沒有認識的人，雖說身體處於桎梏之中，心靈卻絕對是自由的。有時，她也會望著窗外遠去的風景，想到已經逝去的小學生活，不由得滿是傷感。只有讀閒書的樂趣一直保持著，有空時她也會在車上拿出書來讀，身體斜斜地靠著司機座位，讀到入神處也會不經意撞上欄桿。撞得多了，也就不在意人笑，同時也多了不少經驗。這讓她想起升學考試前的那段日子，學業十分繁重，成天被家人催促著複習功課，但她至少是快樂的，每天都會在課堂上偷偷看各種課外書，也不在乎考試的氣氛有多緊張。那年，陳平鐵著心讀完了《射鵰英雄傳》，才信心滿滿地走上了考場。

考試成績確實出乎意料，而她也認為只是自己幸運罷了。她有時候想，永遠都這麼幸運該多好啊。

鐘擺一樣的生活是無趣的，也只有將構思的文字變成作文時，她才會從壓抑中感受到一絲的欣慰。這樣的感覺，就像黑暗中見到的光亮。陳平從小就有著寫作的天賦，讀書多了，她的靈魂也就變得豐富起來。老師不時還把她的作文視為範文，有同學聽後甚至還會流下淚來。誰也不明白，這個其貌不揚的同學筆下為何竟然可以生出花來。於是，就有不少頭痛作文的人私下裡來找陳平幫忙。

對陳平而言，這自是與同學親近的難得機會，她從來不會拒絕。作文方面的出眾受人追捧，而數理化等功課便相形見絀了。老師屢次給她機會，可每次月考的成績總是差強人意。面對讓人無法抬起頭的成績，陳平總會難受上好幾天，每日裡默默地上學，悄無聲息地回家。也不知道有過多少次，她都為自己默默地打氣，想透過努力追趕超越，可失敗總讓她無能為力敗下陣來。

每個月似乎都過得很快，她還未從上個月的傷心中走出來，當月的月考又不請自到。考試總是讓人無奈，她也只有面對，不論是抱持何種心態。然而厄運越發變本加厲，這次月考成績公布後，讓一直都好強的陳平徹底傻眼了。

天啊，竟然會有四科成績亮了紅燈。就在昨天睡覺前，她還對這次考試信心十足，總覺得一定會有所提高，可眼前這狀況讓人情何以堪？下課鈴剛響，同學們就爭先恐後跑過來圍觀，多半都是帶著戲謔的心情來的，絲毫不顧及她的心情。

為了不讓老師每堂課都批評，陳平還是靜下心來思考了自己的現狀，痛定思痛之後決定暫時先放棄讀課外書的習慣，迎頭去惡補讓人深惡痛絕的數理化。那些日子裡，她早晚都在用功學習，幾乎達到了廢寢忘食的程度。可在別人不解的眼光中，她的學習成績還是沒有任何起色。

陳平感覺自己就像是隨風飄飛的蒲公英，完全不知道會去什麼地方。她感覺到自己沒有絲毫的控制能力，尤其那無盡的挫敗感，從心底不停地生長著，負能量緊密地包裹著全身。三歲那次意外落水時，她只覺得身體像鉛塊似的往水底墜落，她四處亂抓亂蹬，只想藉助外力讓身體浮起來，可是沒有成功。現在不也是這樣麼？誰也幫不了她，縱然是燃起無數次的希望，也只是徒生出飛蛾撲火般的無奈。

既然不見起色，陳平又想到了放棄。放棄的方式很多，她選擇了逃學，凡是碰到不喜歡的課程，她就找各種藉口不去。老師一直以為她家裡有事，便睜隻眼閉隻眼，每次點名都是敷衍了事。家人見她每天早出晚歸，便在吃飯穿衣的事上更加操心，卻沒想到她的心思又放到了課外書上。

偶然一天，她又去書店閒逛，無意間亂翻書時卻發現了一個祕密，她當時就差在人群中大聲叫起來。原來數學老師每次出的考試題，都是從這本書上照抄下來的。一個計畫隨之從腦海裡生了出來。她想都沒想就掏出了口袋裡僅有的零用錢。

眾所周知，陳平在同學中記性很好，凡看過的知識只要用心就很難遺忘。自從發現老師的祕密後，她就把那些搞不懂的數學題全死記硬背了下來，然後就等待著老師考試。

幾次考試下來，陳平的成績突然有了很大的轉變，每次都是讓同學們不可思議的滿分。一連六個一百分，但她並沒有沾沾自喜，只是默默地在人少處讀著閒書。

這的確是個不錯的辦法，既照顧了臉面和虛榮心，又有時間閱讀《儒林外史》、《獵人筆記》（*A Sportsman's Sketches*）等國內外的名著。她狂熱地吸收著書中的營養。為了能夠讀完《紅樓夢》，她除了在課堂上讀，被窩裡讀，最後竟然把書藏在裙子裡讀，讀得如醉如痴，讀得忘記了自我的存在。「我痴痴地坐著、痴痴地聽著，好似老師在很遠的地方叫著我的名字，可是我竟沒有回答她。老師居然也沒有罵我，上來摸摸我的前額，問我：『是不是不舒服？』我默默地搖頭，看著她，恍惚地對她笑了一笑。」

讀書的地方很多，並不局限於教室和家裡。不少時候，她更喜歡坐著公車去墓地。那裡非常安靜，徐徐陰風伴隨著鳥鳴，再也沒有人會來干擾她。那些個時日，她差不多把周圍的墓地全轉了個遍。如陽明山墓地、六張犁墓地，等等。「世上再沒有比跟死人做伴更安全的事了，他們都是很溫柔的人。」

這樣的好日子沒有維持多久，數學老師找到了陳平，直接就問這幾次考試的事情，她並不相信陳平的解釋，而是用譏笑的眼神死死盯著陳平發問，因為她眼裡的陳平「本就不是讀書的材料」。陳平也很忐忑不安，好在每次都能順利地隱瞞過去。

老師自是越發生疑，最終還是想出了一個對付她的辦法來。有天中午，陳平正打算吃過飯後去操場上發呆，突然班長跑過來傳話，說是數學老師叫她有事。陳平突然有種不好的預感，但心中再膽怯，她也加快腳步來到了老師辦公室。

「最近學習成績不錯，進步很大，這裡有張試卷，老師想測試一下你的真實水準，你要用最快的時間把這些習題演算出來。」老師笑笑說，然後把一張卷子幾乎是扔給了陳平，不待她說什麼，自己就抱著本小說讀了起來。

陳平頭上的毛孔中便不斷地冒出冷汗來，她也不敢動手去擦拭，趕緊去看試卷上密密麻麻的題目。這一看不要緊，她整個人頓時就呆住了，這全是高年級的試題，看都看不懂，哪裡還會做啊？陳平只感覺後背都溼了，從來沒有這麼窘迫過。她站也不是，坐又不敢坐，只好用牙咬住筆的後端，再不時地用手撓頭。

「對不起，老師，我不會做。」這句話也不知道如何說出口的。說完話後，陳平臉上已經火辣辣地燒，似乎要燃起來，她只想有個地方躲起來。

「不會？還有你不會的？最近不是每次都得滿分嗎？」老師不依不饒，咄咄逼人地發問，臉上閃現出不易覺察的笑容。那意思很明顯，你個小鬼竟然還在大人面前玩手段，實在太嫩了些。

陳平不敢回答，她真想說出事情的原委，可是她還是忍住了。「回教室去。」老師有些不耐煩地擺擺手，轉身不再看她。

就像小偷被抓現行一樣，陳平也不知道自己是如何離開辦公室的，但她無處可去，只能硬著頭皮順從地去教室，等待著懲罰。想到這些，她的頭皮有些發麻，更多的是難為情，但又能有什麼好的辦法呢？

她從窗戶中看著老師從遠處逐漸走近時，心跳不斷加速，她不知道老師為何還帶著墨汁和毛筆。老師直接來到教室，還不容大家有所思考，就大著嗓門說了起來。

「同學們，我們班上有一個同學最喜歡吃鴨蛋，今天老師想再請她吃兩個。」這話說得揚揚得意，行雲流水，完全就像是按著劇本進行的。

大家面面相覷，東張西望，教室裡頓時騷動起來。只有陳平心裡明白，此時她也沒有了先前的緊張，只是等待著所有該發生的一切。

只見講臺上的老師用粉筆在地上畫了個圈，然後點名讓陳平站進去。她不緊不慢地站起來，又緩慢地走上前去，那感覺倒像是去從容就義。而老師還面帶笑容，將毛筆伸進墨汁瓶中，用力地搖晃了幾下，筆尖立即像流浪漢一樣，在美食面前把自己吃得臃腫不堪。誰也沒有想到的是，她竟然會用溼淋淋的毛筆，直接在陳平臉上畫起來。片刻工大，一雙又大又黑的「熊貓眼」出現了，大家哄堂大笑，雖然不明白老師這樣做的意圖，但是也根本不在乎陳平那墨汁和著淚水往下流的感受。

「不要緊，不痛不癢，只是涼涼而已。」等到大功告成，老師仔細地端詳了一會，然後轉動陳平的身體，讓她公然面對臺下。

「你讓全班同學看一看。」同學們大為不解，前幾次數學考試，陳平每次都是滿分啊。整個教室沉靜下來，沒有任何聲音。

本以為這樣奚落夠了，就可以收場了，沒想到這位可惡的老師惡作劇竟然沒完沒了，她又讓陳平站在教室後排的角落去。陳平的心本就脆弱，現在又讓老師撕裂開展現在大家面前。每個人的笑聲就似尖刀，就這樣直直地朝著她刺了過來。她無法躲避，也不能躲避，只能一臉衰相地迎上去。鮮豔的血見了刀子，根本就無能為力，只是順其自然地流淌。從那時開始，可怕的傷口就沒有癒合過，她更加覺得公墓的氛圍都要勝過教室千萬倍。

下課後，陳平的腿已經僵硬得無法打彎，還沒等她離開，同學們便和看大熊貓一樣圍了上來，指指點點不停。數學老師也走了過來，陳平想著她該開恩大赦了，然而沒有，她只是面部僵硬地說道：「下課了，你活動活動身體，現在就從走廊走出去，繞著學校的操場跑一圈再回來。」

陳平的腦袋嗡的一聲就大了，她不知道這位老師為何沒完沒了地折磨自己。她是如此膽小懦弱，只能無奈地聽從老師的話，像個怪物一樣硬著頭皮走了出去。所有的人都跑過來圍觀，就像是在看馬戲團的小丑。

沒有想到生命會有如此悲哀的際遇，她發誓只要出了校門，打死也決不會再步入校園。對於老師的憎惡，現在全部變成了對校園的恨和厭惡，並且每跑一步就深入內心一寸，漸漸全部刻入骨髓中。

操場上全是人，她跑到哪裡，人群就自發地跟過去。整個操場都轟動了，大家談論的都是這個飽受羞辱的陳平。中午還是晴空萬里，一絲的雲朵都不見，現在卻是烏雲密布，似乎有狂風暴雨要來。老天彷彿很顧及這個小孩的心情，想讓她早些結束這無端而起的屈辱。

每一步都是如此沉重，讓人死的心思都有了。可是她還得屈從於老師的淫威，一步一步地朝著教室跑回去。這件事是如何結束的，陳平不知道，她只記得到了教室後又是一頓精神刺激，一下午的時間就像是一個世紀，漫長得沒有盡頭。

無論如何，她還是在老師離開時，用無比幽怨的眼神狠狠地瞪著她看。也不知道那一刻是從哪裡來的勇氣。

任何花開都有著漫長的等待。正如人們所說的：沒有什麼毫不費力的成功，也沒有橫空出世的黑馬，也許你看到別人雲淡風輕，但那都是他們披荊斬棘、努力奮鬥之後的結果。只是當時的陳平並不懂得這些，她只感覺自己這朵正在努力盛放的花，因為老師的打擊愴然凋萎了。

父母親全然不知道女兒所受的這種委屈，只是在面對她的無理要求時感到無助，卻又不知該從何處對症下藥才好。

當陳平說出不願再去學校的想法後，家人們都以為那只是生氣時的孩子話，過上一陣自然就會煙消雲散，卻沒有想到她的臥室門重重關上後，一扇門就成了一堵厚實的牆。只有在牆壁後面，這隻受傷的小動物才會感到安全，才不會因為任何的風吹草動而緊張不已。

—長夜痛哭—

如果沒有這次突然而至的遭遇，陳平眼中的學校生活應該還有些情趣。壓抑的情緒讓她無法抬起頭來，在同學們眼中，陳平純粹就是個異類，無論從哪裡走過，都會引起人群的圍觀。這樣的感覺讓人鬱悶，卻又無處訴說，她真想和蠶一樣，把自己深深包裹在繭子中間。

好多時候，陳平是無法決定自己的。她曾經發誓再也不會去學校，可如今還得硬著頭皮朝那隻「野獸」走去。路上很少有人主動與她打招呼，而她也刻意不與旁人接觸。在這樣的境況下，陳平哪裡還有心思讀書，她思索的全是如何應對別人的惡意。

那段時間，陳平死的心思一次又一次地從眼前掠過，想像中那似乎是種解脫，她沉浸其中不能自拔。等父母知道其中原委時，傷心得老淚縱橫，幾次想去找老師理論，最終都無奈地放棄了，女兒已經受到了傷害，理論又能怎麼樣呢？作為父親的陳嗣慶，把女兒緊緊地抱在懷中不願放開。

「傻孩子，為什麼不告訴父母，為什麼要自己承受這種壓力呢？」他反覆地問著陳平。這些天裡，他腦子裡一直都縈繞著這些事情。

陳平沒有回答，可她從來沒想過要讓父母出面來解決這些事情。所有的委屈她都可以承受，所有的恐懼她也可以面對。除了對學校的憎惡外，她對誰都表現出漫不經心的狀態。

陳平不再希望接觸外面的世界，因為只有縮在自己的世界裡最安全。她的心理障礙越發嚴重起來，有時甚至一聽到上學，就會昏倒在地而不自知。起先她也有過類似的症狀，但那只是不太明顯的極端敏感和神經質，絕非現在這般頻繁。家人把她送到學校，她一見到桌椅又昏倒了，但送到醫院又檢查不出原因，一回到家裡很快就會變得正常。

陳嗣慶以為女兒在裝神弄鬼，耐心地與她溝通，女兒只是搖頭，似乎要把自己與外界隔絕開來。還是母親理解女兒。「在她的世界裡，不能忍受虛假，就是這點求真的個性，使她踏踏實實地活著。也許她的生活、她的遭遇不夠完美，但我們確知：她沒有逃避她的命運，她勇敢地面對人生。」

很快，陳平就再也不用去學校了。父母經過商量，決定讓她休學。

她每天把自己關在房子裡，很少出門見人。即便見人，也只局限於父母和姐弟。「外界如何的春來秋去，在我，已是全然不想知覺了。」最擔心的莫過於親人了，他們一時半會又找不到好的解決方案，只能靜默地守護在一邊。做父母的就是這樣，傾盡心力地全程陪護著。

無疑，那段日子十分壓抑。家裡突然少了開心的話題和氛圍，大家都要圍繞著陳平忙碌，而且誰也不願觸及「學校」二字。休養了一段時間後，父母為了讓女兒從寡言少語的狀態中走出來，同時也想讓她掌握些知識技能，不要荒廢了大好年華，就又轉學去了另外一所美國教會學校，可是效果依然不太明顯。為了培養她能有些特長，又先後送她去學鋼琴、插花等。

這些無奈之舉，都飽含著父母的良苦用心。為了讓她學琴，一家人都陪在周圍，生怕她會有任何不滿意。可是面對著黑白琴鍵時，除了手足無措外，陳平只能無休止地發著呆。父母們一直含著笑，從來不說一句重話，用眼神給她鼓勵和期待。

練琴是枯燥的，反覆練習讓陳平無法接受如此這般的折磨。她眼裡蓄滿了淚水，隨著高低起伏的琴鍵，一滴一滴地落了下來。

「爸爸，我實在不想學鋼琴了。」她一臉無辜，臉色蒼白，看起來十分疲憊。

「孩子啊，我們還能為你做些什麼呢？」這句話充滿著關切，卻又飽含著無助。她的淚水嘩地流了下來，任誰說也止不住。從小到大，陳嗣慶哪裡見到過女兒如此傷心，可又不知如何安慰和勸說。兩個人坐在鋼琴前面，突然間沒有了話語。

也不知道過了多久，父親開口了：「孩子，你還小，必須要學個一技之長。要不學繪畫吧，以後還能混口飯吃。」這已經是他的最低要求了，從小到大，這孩子一直出各種難題給自己。

陳平機械地點了點頭，其實她心裡一片混亂。以她的眼光來看，線條色彩和黑白琴鍵根本沒什麼區別。但那些請來的老師們卻不以為然，如擅長山水的黃君璧，如專攻花鳥的邵幼軒，他們一個個與陳平見過面後，信誓旦旦地打著包票。被逼無奈的她只有面對，什麼也不能說，因為她不想讓父母傷心。

陳平仍然讀書，喜歡沉浸在一個人的世界裡。父母開始親自授課，教她背誦唐詩宋詞，教她讀英文小說。只想用這樣的付出洞開封閉的心房，讓陽光照射進去。

但個性十足的陳平仍然無法忍受繪畫，她感覺手中握著畫筆，始終是種無聊的舉動。在她看來，那些線條和色彩，沒有任何靈性，甚至在謀殺著一個人的創造力。這難道就是自己要面對的生活嗎？她不敢去想，也不願意去想，只是覺得肉體在大家的關切中漸漸死去。當然，也會有開心的事，那就是在無人院落裡，自由自在地滑著溜冰，讓那有節奏的聲音一點一點填滿空虛的內心。風輕雲淡，可以什麼都不用去想，就那麼隨心所欲，她甚至熟練到連眼睛都不用睜開，就可以避開前方的各種障礙。也只有這時候，父母才會隔著玻璃相互對視著苦笑一下，然後輕輕撫摸著對方的手。

她好久都沒有這般輕鬆了，那感覺好像在重慶、南京時的生活狀態。陳平的活動空間越來越窄，只局限於那幢日式的建築中。有時，她一天也不會出門，即便出了門也只是取些必需的物品，而後就重重地把門關上。

她不理會父母，父母也不敢主動地招惹女兒。大家的相處看似乎靜，其實都很疲憊。終於有件意想不到的事情發生了。

這件事之所以會發生，還是因為陳平覺得自己愧對父母的憐愛。她情願在別人眼中成為不可思議的怪人，也不願父母一天天地消瘦。於是這天下午，她美美地睡足了覺，然後用準備好的刀片朝著自己的手腕割去。

身邊的音樂響著。當那泛著光亮的刀刃，接觸到潔白纖細的手臂時，她竟然沒有一絲的畏懼，也沒有任何的疼痛。刀鋒很快就被鮮血浸泡，再也看不到之前的銀色。輕快的音樂一直在屋裡縈繞著，傳入耳中時卻時斷時續，到後來她就什麼也聽不見了。只有血在悄無聲息地流著，從手臂到床單慢慢地浸染著。陽光下，那血竟像是一幅濃淡相宜的畫作。

那一刀下去時，陳平出乎意料地開心，她知道自己會隨之解脫，父母也只會痛苦最後一次，然後又會過著習以為常的生活。想到這裡時，她身體已經沒有了知覺。

窗外的陽光開始變淡，很快就被烏雲遮蔽。起風了，風透過窗戶將屋裡的東西吹得亂七八糟，似乎要吹醒這個輕生的女孩。但是除了凌亂，還是凌亂。

風剛起時，母親的心思就移到了女兒身上。她放下手中的工作，趕緊上樓去檢視門窗。門死活推不開，她大聲地叫著女兒的名字，用手重重地砸著門，門紋絲不動，只有外面的風雨聲在無情地肆虐著。

風雨出奇地大，雨水從窗戶的縫隙間流了進來，人幾乎就出不了門。剛剛到家的陳嗣慶聽到樓上的呼叫聲，顧不上脫去淋溼的衣服，就三步並作兩步上了樓，當她看到妻子披頭散髮的模樣，心裡頓時慌亂起來。

「怎麼了，怎麼了？」他說著把妻子推到一邊，用手去開門，卻沒想到門鎖著。

妻子趕緊上前說：「這孩子睡得很沉，不會出什麼事吧？」兩人一商量，合力用身體把門用力撞開。

門帶著風呼地敞開了。兩人就看見女兒柔軟地躺在床上。繆進蘭快步跑過去，一大片的血立即暈花了她的眼，她隨即倒在了地上。

陳嗣慶絲毫不敢遲疑，趕緊上前去掐妻子的人中，然後又趕緊抱起女兒朝樓下跑。

「我命苦的女兒啊」，一聲長嘶劃破天際，很快就消失在了風雨之中。

這個如花似玉的年齡，正是快樂享受生命之際，可誰也不會明白陳平受傷的內心。從孩子送進醫院的那刻起，繆進蘭一下子就蒼老了許多，白髮也不留情面地往外直冒。這幾年來，她也不知道自己是怎麼挺過來的，但她清楚自己再也經不起折磨了。搶救的過程是令人揪心的，空蕩蕩的樓道看不到盡頭，像極了夫妻兩個人此時的無助心情。

兩個人站在手術室外，一直盯著那扇緊閉不開的門，只盼望著它能早些開啟，可是沒有。一分一秒的時間累積著，就彷彿壓在心口的巨石。繆進蘭無法喘過氣來，眼淚卻不爭氣地流了下來。她渾身無力，真擔心這會成為與女兒的永別。

濃烈的消毒水味道瀰散在空氣中，讓每一處的寂靜都充滿著死亡的氣息。這樣的沉悶中帶著無比的涼意，讓人心中簡直無法看到任何希望。迷霧般的愁緒繚繞著，讓這對夫婦無法舒展開緊鎖的眉頭。眼前的壓抑，已經讓他們無法再堅持下去。

不幸中的萬幸，在醫院的及時救治下，陳平總算從死神手裡活了下來，然而手腕上卻留下了長長的疤痕。難以想像那椎心疼痛的二十八針，是如何一針一針將逝去的靈魂縫合起來的。

「我自己呢，覺得成了家庭的恥辱，社會的罪人，幾度硬闖天堂，要先進去坐在上帝的右手旁。」無疑，這樣的做法是輕率的，可對於內心孤獨的人來說，自暴自棄結束自己的生命，並不是一件多麼可怕的事情。所以在睜開眼的那刻，她只是埋怨家人為何要救自己的性命。

望著女兒蒼白的臉，所有的怨憤都淡然而去。潔白的床單下，她靜默地閉著眼睛，臉上還似乎帶著笑容。或許，她突然原諒了自己少不更事的衝動吧？

整個世界是黑色的，卻永遠閃爍著光，哪怕是內心深處的一絲微光，也為她的生活帶來了不易覺察的幸福和滿足。這些時日，陳平已經逐漸習慣不與外界接觸，成天宅在屋裡，地鼠一樣見不得光，甚至有絲毫的動靜都會讓她驚慌地縮在屋子一角，生怕受到任何的傷害。

父親是懂女兒的，即便當她內心封閉嚴重到一定程度時，陳嗣慶也沒有生出要放棄的念頭來。在大女兒的培養上，他也是和現在一樣付出，只希望自己的骨肉能夠憑自己的本領立足於社會。他一直試圖為二女兒重新營造一處安全的居所。

陳平的脾氣越發乖戾起來，她甚至讓家人在門和窗戶上加了防護欄，目的只有一個，就是不允許別人來到她的房間。

壓抑，讓陳家小院的氣氛始終凝重。而陳平何嘗不懂得父母之心呢？但她更喜歡的是對著玻璃自言自語。除了陳平之外，其他幾個孩子也是十分任性，這個要學音樂，那個要學美術。家人們一時也沒有好的解決辦法，只得任由他們隨性發展。

姐姐陳田心最近心裡也很煩，按理說她才透過聯考，考上了讓人羨慕的第二女中，本是一件開心的事，她卻由於不喜歡枯燥無味的數學，思前想後還是放棄了就讀的念頭，最終轉到臺北師範學校學習音樂。

陳平出院還沒多久，姐姐的生日就到來了。接到盛情邀請後，她想了想終沒有拒絕。晚會那天，一襲白紗的姐姐在燈光的映照下，感覺就像從童話中走出的公主。朋友和同學都圍著姐姐說笑，讓以往冷清的小院很快就充滿了歡聲笑語。在姐姐面前，陳平一直都有著自卑心理。而這個時候，她更是如同被遺忘的小動物，孤立無援地待在無人的角落中，靜靜地望著這一切。

純美的音樂、香甜的蛋糕，讓她眼前一片溫馨。陳平其實很想與大家一起享受這樣的快樂，可內心又極力在排斥著。

晚會臨近結束的時候，有位帥氣的男孩突然起身，他走到門附近坐定後，開啟手邊的包，用顏料和筆在畫板上描畫起來。遠遠看去，那認真的神情彷彿不是在作畫，而像是回憶往事。還不待他畫畢，已有人陸續圍了過來。七嘴八舌的評論中，只見那男孩滿意地站起來，對著畫仔細端詳片刻後走出了人群。周圍的人已經有些迫不及待，生怕自己的評價別人聽不到。

陳平也想上前去看看，雖然她並不喜歡畫畫。好不容易等到人散，她才大膽走上前去。當她面對著這張表現細膩逼真的油畫作品時，立即被那粗放的表面效果吸引住了，那強烈的色彩像音樂一樣，不僅僅彰顯著所要表達的內涵，更重要的是讓人於不經意中產生情感共鳴。

畫面展示出一幅戰爭廝殺的血腥場景。兩隊人馬手持著兵刃在交鋒。以作品稀薄明亮的色彩，在來去自由的塗抹中，呈現出了與眾不同的奔放和戲劇衝突。人們似乎可以從畫面的整體效果中，感受到人的憤怒、戰馬的嘶鳴。

意外的畫作欣賞，卻漸漸為陳平開啟了對於繪畫的喜愛之心。長時間的自我封閉，使陳平只能從書中感受到外界的唯美和不同。這幅畫讓她想起了巴勃羅．畢卡索（Pablo Picasso）的〈格爾尼卡〉（Guernica），那是陳列在聯合國會議人廳裡的一幅抽象作品，用黑、白、灰三色表現出了法西斯的野蠻暴行，警醒著所有的人要熱愛和平。那次畫展，她是跟隨堂哥去的，站在畫作面前，他滔滔不絕地講述著精妙的構圖，並用繪畫的藝術語言形象地表達著畫面中的悲傷和痛苦。

陳平從來沒有發現自己的堂哥擁有如此豐富的繪畫知識，也就是那次以後，凡是書中提到的畢卡索的作品，她都會去認真玩味，從中挖掘不同的生命力和美。雖然父親也為自己介紹了幾位出色的美術老師，但他們的作品卻始終沒有像這樣打動自己的心。這幅油畫，讓陳平記住了那個男孩叫陳驌。同時，也讓她壓抑的內心有了翩躚的夢想。那種感覺竟然是如此強烈，就像甜蜜的戀愛一樣。

點墨繪情

幾筆勾勒似雲錦，點墨繪出心中情。

陳平突然間喜歡上了油畫。細細端詳，每一幅不同的畫中都蘊含著畫家對於生活的希冀與熱愛，她感覺那就是視覺的盛宴，看著看著，從中便悟出了許多生活的道理。

油畫會讓陳平心動，這是她不曾想到的。但實實在在的是，這些唯美的繪畫風格，卻深深地打動人心，令人時時感到回味無窮。

「媽媽，我想學油畫。」當陳平開口說出自己的需求時，連她自己也有些不敢相信，因為這完全不是自己的做派。當然，更驚詫的還是父母親了，他們已經好久沒有聽到這樣的請求了。他們看著女兒日漸憔悴不知所措，現在得知女兒想學習油畫的想法後，便放下手中的工作不辭辛苦四處打聽，最後請到了著名畫家顧福生來教授。出身於將軍家庭的顧福生是顧祝同的兒子，曾在讀書期間與劉國松、韓湘寧等人組成「五月畫會」，在臺灣美術界掀起了一場突破傳統的革命性風潮。

了解到陳平的一些基本情況後，性格耿直的顧老師心懷暖陽，表示樂意收這個大孩子為其門徒，傾其心力教其繪畫技藝。但有一點要求讓陳家很犯難，就是需要陳平親自上門學習。

作為家長，他們無法說出女兒已經好久都無法出門。可面對這個難得的機會，他們彷彿抓住了救命的稻草，再也不願意放棄。

陳平倒是坦然，她最終點頭同意了這個要求。一個人待在屋裡，她來來回回反覆走著，其實也不知道心裡在想著什麼。那感覺就像漂浮在海面上的稻草，總是徘徊在患得患失之間。現在，總算有人要指引著她走出迷沼，如果再不勇敢抓住最後的機會，那真的就負了所有關愛她的人。

抉擇，有時候真的很難。對陳平而言，要獨自一人去面對陌生人，這簡直比登天還要難。但是經過一整天的思考後，她還是下定了決心。

一切看似是風輕雲淡，誰也不知陳平內心的風起雲湧。當陳平按時出現在泰安街二巷二號的一所宅院前時，她數次想停下腳步轉身回去。對於一個受過老師傷害的人來說，除了挺佩服自己的勇氣之外，她確實需要重新面對內心中最討厭，也最畏懼的人。一路上，陳平都在腦海裡反覆地想像著顧福生這個人。她同時也下定了決心，只要兩人一言不合便轉身就走，才不會管他名氣如何。然而當看到滿院花紅柳綠那刻，她眼前豁然開朗起來，忐忑不安的心情也隨之變得平和。遍地是油油的綠，風和著鳥兒的鳴唱，任千姿百態的花兒招搖著。再看去，那庭院在起承轉合中全融進了自然，有著「庭院深深深幾許，楊柳堆煙，簾幕無重數」的意境。這樣的感覺讓她很自然地想起了童年的生活來。原來內心無憂無慮，才是生活的最好狀態。

「這樣精心對待生活的人，為人一定很謙遜溫和。」好吧，希望能在這獨特的花香中，解除自己以往的自閉和痛苦。這樣的感覺似乎像戀愛，「如果人生有什麼叫作一見鍾情的，那一霎間，的確經歷過」。

這樣的喜歡發乎內心，最終要讓陳平的命運發生改變。從現在開始，一個從未謀面的人要將她從地獄中拯救出來。

學習任何一門藝術都要花費心血，繪畫自然也是。顧老師從開始授課那天起，幾乎就是手把手地教著，想用繪畫來開啟陳平封閉已久的靈魂。這樣的感覺非常溫暖，雨絲一般絲絲浸入內心，讓她消除掉內心的苦痛。

想想也是，當上帝關了所有門的時候，一定會給人留扇窗的。起先讓人發愁的每週兩次上課，從此便成了期盼，如同孩子盼望新衣服一樣。在握住畫筆的瞬間，她帶著對於藝術的認知，暗自下決心不再半途而廢了。

顧福生是位有涵養修為的人，他的親切和關愛對陳平十分受用，尤其是那充滿著愛意的眼神，每一次對眸都會讓她生出諸多的希望來。

當陳平逐漸愛上這裡的教學環境時，她卻再次碰到了難題。那就是並沒有任何繪畫天賦的她，經過一段時間的學習之後，始終掌握不好繪畫的技巧，她屢次試著說服自己，最終還是心生懈怠，潛伏已久的逃避之心又蠢蠢欲動，她不敢面對眼前的困難。

那是人生最為荒涼的幾年，她始終蟄伏在自己的小空間中，惶恐不安地透著玻璃看著外面。那情形就像是維基解密（Wikileaks）創始人朱利安．阿桑奇（Julian Assange），七年來一直藏身於厄瓜多駐英國大使館的一幢房屋中，寸步不敢離開，只能透過窗簾的縫隙窺望。那種感覺痛苦難耐，但又沒有任何好的辦法。

顧老師很快就看出了她的憂鬱，主動開導她：「沒什麼，你這樣有天賦的孩子，雖然素描畫得不怎麼好，但老師知道你已經很用心了。」

這樣安慰的話語似父母，更似好朋友。陳平突然就從心間湧起了安全感、滿足感：「老師，我實在學不會，請你原諒。」陳平低著頭，極其不自然地說著話，不知道如何表達才好。

顧福生似乎洞明一切，只是用手輕輕地撫摸著她的頭，帶領她來到了另一間水粉畫室。自然，這又是另一個唯美世界，處處都在撞擊著陳平幼小的靈魂。

在老師的熱心幫助下，陳平又重新生出希望。學習繪畫之餘，顧福生更是不斷發掘著她的其他潛能，進一步喚醒她對於生活的自信。當他發現面前這孩子喜歡讀書寫作時，便鼓勵她沒事時寫些文章，同時還推薦她閱讀《現代文學》、《筆匯》等雜誌。這樣的教學方式是獨特的，也讓陳平越發喜歡起他來。

隨著畫作水準的提高，陳平的文字功底也有長足進展。她開朗起來。只要有作品，無論是畫作還是文字習作，她都會一一拿給老師。顧老師也是來者不拒，悉心幫助，指導著她不斷成長。

又是陽光明媚的一天，陳平揹著書包來到顧老師家上課，手中還提了母親做的小食品。走在路上，她就感覺到陽光暖暖地打在身上，心中無端地喜悅。這些吃食是她的最愛，現在全部都要帶給最親愛的老師。

「老師今天也要給你個禮物。你猜猜是什麼？」顧福生故作高深狀，雙手背在後面。

陳平腦袋裡快速地運轉著，突然有種被保護的感覺。她想，如果天下的老師都和顧福生一樣該多好，真想永遠跟著他學習畫畫。

「我實在猜不出來。」

「送你一本雜誌。」此前，顧老師也經常推薦好看的雜誌給自己。接過雜誌，她便認真翻閱起目錄來。

天啊，天下竟然還有另一個叫陳平的人。她差些驚訝地叫出口來。於是，便快速翻動書頁，找到了這個陳平的文章。不看不要緊，細看後就覺得身上沁出細密的汗珠來。這篇散文〈惑〉竟然和自己寫得如此雷同，莫非是對方抄襲了？

抬頭看老師時，他正背著手笑吟吟地看著自己。陳平有些不好意思，臉上漾起一片紅暈來。

「恭喜你，經過努力要成為作家了。」

「我能成為作家嗎？不可能的，這才不是我。」她說罷又認真地翻閱起來。讀了一遍又一遍之後，陳平才認定這真是自己的文章，便心生喜歡地把書一合，緊緊地擁抱在懷中，彷彿害怕丟掉。淚水輕輕地流了下來，陳平好久沒有這樣幸福了。這幾年間，她彷彿生活在人間煉獄，沒有歡笑，沒有朋友，幾乎就像殭屍一樣。她實在是忍不住喜悅，要趕緊把這個好消息告訴給家人。

顧福生更似傳道人，用自己的方式喚醒陳平，希望她能夠好好享受人生，並學有所長。逐漸自信的陳平，也不知道何時已經把顧家視為天堂。總之，她愛這裡的一切，包括老師。雖然年紀不大，可她還是明白什麼是愛，尤其見了老師後她總是喜歡不由自主地撒嬌，心情總是異常地好。有時候，她也會反感他對自己的稱謂，有次竟然面對著老師的背影，發出了慨嘆：「心愛的老師，你為什麼不等我長到和你一樣大呢？」

有了自信，她也敢出門了，有時也會隨父母到外邊走走。這一切都讓她的心情變得愉悅起來。她甚至連平日裡喜歡的灰色也開始拋棄，換成了豔豔的紅色。

「是啊，這才是我喜歡的色彩。」想到這裡時，她總會開心地笑起來。有一次，母親帶著陳平和姐姐去皮鞋廠定做皮鞋。輪到她選擇顏色時，媽媽沒有絲毫猶豫就幫她選了灰色系，然而陳平卻出人意料地笑著回絕了。

「媽媽，你就想讓女兒一直做灰姑娘啊？」一句話讓繆進蘭說不出話來。她回過神來，才欣喜地說道：「孩子，媽媽何嘗不希望你做公主啊。只要你喜歡，你要什麼媽媽就買什麼。」

「那就這個顏色吧！」她有些不好意思，自己也為這樣的選擇感到吃驚。

「紅色？你確定？」母親實在不敢相信。

當那雙耀眼的紅皮鞋穿在腳上時，陳平真是恍若在夢中。「那是我第一雙粗跟皮鞋，也是我從自己藏著的世界裡心甘情願地邁出來的第一步，直到現在回想起來，好似還在幽暗而寂寞的光線裡神祕地發著溫柔的霞光。」

只是這種幸福的日子沒有過上多久，陳平得到了一個從來沒想過的消息，顧老師要離開臺北去巴黎定居。這個消息不亞於晴天霹靂，讓她內心刺痛。剛剛開啟的心鎖，感覺又要重新關閉。

「老師真的要走嗎？你要走了我該怎麼辦？」她傻傻問著老師。

「傻孩子，好好學，我還會給你介紹老師的。」

隨著作品在雜誌上發表，陳平的世界開始變得五彩斑斕起來，至少她有了前進的目標。而顧老師的盡力授課，以及亦師亦友的幫助提攜，都讓她重溫著從前的美好。

當顧福生見到那雙紅色的皮鞋時，立即投來了讚許的眼光，而且不吝讚美。一次次的鼓勵，漸漸增長了她的信心，也讓陳平開始對自己的著裝打扮和容貌關心起來。

拂去了許久的壓抑，少女的嬌美就彷彿沙礫中的金子、雕琢的玉件，很快就煥發出了別樣的美。純真無邪的笑容，明淨如天際的內心，深刻而有層次的優雅，都在盡情綻放，那感覺讓人舒適愜意，優雅浪漫。

只是隨著顧福生的離去，這樣的美又讓誰來欣賞呢？至少在她的內心中，所有的美好就是為老師而來的。離開前，他將這個愛寫作的學生又鄭重其事地託付給了好朋友韓湘寧。

到了送別那天，陳平思考後還是來到了碼頭。人雖然不多，但望著「越南號」遊輪的逐漸遠去，她還是感到十分難過和不捨。那種離別的痛苦感覺從心底而起，根本就由不得人去控制，越是想止住淚水，結果反而越是淚流滿面。十個月凝結起的情感，就讓滔滔的海水盪滌著遠去了。當年那位啞巴伙夫的形象又出現在眼前，那時她也是如此戀戀不捨，他揮手遠去的形象始終留在腦海，怎麼也抹不去。

人生是無法看透的。即便你看清了這件事，其實也未必能懂這件事。對於陳平而言，她不想永遠生活在寒冷和痛苦中，不想無望地生活。她唯一能做的就是從追憶中走出來。

師從韓老師以後，陳平明顯感覺到了青年身上活潑的氣息。這位老師喜歡白色襯衣，無論春夏秋冬。「夏日炎熱的烈陽下，雪白的一身打扮，怎麼也不能再將他潑上顏色。」在她眼中，這個人是特別的，不僅與顧老師的生活習慣大不同，作品的風格也迥然不同。好在她只是認真學習畫畫，其他方面也沒有太多想法。一切又要重新開始。即便這樣，好多時候她還是會將眼前的老師想像成顧福生，尤其是他淡漠而精緻的面容，時時讓陳平感受到別樣的溫暖。顧福生的離去，讓她覺得好像少了些什麼。眼睛？耳朵？她無法說清楚。一段時間裡，她就如同染上了毒癮般無法自拔，以至於心生絕望。確實如此，那段時間的變化也太快了些。沒多久，她又成了藝術家彭萬墀的學生。每個人都在按自己的節奏生活，只有陳平在不斷地適應著。

畫畫的日子是開心的，至少可以用愛沖淡心中的冷漠。不論是溫暖的顧福生，還是熱情的韓湘寧，或者是執著的彭萬墀，都讓陳平在藝術之路上越發自信起來。與此同時，這些人也在自己的專業領域，以不凡的才華向這位學生證明了自己的實力。

心有山海，靜而無邊。總之一切都在變化著。這枝久居在溫室裡的小花，也要開始面對外界的風雨了。著名作家白先勇，也是顧福生的好友，一直在盡心盡力地照顧著陳平。她平日裡除了畫畫，還堅持寫作，從起先的模仿，到後來的天馬行空，她一直都在用心揣摩。

畫畫和寫作，可謂相得益彰。畫畫是外界的摹寫，寫作便是內心的感受，細細品味，都充滿著樂趣。也是，一個人獨處得久了，自然會喜歡上這般自言自語的寫作。在白先生的精心扶持下，陳平先後又有不少作品得以發表。

也正是有了這樣的老師，才讓陳平以後在文學道路上走得更遠而堅定。自信的增長，讓陳平不見天日的生活漸然有了曙光。以至於好多年後，她的文字中依然充滿感激。

「當年的那間畫室，將一個不願開口，不會走路，也不能握筆，更不關心自己是否美麗的少年，滋潤灌溉成了夏日的第一朵玫瑰。」

——文字精神——

多年以後，面對著這厚厚的一堆作品時，被稱為三毛的陳平，已經成為全世界華人心中的偶像。面對鮮花和讚譽，她總是無法忘記那個激動人心的下午。那時的自己，還沉醉於油畫的學習中，一週兩天的課程始終讓她充滿著期盼。

這天，白先勇先生突然前來拜訪。和陳家一樣，他也住在松江路上。見到白先生帶著笑意的面容時，陳平更多的是意外。

白先生也直接，開門見山就說：「沒想到我們還是鄰居呢。我們《現代文學》雜誌準備舉行文學聯誼會，不知道你是否有興趣啊。」

對於文學興趣者來說，這簡直是天上掉下的餡餅，不要說是想不想，就是聽都很少聽到。而且這本雜誌在臺北的影響不小，她自然是求之不得。父母在一邊不停地為女兒遮話，可陳平偏偏不知如何決定。對於意外而至的喜訊，有顧忌是難免的，尤其像她這樣的孩子，考慮得更多。

白先生端起茶杯淡淡地喝了兩口，臉上的笑容始終沒少，他關切地看著陳平，用眼神鼓勵著她。這樣的形象，突然讓她想起了似乎在哪裡見過白先生。對了，曾經有過幾次，她趴在窗戶邊發呆時，白先生就從窗前走過，走向那片長滿荒草的小路去散步。以前不認識，後來才知道這位讓人羨慕的《現代文學》雜誌主編，竟然與自己有不少無法說清的緣分。

「嗯嗯，我想去。」陳平不負眾望，依然是低著頭回答。只有父母知道，女兒鼓足勇氣做出的這個決定極不容易。其實，之所以會這樣，首先是白先勇受朋友囑託，其次是因為他七歲時，因為診斷出傳染性的肺結核，從此不能再去學校。這樣的際遇和陳平有著太多類似，以至於讓他生出惺惺相惜的感覺來。

似乎是心情一好，好運也會接踵而至。

聯誼會結束沒多久，又來了一位叫陳若曦的作家朋友登門造訪。兩人認識，皆因白先生的介紹。她閒暇之餘偶爾會順道過來探望陳平。與陳若曦的幹練潑辣相比，陳平更多了一份柔軟和猶豫。

「一個人待太久，就會把自己封閉起來的，這麼好的季節，莫要辜負了春光。」陳若曦神采奕奕地說道。看得出來，她最近也在盡情感受著大自然的風光。

陳平並沒有接話，只是避重就輕地說著無關緊要的話。她也不懂該如何回答才好。

「聽說臺北的文化學院在招生，你有沒有想法？」

「上學還是算了。」內心的緊張，讓她聽到上學兩字時就渾身起了雞皮疙瘩。

「其實是可以考慮考慮的，每個人都得學著從恐懼中努力走出來。如果想去嘗試的話，可以聯繫一下創辦人張其昀先生。」聽到嘗試，陳平又想到了顧福生，若不是他將自己從地獄中解救出來，那她至今還在那間小屋中呢。

「我試試。」說這話時，她的感覺更似當初發表文章一樣，自信而歡欣。

送別陳若曦後，陳平稍做思考便寫下一封長信給張其昀先生。這信中既有自己的夢想，也如實寫下了少年失學的經歷，目的只有一個，那就是請求成全向學之志。為讓字句讀起來更美，她費心想著書中的詞語，幾易其稿後終於投入信箱。面對著遠處的藍天白雲，陳平舒展了一下身體，長長地吐了口氣，然後頭也不回地走了。她心裡想得很明白，結果如何，不是她來考慮的。

張其昀先生很快親筆回函：「陳平同學，即刻來校報到註冊。」雖然只有區區一行字，但對於陳平而言，這無疑開啟了一個新的世界。

是啊，也該有所變化了，成天只沉迷於讀書、寫作、畫畫的生活，似乎還是少了些什麼。見張其昀先生那天，陳平還是精心收拾了一番，鮮豔的衣著，燦爛的笑容，而且還專門收集了發表的文章和那些自己滿意的畫作。從某種程度上來說，這些作品足以證明自己的能力，這也增強了她的勇氣。

這樣的社交，在陳平的記憶中並不多，出乎意料的是兩人談得十分投機，臨分手之際，張先生鄭重其事地向眼前這個機靈的孩子建議：「從你的談吐和經歷來看，你更適合報文學或者美術專業深造。」

「嗯，我到底報文學還是美術呢？」陳平自言自語。面試沒有任何壓力，而且還可以自由選報專業，幸福實在是來得太快了些。「沒事的孩子，你可以好好想想。」張先生一邊說，一邊又重新翻看她帶來的作品。

「張先生，請問可以報哲學嗎？」

「哲學？你讀哲學嗎？好吧。」張其昀帶著疑惑，滿腹不解地盯著她看，始終沒明白這古靈精怪的心思。

面對著申請單，陳平在院系一欄工工整整地寫了「哲學系」。

「謝謝張先生，我選擇了就不會後悔的。」這話一說出口，她才想起自己輟學已有七個年頭了。

文化學院建立於1962年，原名遠東大學，後改名為文化學院。校本部位於陽明山華岡，毗連國家公園，是張其昀為紀念文化學院奠基人柳冀謀而創辦的。

步入校園，眼前又是一片開闊。到處是中國宮殿式的建築。如果不是從小就保持著這副淡定狀，陳平定會情不自禁地跳起來，因為她腦海中早就浮現出兩個字來：喜歡。

這個詞的出現，無疑代表著渴望和自我救贖，原來每個人都不願意放棄自己。

現在看來，校園確實可以讓人放鬆緊張的心情，從回歸校園的第一天起，陳平已經在學著忘記過去的一切，把心思全都投入了全新的歷程。她知道，所有關心和愛護她的人都在用心凝望、祝福。令人心曠神怡的環境，不時地在陳平心中激起朵朵晶瑩的浪花來，讓她努力從以前的單調乏味中走出來，從讓人無法喘過氣的壓抑中走出來。

眼前的這一切都是新的，甚至連選擇的哲學專業也是新的，她沒有任何理由就喜歡上了。談到哲學，陳平認為「之所以選擇哲學，是因為想知道人活著是為了什麼」，這是一個古老的命題，皆因為七年來，她始終無法從人為的傷害中走出來，所以才想從哲學中去探尋解決的辦法，去追求一個有意義的人生。

回首以往的歲月，那些充滿著絕望的每一天裡，與之相伴的是孤單、無助，沒有人可以接近她，自然也很少有人能幫助她。她的天空永遠都是陰暗的，根本就無法看清楚藍天白雲。這樣的人生似乎活在黑暗中，穿行在伸手不見五指的森林中，連哀求也無法喊出聲來。

當她面對眼前這一切的美好時，定然不會留戀悲傷、憂鬱的色彩，所有那些又怎能與花紅柳綠的鮮活相比較呢？現在還有哲學在引導著她，在學海中尋找與生命有關的答案。為找到適合自己的答案，她孜孜不倦地伏身在書海中，用忘我的閱讀來擺脫身邊的一切。她也明白自己耽誤太久了，豈敢輕易放過一分一秒的努力？

同學們都不知道這位插班生的背景，可都喜歡這位身材高挑的女生。她說話柔聲細氣，做事冷靜，始終有著一顆安靜平和的心。尤其是那雙眼睛，更是透著渴望、澄淨，就像一條細水長流的河，緩慢且讓人看不到源頭。

陳平的踏實和聰慧，很快就贏得了同學們的喜愛。大家都喜歡與她接觸，談論各式各樣的話題，他們也發現，陳平在任何問題中都有自己獨特的思考。當然，大家接觸的只是表象的陳平，隨著關係越發親近，同學們知道她的寫作和繪畫方面的特長時，便又變得有些忌憚。雖然都是大學生，但這樣逼人的才華還是讓人有著無形的壓力。

上小學和國中時，不論學業多麼繁重，陳平對於課外書的鍾愛盡人皆知。她下課看，上課也看，反正是想盡一切辦法來滿足自己。當然，這樣做也是有利有弊，雖然極大地豐富了知識，卻也耽誤了本該抓牢的專業基礎。

吃過虧、受過挫之後，當她重新回到校園，還是對學習時間進行了劃分。不管內心如何難耐，上課時只能用心聽講，課外才會去靜心享受讀書的快樂。由於長時間脫離學校教育，單調的家庭授課讓陳平在傳統文化方面的積澱，較其他同學厚實很多，但在接受老師系統的理論體系時就非常困難。這也是她十分苦惱的地方。

沉靜是大家對於陳平的評價，但實際上她根本無法做到有條不紊、理智穩健。她此時更多的是迷茫，這並非表面的徬徨，而是糾結在內心的疼痛，讓她面對學業時不知所措，真心害怕又回歸到此前的老路上。說實話，她真心不願意再披上自閉症的硬殼。

考試很快來臨了。

陳平對此也很期待，她既想檢驗一下所學的專業知識，同時也很害怕，擔心再出現國中時不及格的那種場景。但考試往往只有兩種結果。所以當卷子收走後，同學們都開始討論時，她卻呆呆地站在樓道無人處，不知道該去想些什麼。風吹在身上，不遠處的樹也跟著搖擺起來，用飛舞的姿態映襯著宮殿一樣的建築。不管願不願意，考卷很快就發下來了。陳平和老師同時都感到了不可思議，大學語文她竟然也會不及格。冷冰冰的分數，完全就像個小丑的臉，在冷諷、在譏笑。傷心自是難免的，可又有什麼好的辦法呢？到了大學，再也沒有同學前來圍觀分數，但自己心裡畢竟梗得慌。

為備戰此次考試，陳平提早著手，不捨晝夜地用功複習，老師對於她的勤奮好學也是看在眼裡，然而分數應該是公平的，至少在這個時候。

「陳平，你平時學習很認真，是不是沒有發揮好？」

「老師，我不喜歡考試，也害怕考試……」她沒有多少話說，老師聽後也感到了無奈。是啊，學生害怕考試似乎天經地義，但這怎麼能作為理由呢？

「那就給你一次機會重考，希望你抓住機會。」老師說完起身要走。

「老師，能不能不用考試這個方法？」她聲音不大，但言語卻很真誠。

「不考試？怎麼檢測你的學習呢？別想其他主意了，快去複習吧。」

「老師，能不能寫一篇作文替代？」陳平自知考試透過無望，只能抱希望於這唯一的要求了。她的請求讓老師一時無法回答。老師仔細地端詳了她一會兒，還是點了點頭。

「如果作文都不及格，這次考試我也無能為力了。」自始至終，老師表現得都很和藹，沒有絲毫的怨氣。如果要說有想法，那就是她沒搞清楚問題到底出在哪裡。

陳平用兩天的時間完成了作文，細心謄寫之後，心懷忐忑地交給了老師。說是作文，其實更像故事，寫了主角不幸的童年和淒美的愛情。這個故事中既有對於未來的嚮往，也有對於現世的恐懼，尤其是青春期的那份悸動，更是讓人從中讀出了時光的美好。大一的學生能有這樣唯美的文筆，這是老師不曾想到的，細思之後還是選擇了信任。

信任著實讓人幸福。老師又在燈光下重新讀了一遍，這次讀出了感情，也突然讓自己淚流滿面。這哪裡是批改學生作文，感覺完全是在閱讀感人至深的小說。文修其心，文塑其人，文造其魂。她一下子就透過文章喜歡上了陳平，從此也知道了這位心思細膩的學生，雖然對書本上的知識掌握不好，但在傳統文化知識的理解上完全勝於他人。

第二天的課堂上，老師用心地誦讀了這篇範文，並讓學生們談了自己的感受。大家發言非常踴躍，只有陳平不解，不懂老師這樣做要幹什麼。到了最後，老師含笑叫起陳平，讓她也說一說對於這篇文章的感受。能說些什麼呢？不過就是一篇應付考試的作文。陳平有些木訥，話也說得不多。同學們都沒有料到這篇文章的作者會是她。

「同學們，這篇文章是陳平同學寫的。我讀了幾遍，也為其中的不幸流淚了……」

用心寫成的作文，讓她保住了學業，也讓她和老師成為無話不說的朋友。經歷過這次機遇，她又重新舒展眉頭，開始面對快樂的大學生活。沒有了壓力，她更像一株小草，在舒適的環境中生長著。有時候她也後悔此前的那種生活方式，讓原本就不易的人生白白浪費。

陽明山上風輕雲淡，陳平每日裡忙忙碌碌地讀書、寫作、學習。要說她最喜歡的事情，莫過於站在高處看來往如織的人流，他們和雲彩一樣迷人眼目，和蒲公英一樣追逐著陽光的影子。看著看著，就感覺那些人是綻放的花瓣，一瓣瓣都閃爍著不同的靈魂。

風起，花飛；風止，入塵。

誰也沒有辦法阻止兩朵花瓣的相逢。縱是天涯遙遙，有緣也會靈魂相通。陳平有顆敏感的心，之所以喜歡遙望，是因為風中飄來的氣息讓她動心了。

動心是正常的，青春期的男女，誰不是見了花開就感嘆，見到落雨就聯想。只是陳平才拂去內心的陰雲不久，卻又迎來了讓人措手不及的這份情感，她能夠承受得起嗎？

第三章　春來人間草木知

—爾雅風流—

每個人心裡，似乎都有著深愛，就像是纖細的琴弦，只要輕輕撥動，就會奏出優美的旋律來。那種感覺，始終牽動著每一處神經，時時在心間蕩漾著，任萬千思緒湧上心頭。

觸動陳平的那個人叫舒凡，是這所學院裡上一級戲劇系的學生。未曾見到此人前，只是聽說過他在文學方面很有才華，曾經出版過兩本作品集，於是便在好奇中找來閱讀，卻沒想到一下子便陷入那溫柔而不失風度的文字中。同樣的愛情故事，他竟然可以寫得如此美好，讓人無法把他與學生的身分連繫起來。

在唯美文字的催促下，她越發想了解這個男生。

真正見到舒凡時，陳平大為震驚和感動。清秀中有著帥氣，白皙中又帶著風流，溫文爾雅，風度翩翩。當過兵，也當過小學老師，這些優於他人的經歷，讓他在同學中間表現得格外高冷。好多女生開口閉口就是舒凡，以認識和談論他為榮耀。然而這個男生卻始終不去理會這些情感的事，只是專心地做自己的事情，很快就出版了兩部作品。

所有這些，都讓陳平怦然心動，說不清楚是感動還是羡慕，反正她只想撲上去，像飛蛾奮不顧身撲向火光一樣。敏感的陳平也知道，心中那個匪兵甲根本沒有遠去，這些年來他始終潛藏在自己的心底，現在也只不過換了個外在的形象而已。

舒凡是梁光明的筆名。人帥，沒想到取個筆名也讓人聯想翩翩。不斷思索著這個名字的意義，她卻有種無法控制的感覺，那就是「我這一生所沒有交付出來的一種除了父母、手足之情之外的另一種感情，就很固執地全部交給了他」。當然，臆想只是自己的一廂情願，她的這些想法，對方根本就不知道。他每天按照軌跡執行著，再說身邊有那麼多想表現的女孩子，樸實無華的陳平又怎麼會引起他的注意呢？

沒什麼，對於一個人的崇拜和仰望就是這樣，陳平也是這樣認為的。

「對這個男孩，如同耶穌的門徒跟從耶穌一樣，他走到哪裡我跟到哪裡。他有課，我跟在教室後面旁聽；他進小麵館吃麵條，我也進去坐在後面。這樣跟了三四個月，其實兩個人都已經面熟了，可是他始終沒有採取任何行動。我的心第一次受到愛情的煎熬。」

現在來看這樣的做法，確實不可思議，尤其是發生在個性十足的陳平身上。然而愛情卻似狂風暴雨，只要來了誰也阻擋不了。只是陳平也和其他人一樣，根本就無法動搖舒凡桀驁不馴的心。雖然有著說不出口的徹骨之痛，但陳平也會不時地安慰自己，一個男人沒有一身桀驁不馴的傲骨，又何以彰顯個性霸氣的人生呢？女生們之所以迷戀舒凡，不就是因為這些魅力嗎？他的人生哲理很簡單，就是不去刻意討好和恭維。

要是以前，這樣的挫折早就讓陳平死心了，但自從來到學院後，她心情逐漸好轉，現在她執意要用自己的方式打動眼前這個才子，就像中了魔一樣，渴望能有一場轟轟烈烈的戀愛。

其實在十六歲時，陳平就曾有過這樣的感覺。有個住在同條街道的男孩，也不知道怎麼就喜歡上了她，每天都會在暗中偷偷看她。去了香港上大學後，男孩每週都會堅持寫信給她，也不在乎她是否回覆。陳平當時只是覺得這人很無聊，從來不會予以理睬。等到後來在巷子中見到那男孩徘徊不定的模樣時，才懂得了人一旦陷入情感總是難以自拔。

這樣的情感是純粹的，就如同陳平現在願意為舒凡無私奉獻一切，明明知道不會有任何收效，卻還是要執意沿著這條路走下去。時間一天天地流逝著，她也幾乎用盡了辦法，然而得到的只有絕望。她已經深深地愛上了這個王子一樣的男孩，在荷爾蒙的促使下，她一次又一次地用臆想欺騙著自己。

假如哭泣能夠打動一個人的心，那麼她願意為此流盡淚水。深夜裡，她獨自一人默默深陷在悲痛中，卻又無可奈何。這個時候，她頹廢得想要退縮，想像刺蝟一樣蜷縮在安全的角落裡療傷。就在這時候，陳平意外收到了幾本雜誌寄來的稿費。一種喜悅感又由心而起，她忍不住約了幾位同學聚餐，當時最想約他，卻又不知道如何開口。

說是同學聚會，可她的心思全然不在這裡。酒一杯杯地喝著，她卻感覺不到任何味道，心裡只希望那個人能夠突然出現在眼前。

童話裡的故事永遠都是那麼美，王子通常都會出現在聚會結束時，然後摟著公主開始翩翩起舞。這一切就像是童話，他真的出現了。大老遠就有人喊他的名字，陳平聽到後，趕緊喝了一口米酒，壓住心臟的狂跳。等他走近，陳平立即起身倒了杯酒給他，還不敢表現出驚喜來。舒凡接過酒杯仰頭就喝了個精光，然後又和其他同學說笑去了，只留下她傻傻地站在原地。

不自信的念頭又一次漾了出來。涼風吹在身上，似乎有些冷，冷得讓人想哭，可是她還是忍住沒讓自己當眾哭出來。既然他已經來了，就不可以錯過這個接觸的絕佳機會。瞬間之後，她竟然又重新換上了一副笑臉，心想今天自己是這個聚會的主人，怎麼也得盡個地主之誼吧？於是她又湊了上去，結果他又巧妙地避開了。

等到聚會結束，陳平都沒有實現願望，心中的酸澀實在無法言表。同學們一個個散去，徒留一片狼藉。她憤憤而去，才走到宿舍樓下，卻又心事重重地轉身走向操場，彷彿冥冥中有人在召喚。

依稀有些月光，星星點點的操場上卻見不到人影。蟲子在鳴叫，歡快地慶祝著黑夜的到來。酒後的心情依舊不能平靜，難道是夜的曖昧渲染了此時的情緒？陳平一個人在夜色中走著，任月光碎片灑在身上。所有的喧囂都遠去了，難得有如此靜的機會供自己享受。好久沒有這麼心平氣和地走路了，自從有了認識舒凡的想法後，相思已經占據了生命的全部。突然間，她不明白這樣做到底值不值得。

痴心一片，卻換不來丁點的憐憫和施捨。這難道就是愛情嗎？不知從何時開始，高傲的陳平不見了，她卑微得只能去祈求喜歡的人。想著這些的時候，她更喜歡低頭走路，雖然很慢，但還是感覺撞到了什麼。等她從冥思苦想中抬起頭來，影影綽綽中出現了他的模樣。

她用力擦了擦眼，嘴中還是喊出日夜都在呼喚的名字。「舒凡？舒凡！」

對方並沒有應聲，陳平又一次感到了緊張。這種緊張不是因為害怕遇到壞人，而是出於對於心上人別有的情愫。雖然說不是看得太清楚，但從隨風飄來的古龍香水味中，她還是覺得自己的判斷不會錯。這氣息那麼熟悉，那麼特別，始終帶著一種難以說清的神祕、尊貴、青春和活力。

這或許就是愛情的獨特滋味吧？現在想想，這和當初對於匪兵甲的好感大為不同，雖然同樣是魂牽夢縈，可是經過歲月的積澱之後，如今萌發的是更加美好的情感。

一瞬間的相遇，一輩子的相思。從喜歡舒凡的背影開始，愛情便在她最美的年華裡書寫著最為溫柔的一筆。相思，讓陳平每天有著太多的幸福，有著細膩的甜蜜，也有著難言的痛苦。多麼奇妙的感覺，難道自己從小就在情感方面有著別樣的天賦？她真想笑自己的多情，本以為會隨著時光的流逝，讓心中的相思之苦隨風逝去，沒想到卻結成了眼下這「孽」緣。

沒錯，他確實就是那個自己夢中都在想念著的舒凡，夜色雖然暗了些，但他依然還是王子一樣站立在對面，只是從他臉上看不到笑容。

「他是在等候我嗎？若不是又怎麼會在這裡見面呢？」陳平瞬間想了許多問題，情竇初開的人就是這樣，好多時候願意沉浸在自己的想法中。

她抬頭看著他，「在最好的時光裡，能夠遇見你，這是我的幸運。」然而舒凡並沒有接話，只是任由陳平激動地說著。見此情況，她也不再言語，伸手拔出她上衣口袋裡的鋼筆，另一隻手又將他的手抓起來，然後在他手掌中不緊不慢地寫下一行數字。那是家裡的電話號碼，她第一次以這樣的方式向別人示愛。

他的手掌瘦瘦的，有些堅硬，手指纖細修長，觸到的那刻，她心底頓時湧出一股暖暖的感覺，竟然生出了想要擁抱和接吻的念頭。可是他還是什麼都沒說，她只能在放回鋼筆的瞬間，輕輕點頭，淚水也就順勢流了下來。單相思就是這樣，本以為自己會很堅強，卻又只能無能為力地在心底刻劃下那個人的模樣，然後轉身朝著宿命拚命跑去，那眼淚隨著奔跑四散開來，就像有千萬隻的小鹿。

不管怎麼說，這次單獨逢面，雖然只是匆匆又匆匆，但她還是感到了幸福的滋味。

第二天，陳平就藉故請假回家，然後焦灼不安地開始等候著電話的到來。

等候很幸福，可以在時間中回想著種種與戀愛相關的片段，但也非常辛苦，因為童話般的戀情根本就看不到天長地久。陽光也耐不住寂寞，從東邊移步到了西邊，可她還是執著地堅持著，十分享受這種等待。

然而電話一整天都沒有響過。

「媽媽，家裡電話是不是有故障啊？」陳平反覆問了許多遍。陳母不解，只能抓起電話試著打給幾個朋友。看著母親通話，她又催促著趕緊掛掉，說是有朋友立即要打進來。陳平的做法讓大家百思不解，卻也希望有個電話滿足她。

電話並沒有響起，她沮喪地站起身，朝著臥室走去。「為什麼不願意打電話給我，難道我不值得他喜歡嗎？」想到這裡，她真想把屋裡的東西全部扔出去。其實，就算全部扔出去也未必能夠解恨，她感覺自己快要瘋了。

天剛剛變暗，外面的燈火還沒有亮起來，但電話卻在沉悶中不失時機地響了起來。

「我的電話，我的電話。」陳平刺耳的聲音就這樣打破了寂靜，大家這才各自忙碌起來。她拾起電話，笑著向眾人做了個鬼臉，臉上帶著強烈的滿足感。那意思似乎在說：看吧，我的期盼怎麼會被辜負呢？

電話確實是舒凡打來的。

接起電話那刻，平日能說會道的她又突然變得結巴起來，想好的詞語也不知道逃遁到了哪裡。話筒聲音不大，也聽不到對方在說什麼，她也不管對方能否看見，只是一律點頭作答。家人們都不敢作聲，生怕影響到她的情緒，緊張地在一旁看著她的表現。剛放下電話，她整個人明顯就變得輕鬆起來，簡直是興奮得有些坐立不安，也顧不上對大家說些什麼，緊接著就哼著歌曲上樓去收拾打扮，準備去趕赴人生的第一次約會。

經過幾個月的煎熬和曲折後，陳平終於要和心上人見面了。不難想像她此時此刻的心情，或許只有經歷過這一系列的意外後，情感之花才會被澆灌得茁壯美麗。當陳氏夫婦目送著女兒一身青春飄逸出門時，他們也似乎重新回到了年輕的狀態，滿眼都是對女兒的祝福。

是的，這麼美好的年齡，怎能不去好好談一場風花雪月的戀愛呢？想到這些，繆進蘭輕輕地把身體貼在了丈夫身上，而陳嗣慶卻還眼巴巴地望著女兒漸漸遠去。

一路風塵趕到臺北車站鐵路餐廳時，已是處處燈光燦爛。陳平早已按捺不住喜悅，還沒有見到舒凡，卻已經為他獨有的氣息沉醉了。

「沒有來晚吧？」她很淑女地問道。

「沒有。我們去哪裡玩呢？」他問陳平。

「你說了算。」此時的陳平完全要融化了，從見到他的那刻起，就不知道說些什麼才好。

「要不去淡水旅行好了。」

陳平又是點了點頭。車站上人來人往，她的心卻在盛放著，原以為只是一起吃飯，沒想到還要遠足去旅行。

火車慢慢啟動，兩顆心就這樣撞到了一起。最開心的莫過於陳平，一路上不停地問東問西，試著把最好的一面全部展現出來。

淡水，是一個臨海小鎮，因其為淡水河的河口而出名，素有「東方威尼斯」的美譽。

無論是獨特的幽靜，還是豐富的人文，都讓這裡呈現出太多的與眾不同。尤其那條淡水老街道，更是在人來人往的繁華中藏著太多不能說出的祕密。

空氣中瀰散著淡淡的海水味道，遼闊的天空中也布滿淡淡的灰色，感覺那就像是一首自由歡快的歌曲。陳平緊緊依偎在舒凡身邊，兩人緩步向街道深處走去。

這樣的行走中，其實透著無比的歡快和輕鬆，這就是自己一直在追逐的初戀？味道甜蜜得讓人無法忘記，彷彿今生今世就可以這樣漫無目的地走下去。

夢想實現得有些快，快得讓人不敢相信，恍若童話故事中的情節一樣。只是不知道這樣的故事，又得讓多少女生在暗夜裡獨自流淚？

作為愛情的勝利者，不論是誰屈服於誰，陳平最終都是陶醉在夢幻裡。她就彷彿是遊在水裡的魚，一下子把記憶的時間縮短到了七秒，朦朦朧朧的初戀就像酸澀的果子，讓她神魂顛倒。

對於舒凡來說，陳平的舉動像極了自己之前遇到的死纏爛打。文氣的他無力拒絕，只能被眼前這蠻不講理、風情萬種的小迷妹感動。他始終沒想明白，從喜歡上文字到愛上他這個人，陳平到底有多少的愛與恨在上演。

還真得佩服陳平的執著，能夠以渾身的孤傲和熱情，勇敢追求喜歡的一切，這也是其他女生所不具備的個性。愛情面前，她更像衝鋒戰場的勇士，根本不在乎失敗。為了這個心儀的男生，她硬是打敗了一個個競爭對手，成為讓大家既羨慕又嫉妒的人。戀愛中，帥氣的舒凡，對那麼多追求他的女生從未正眼看過，但在陳平面前卻沒有了冰冷如霜的表情。他知道，生命中的愛戀就這樣來臨了。

一生中最激情的時光來到了。從此，校園裡多了一對甜到膩的情侶。沒有太多世俗的考量，他們單純地相愛著，愛得熱烈、愛得瘋狂，甜蜜的畫面中始終閃爍著溫暖，甚至連一顰一笑中都飄蕩著浪漫。

滾滾紅塵中，愛情對女人來說，一旦碰上，就會不由自主地淪陷。陳平是個很容易陶醉的人，這追逐了好久的愛突然而至，好像從天而降的花雨，成了她的一切。

啊，明明站在你的面前還是害怕這是一場夢　是真是幻是夢
車廂裡面對面坐著
你的眼底　一個驚慌少女的倒影火車一直往前去啊
我不願下車
不管它要帶我到什麼地方我的車站　在你身旁
就在你的身旁
是我　在你的身旁

許多年後的她還像個害羞的少女，在幸福地回想著這一切。所有過去的那些彷彿電影一般，神奇而又特別，把少女綻放的心情記錄了下來。

——爲情所累——

陳平從來都是個愛美的人，只是她喜歡把這些美好都包裹起來不讓人看。從第一次見到老師穿絲襪和高跟鞋時，她就對光鮮亮麗生出了渴望。那段時間裡，陳平坐臥不安，擔心自己活不到二十歲，無法享受到塗口紅的青春。也就是從那時開始，她不但喜歡看漂亮的衣著，著裝風格也有了改變。

等再見到顧福生的女兒們時，她平和的心境又被擾亂了，自卑感也油然而生。顧家四姐妹個個秀雅絕俗，從美目流盼中透出輕靈之氣，真是有著說不盡的溫柔。每次來學習畫畫的時候，她就覺得來到了天宮。這四個仙女不停地繞來繞去，讓她根本沒有辦法靜下心來。

這幾個清淡雅緻的女生，帶著驚豔的氣質走入了她的生活。除了羨慕又能做些什麼呢？她感覺自己像只醜小鴨，每天苟活在絢爛的青春裡。有好幾次，陳平的話都到了嘴邊，想請教一下如何打扮，卻又強迫自己放棄了這個念頭，視若無睹地從她們身邊走過。其實，她的內心是糾結的，也是痛苦的。

當然，她也並非一成不變，墨守成規。細細看過去，不論是外表還是內心，其實都在悄悄變化著。花開花落，始終都搖曳著生命之美。

懵懵懂懂的陳平便是帶著這樣的感覺在成長。她深知自己沒有桃紅柳綠的豔麗，也沒有名貴花卉的高貴，只是隨風自由自在地飄著，直到接到顧福生的晚會邀請。

習慣了羨慕，所有的那些幻想、憧憬便成了奢望，時不時地刺激著內心。封閉久了，就會在巨大的恐懼下生出許多不自信。離開臺灣前，顧福生為了與朋友們告別，很有儀式感地舉辦了這場晚會，陳平收到正式邀請後，竟然慌張得不知如何是好。衣服換了一件又一件，鞋子挑了一雙又一雙，最終不得不選那雙訂製的軟皮紅鞋。母親見她一會兒試姐姐的裙子，一會兒又試自己的衣服，後來又特意購買了一件松綠色的長裙。

灰姑娘一穿上水晶鞋，就搖身成了王子最美的新娘。而陳平經過這番打扮，頓時也豔豔的如同牡丹。明星熒熒，開妝鏡也。綠雲擾擾，梳曉鬟也。望著鏡子，她害羞得只敢瞇著眼睛偷偷看，不相信那就是自己。

原來生活不只眼前的苟且，還有發現不了的美。也就是這次，陳平發現自己笑起來很動人，笑的時候媚眼含羞，洋溢著一種青春的美。她不由自主地摸了摸自己的臉，那皮膚白嫩嫩的還有彈性，上面微微泛著淡淡的紅暈。她自戀得有些不好意思，只好把眼睛轉向一邊，卻又看到了鏡中如玉白皙的雙手，玻璃般透明，還泛著光彩。

有了足夠的自信，陳平輕快地來到舞會現場。一盞碩大的華麗水晶燈吊在高處，屋中被照得富麗堂皇，一切如夢如幻。優雅的樂曲很快就在人聲中散布開來，一對對男女很快就在舞池中旋轉起來，所有人都隨著音樂陶醉著。她也在這樣的盛會中生出無限遐想，無論是轉體，還是深情對望，人如同蒲公英在風中翩翩起舞。

之所以會想起這些，不僅僅是因為舞會擴大了社交圈，更重要的是，陳平鑑賞美的能力得到了提升。自從沒有了憂傷之後，風吹在身上也是柔和的。晚風吹來，亂了頭髮，兩人靜靜地站在海邊，看著一盞盞漁火，彷彿在體會一個個美麗的故事。

你我初相識，一個年少，一個無知。所有的初戀都很美好。陳平認為她和舒凡的愛情，就像最為明媚的陽光，美妙的感覺中更有著太多轟轟烈烈。每天，他們漫步在校園的各個角落，手牽著手，肩並著肩，總有著太多說不完的情話。

初次嘗到戀愛的滋味，陳平使一發不可收拾，心中好像有永遠也燃不完的火焰，在那個年輕純潔的時光裡，瀰散著從未有過的心醉和激動。

兩個人從陌生到相識，沒有太多華麗的場景，似乎也缺少那些情節的跌宕起伏，一切都很真實亦很虛幻地走近了。對於舒凡而言，這火熱性格的女孩讓他不停地退縮。起先還以為她是那種靦腆的小兔子，緊張而又惶惶不安，沒想到事實上她卻是如此濃烈醇厚的酒。

喜歡喝酒的人，總會迷戀些什麼。舒凡也是經常喝酒的人，酒能為他的寫作帶來靈感。在他的筆下，有著人生苦短，杯酒與共的豪情；也有著人生漫漫，不亦快哉的樂趣。眼前的陳平難道不像那沒有顏色的酒嗎？外表樸實，卻能醉人。

愛情確實就像是酒精。清淡又香甜的陳平終於用自己的魅力和執著，醉倒了這位向來高傲的男生。自古以來，故事中從不缺才子佳人錦園幽會的橋段。然而，陳平和舒凡的戀愛卻成了校園中的風景，所到之處都會引來羨慕的目光，她毫不猶豫地墜入所謂的甜蜜情網中。隨著接觸的深入，她也自覺不自覺地收斂了許多性格上的缺點，全身心投入愛情中。

經過一番瘋狂的追求後，終於迎來了夢想中的幸福。陳平緊緊握著這來之不易的幸福，眼中飽含著激動的淚水。那天，她站在了校園的最高處，迎著淡淡的風，深情而又激動地大喊著：「梁光明，我要愛。我要愛你一生一世。」聲音不斷地向遠處傳去，傳遞著這個純粹而又充滿激情的女子的滿足。

情感開啟了她封閉的世界。接觸過一段時間後，陳平還是將這樣的喜悅分享給了父母，經過同意，她將男朋友帶到了家中。舒凡屬於靦腆的男生，平日裡喜歡把愛深藏在心底，表面上卻是波瀾不驚。所以一見到這麼陽光帥氣的男孩時，陳母臉上就綻開了笑容。陳嗣慶才是個有意思的人，為了掩飾自己的興奮，來來回回追隨著女兒的步伐，不停地告誡她要好好對待這段感情，不要再任性。

陳平很喜歡這樣的時光，很美。

在季節的更替中，不知有多少風華與滄桑成了煙雲。但在時光的河流中，她的性格卻變得越來越好。雖然曾經錯失了最美好的年華，但她現在卻不想辜負最好的自己，不想辜負人與人的相遇。

一切美好，注定都是回眸時的絢爛，浸滿風月的溫暖。於是對於父母的說教，便視為滿含幸福與快樂的祝福。在不停點頭作答的過程中，她就是一隻快樂的小鳥，把所有心思都傾注在舒凡身上，心甘情願給他端水、夾菜，把他視為生命中不可分割的一部分。

戀愛中的陳平是瘋狂的，她愛起來還是和做事一樣，永遠都是那麼轟轟烈烈。這樣的任性和放縱對舒凡來說，卻分明就是沉重的負擔。沒錯，他享受校園中受人矚目的感覺，享受文字中卿卿我我的快樂，可是他慢慢地無法面對陳平的濃烈了。

確實，她對於舒凡的愛，就像是撲面而來的海浪潮湧，一浪緊接著一浪拍打著，讓他沒有任何時間喘氣。雖然累，好在時間過得很快，不經意就過了兩年。

兩年時間裡難免有吵吵鬧鬧，都是為了那些雞毛蒜皮的小事。自我意識始終很強的陳平並沒有感覺到強勢，只是緊緊地握著手裡的幸福。而舒凡也不是個虛偽的人，從談戀愛開始，他就會如實說出自己的感受。於是，雙方開始誰也不讓誰，相互用情感難為著對方。一個期望男友十全十美，一個要求女友溫柔賢惠，可彼此都是初次涉入愛河，根本就無經驗，只有在患得患失中讓吵架成為常態。

一個人的時候，陳平也會思前想後，檢討自己的敏感，也會向母親和朋友們討教穩固情感的辦法。這時候，她突然開悟，想到了用結婚來消解內心的不安全感。對啊，只要一結婚，就可以牢牢拴住他，也就不用擔心會失去。

「我們結婚吧？親愛的。」當她把這樣的想法說給舒凡聽時，他頓時怔住了，長時間說不出話來。

結婚，為什麼要結婚呢？好不容易大學要畢業，可以走出校門做自己喜歡的事業，這幾乎是每個男人的理想，也是成立家庭的基礎。他不假思索地說：「我還有一年才大學畢業，你還有兩年，我們可以再等一等。」他的表情十分認真，可以看出對於這件事情的態度。

「等什麼，等我們在這一年裡分手嗎？」陳平有些歇斯底里，情緒一下子變得起伏不定起來。而文氣的舒凡卻驚訝得說不出一句話來。但他還是理智地上前抱住她。

「不要衝動好不好？結婚只是早晚的事。如果婚姻根基牢固，就先得在社會上立足，要不然談婚姻是沒有意義的。」對於一個負責任的男人來說，婚姻需要彼此用時間和愛來不斷積澱，而不是突然說出口的衝動。

這樣的回答無端地讓陳平自卑起來。為了追求舒凡，她用盡了力量。現在咫尺之距卻又感覺是人在天涯。她終於忍住沒有哭出來，而是上前依偎在他懷裡，撒嬌地說：「那我們現在就結婚，幸福地生活在一起，早晚又有什麼關係？」

陳平說的沒錯，只是舒凡這般直接，讓她以為就是逃避和拒絕，內心越發地不安起來，她緊緊拉住舒凡，生怕他從身邊消失。舒凡從來沒有見過那種迫切的眼神，其間透射出的全是無助。

「答應我吧，凡，我一定會和你好好生活的。」愛情面前，有強者也會有弱者，此時，陳平對於愛情的奢望讓自己變得卑微。她帶著哀求的眼光望著舒凡，只要他點點頭，自己就會破涕為笑。舒凡開始還想笑，他以為這是心愛的人在開玩笑，惡作劇過後就會正常，沒料到這劇一開始就是假戲真做。他無法承受這樣的請求，但又無法擺脫眼前的困擾，只好將就找一個藉口，他實在不想在眾目睽睽下繼續上演這樣的滑稽劇目。

「我還要完成論文，晚點再討論這些。」陳平死死拽著他的手不放，可最終還是鬆開了。風把她的頭髮吹得四處翻飛，一起飛在空中的還有眼淚，就和此時的心情一模一樣。

「凡，你真的不愛我了？難道今天是我們愛情的終點？」舒凡沒有回應，只有風在不停地吹著，風要把陳平吹向萬丈深淵。高傲的公主怎麼可以接受這樣冷漠的對待？所有的美好都成為殘酷的現實，並不會因為努力而改變。

不是說所有的夢想都值得等待嗎？不是說所有的夢想都源於堅持嗎？原來這些都是騙人的鬼話。望著遠去的背影，她第一次感到了痛苦，她無法把這樣的感覺說給人聽。

她不想妥協，也不想堅持。

回到家裡，她悶悶不樂地直接走進臥室，接著重重地關上了門。父母一見這種情況，立即推門進去：「又怎麼了？」

陳平倒也爽快，含著淚，五一十把求婚的事情說了出來。陳氏夫婦非常驚訝女兒的舉動，但也同情她的遭遇。

「孩子，這個事情太突然，你要給對方考慮的時間，拒絕並非不喜歡你。」母親最疼這個女兒，耐心地開導著。

兩年的時間不長也不短，真的要撒手放棄，陳平很難做到，畢竟人心都是肉長的。回首這兩年的美好時光，隨便一段記憶，都足以讓人陶醉。

第二天，陳平又找到了舒凡，為昨天的衝動道歉。舒凡也沒有太多話說，很快原諒了她的做法。一切又似風輕雲淡，當兩人重新擁抱在一起時，所有的幽怨和不滿都煙消雲散。

愛情若只是花前月下的浪漫就好了，然而不是。有了這次經歷之後，陳平心中有了變化，她考慮的根本不是什麼學業，而是等待著舒凡能滿足自己的要求，哪怕只是一句空話也行。幾天之後，她又舊事重提，而對方表現得很不屑一顧。

「成天就知道結婚，白痴啊！」舒凡也不知道自己怎麼就冒出了這句話，但他還是理直氣壯。從來沒有受過這種委屈的陳平，突然間就失去了理智，她沒有言語，抓起手中的書就朝著舒凡砸了過去。血順著鼻孔流了下來，一滴一滴地往下掉著。他站立著並沒有動，而是用眼神不解地看著她。陳平見到血害怕了，立即想起了那次自殺的情景來。

「混蛋，我們的愛情結束了！」情緒糟糕到極點的陳平哭著跑了，她不想為難自己。舒凡木訥地站在原地，不知道該怎麼辦。幾天沒有出門，陳平每天都會問母親，有沒有自己的電話。

眼看著事態越發嚴重，母親直接找到舒凡詢問，他沒有任何遮掩，如實把事情的來龍去脈講了一遍。

母親知道女兒的脾性，也理解這個男孩的煩惱，唯一能做的就是安慰陳平。

沒想到陳平又發了脾氣，硬生生對母親丟擲一句話來：「他不同意結婚，我就出國。」

「出國？不上學啦？」母親更擔心女兒的心情，才不在乎結婚的事情。

「你是結婚，還是分手？」舒凡被陳平的氣勢嚇住了，他被逼無奈，一步步地朝後退縮。

陳平在心裡想著，舒凡一定會同意的，他一定會挽留我的。「護照和機票都辦好了，明天就走，今天算是最後的告別。所有的計畫都可以改變，你只要開口留我，只要一句話，我就會為你留下來。」手中的機票和護照在不停地晃動著，像極了告別時揮手再見的姿態。

「你一定要走嗎？平。」舒凡不希望她這樣鑽牛角尖。畢竟是自己心愛的女孩，這兩年來風風雨雨一起走過，現在怎麼會成了這樣的結局？他的心碎了，只覺得陳平變了，變得不可思議。為了這件事情，兩人爭吵了許多次，畢竟還是學生，談婚論嫁真的為時尚早，她怎麼就不明白這些道理呢？現在又用出國來逼迫自己，即便委屈自己答應了，以後保不準還會碰到別的事情。於是舒凡一不做二不休地伸出手來，禮節性地跟她握了握手說：「旅途愉快。」

聽到這句話時，陳平知道一切都結束了。她還有什麼理由留下來去等待未來？現在要自己去求得愛神的垂青，這實在是不可能的事情。算了，權當是美夢一場，讓風吹走所有。

父母縱是有一肚子的話，也勸不回女兒執意要去的心。她就是風、就是雨，一切全然由著自己。但為了讓女兒回心轉意，父母在給她送去路費的當口，還是揣摩著她的心思問道：「妹妹，你出國是要求學還是鍍金？還是只打算出去玩玩？」父親很少這麼親切地叫女兒的小名，現在這樣做，無非就是想動之以情，能讓她留下來。

「半玩半學，和孔子一樣遊列國。」她含蓄地一笑，極其認真地回答著父親的問題。

還能說些什麼呢？唯有祝福她一切平平安安。

出發前夜，陳平慢吞吞地收拾行李，她多麼希望舒凡能把自己留下來，可是電話始終沒有響起。為了逼迫對方，結果自己卻要遠走他鄉。那夜是煩躁的，和著淚的往事，一幕幕地呈現在眼前。她好想讓自己冷靜下來，可是不行。收音機中正播放著舒緩而悲傷的音樂，此情此景正暗喻著她無法言說的心情。

窗外的月很大很亮，卻透著冷冷的淒涼，也不知道那位嫦娥是否已經習慣了這樣。真的要分開了，便有一千種理由也無法留住。

愛過，就不會後悔，哪怕是帶著傷過的痛苦。沒有挽留，也沒有笑容，在彼此的生命裡，無論是愛還是恨，只有離去，才能讓事情變得簡單。昨日裡還是細水長流的恩愛，現在卻要分開了。安迪·安德魯斯（Andy Andrews）說：行走在漫長的旅途上，一生中至少要有兩次衝動，一次為奮不顧身的愛情，一次為說走就走的旅行。陳平清楚，既然彼此無法相濡以沫地走下去，還不如相忘於江湖。於是，一場說走就走的旅行開始了。

陳平的舉動中有著許多率真和執著。從來都是敢想敢做的她，沒有把全部的賭注都押在愛情上，至少此時她知道自己的離去，是為了尋找生命中的光彩。在那個青春綻放的黃金時代裡，即便如林徽因和張愛玲，不也是在異域他鄉裡，才發現幸福女人的終極密碼嗎？

陳平的離去是為了避免更深的傷害，她的心中寫滿了無奈。現在想來，只有對愛情充滿著期待的人，才會選擇這樣的方式來了斷過往。

說走就走，讓生活在都市中的現代人嚮往。繁重的生活壓力，讓大家只想著如何擺脫掉一切有形的束縛。陳平選擇了相信奇蹟，於是帶著簡單的行李在決絕中上路了。

沒人能看見她在暗夜裡如何流淚，那逐漸遠行的背影後面，也不知道有多少傷心的話要述說。總之，用盡了心力的初戀，就以這樣的方式草草收場。

——寂寞靈魂——

說走就走。

旅行也好，流浪也罷，人生其實都是一種修行。

登上飛往馬德里的班機那刻，陳平釋然了，因為新的一天又開始了。

一個人趴在機窗上往外看，外面是流動的藍天白雲，讓人心境頓時變得開闊起來。這就是雲海麼？一浪一浪的雲朵爭先恐後，滿是熱情地追逐著。雲朵應該是有生命的吧？它們不時地變幻著形態，讓人不自覺地感到了渺小，頓時明白了征服並不需要太多力量。

一個人的生命旅程中，難免會走陌生的路，看陌生的風景。一路上，陳平都努力不讓自己去想那個辜負自己的人，可見到這些不含雜質的雲朵時，又把思緒轉到了他身上。

這是屬於1967年初春的美好時光。

雨淅淅瀝瀝下著，沒完沒了的憂傷隨之而起。經過了一場痛哭之後，二十四歲的陳平還是收斂起自詡美麗的羽毛，懷揣著內心的驕傲，一身傷痛地來到了西班牙。雖然說此前也有過類似的跋涉行程，如幼時從重慶遷往南京，再從南京搬到臺灣，但是每一次地域上的變換，都會讓她敏感而又細膩的內心，感受到太多的失落。

其實，這次獨自飄洋過海的行走也是一樣，最終要讓這位性格凜冽的女孩遠赴他鄉，在肆意的漂泊中去學會忘卻。

西班牙能夠承載起她的夢想嗎？沒有人知道。

少了女兒的小院，時間似乎都停滯了。陳平的臥室收拾得十分整潔，散發著淡淡的香味，這些氣息很容易讓人想起過往的一切。面對安靜，陳氏夫婦還是無法接受女兒瘋狂的決定，雖然做到了最大限度的尊重和支持，但在出門上車之際，做母親的還是忍不住落淚了。

這一次，她沒有那麼含蓄地偷偷拭去淚水，而是拉著女兒的手，懇求她能夠留下來。無理取鬧慣了的陳平，此時出乎意料地善解人意，輕輕地抱著已有白髮的母親，含著淚安慰她要開開心心。

女兒的任性是出了名的，誰也沒辦法，這次也一樣。

橫跨歐洲和非洲的西班牙，一直被人視為歐洲的異類。這裡由於氣候溫和，自然景觀和歷史遺跡頗為豐富，成為人們旅遊的好去處。

這個國家對於陳平而言是陌生的，當初之所以要選擇這裡，純粹是因為一張無意間聽到的唱片。路德維希·貝多芬（Ludwig Beethoven）曾說，一把西班牙吉他就是一個小型的管絃樂隊。當陳平第一次聽到這張古典吉他唱片時，不由自主地停下了腳步，那時她正讀大三，還沉浸在愛情的幸福中。這圓潤飽滿的音色一下讓她揪心了，尤其是輪掃奏法的運用，更是在低沉而又獨特中增強了細膩、私密和內在的延音感受，彰顯出古老而又滄桑的時光味道和動人旋律。

人人心中都有一座天堂。音樂是如此神奇，似乎每個音符都朝著五臟六腑而來。生性浪漫的陳平似乎發現了夢想的源頭，無拘無束的感覺，不斷地敲打著靈魂，讓她生出了要去西班牙的念頭來。

她仍然清晰地記得，自己當時還痴情地問過舒凡，要不要一起去這個值得用生命行走的理想國度裡，尋找全新的浪漫情懷。兩雙手緊握，身體相互依偎，任夢幻般的聲音演繹出無比的唯美來，讓每一分每一秒都美得如同童話。

美麗浪漫，是每個少女心中的夢想。從聽到音樂那刻起，她就戀上了西班牙，不時地想著要去那裡生活。飛機緩緩從雲端落地的瞬間，陳平的情緒又起了變化：「在沒有辦法的情況下，我被情感給逼出了國。」時過境遷，只能面對現實。

現實中的西班牙，對於陳平來說無疑是巨大的挑戰。在來之前，她對於這個充溢著原始生命張力的國度，知道更多的是藝術和超凡的創造天賦，然而呈現在眼前的卻是完全陌生的現實。

由於語言、飲食、交際等習慣的不同，在這樣一個讓人沉醉的國家裡，陳平始終覺得自己是個外人，連發脾氣的機會都沒有。她只能扎熟人，把自己安排到馬德里學習。

創辦於西元 1499 年的馬德里康普頓斯大學，是西班牙歷史最為悠久、科系最為齊全的元老級大學，堪為歐洲精神文明的支柱。來到這座自由閒適的校園後，陳平便從心底生出許多好感。各式建築充滿了魅力，彷彿是用色彩堆砌起的童話世界，超乎人的想像。這裡一切恍如夢幻，見不到束縛人性的圍牆，也沒有太多人為的規矩，學生們來來往往，彷彿在愜意地逛公園，絲毫看不出學習的壓力和煩憂。再聽著無比典雅的音樂，那藍天、白雲、飛翔的鳥兒、歡快生長的樹木，無形中讓人感受到濃烈的藝術氣息。

當她步入女生宿舍時，眼前是個四人居住的大套房。見到來了位東方面孔的學生，大家都紛紛好奇地上前迎接。面對歡笑聲，陳平的孤獨感油然而起，除了害怕和擔心，她只能在心裡一遍遍地數落著負心的舒凡。

原以為一個傷痕累累的人，置身於陌生的環境是幸福的，可以瀟灑地忘掉此前的一切不快，然而陳平無法做到，她還要在陌生的人和事面前故作堅強。

這段語言不通的日子很煎熬，除了看書和寫信外。陳嗣慶在《我家老二》中有這樣的描述：女兒在西班牙做了三個月的啞巴、聾子，半年中的來信，不說辛酸。她拚命學習新語言。半年之後，她進入了馬德里大學，來信中追問初戀男友的消息。

那些日子裡，陳平除了按時上課外，為排解心中的孤獨，便來回奔波於酒吧、舞廳和音樂會場。不需要太多的語言，音樂為靈魂營造著舒適的氛圍，讓她在放鬆和陶醉中暫時忘記不快。也不知道為什麼，她連做夢都會想起舒凡來，已經無數次地要忘記過去，可相思卻是綿綿不絕。

寫信似乎是排解煩惱的最好辦法，每當夜色來臨，她都把一天的感悟化為思念之情，一字一行傾注於筆端。起初投送出去的信還有回覆，但都是寥寥兩句的問候。到了後來，這些信都石沉大海，陳平也沒有心思再去投，只是把一份份紛亂的心思寫在素色便條紙上，然後放在行李箱的最底層。

感情到了這個時候，算是真正結束了。

真正要放下心中的一切，並不是件容易的事。她在用各種辦法為自己療傷的同時，還要笑臉迎接同宿舍的同學。說是笑迎，似乎有些誇張，但實際上為了處好關係，她必須壓制自己的情緒，滿足這幾個人的無理要求。於是，她主動承擔起打掃環境的任務，時不時還會奉上些可口的食品。只是室友們並不滿足於這些，她們很快就發現了東方服飾的不同，便開始爭先恐後地借穿。

陳平明白，善良純樸原是生命中的一種品德，即便是在海外也是如此。但她的示好，並沒有贏得同學們的好感，大家只是以為這個東方女孩身上所有的謙虛、溫和，都是好欺負的表現，於是就想方設法不斷折磨她。

哪裡會有人喜歡孤獨？只不過不想失望罷了。

菸很快讓她有了依賴，卻不曾讓她墮落。相反，暫時的麻醉後，全是對生命的愛惜。她也知道自己不可以如此虛妄地活下去，因為還有更多的美好在等著自己。她必須要學會療傷，不能再和迷路的蝴蝶一樣。

生性文弱膽小的陳平只想與人為善，只想安靜地在這裡完成學業，卻落得個行李箱被翻得底朝天的結果。面對這樣凌亂的場面，她只能自我安慰，然後再重新整理。沒想到幾天後又是一片狼藉。她怕傷害感情也不好說什麼，只能對這樣的做法忍讓著。

室友們並沒有見好就收，她們見這個東方女孩性格懦弱，一有機會便想辦法戲弄她。直到有一天室友們的做法實在太出格了，陳平無法再忍下去，便扯著嗓子大聲在寢室裡吼起來。

「我一再地想，為什麼我要凡事退讓？因為我是東方人。為什麼我要助人？因為那是美德。為什麼我不能抗議？因為我有修養。為什麼我偏偏要做那麼多事？因為我能幹。為什麼我不生氣？因為我不是在家裡。我，自認為沒有做錯什麼，可是我完全喪失了自信。」陳平越發想不通，可她又不能再委屈自己。思前想後，還是決定一通河東獅吼，亂哄哄的宿舍立刻安靜下來。大家根本沒想到她也會發火，而且火氣還這麼大，都呆呆地站在原地不動，看她到底要做什麼。而陳平卻不再說話，只是重重地摔門而去。

沿著校園長滿花草的小路走著，陳平說不出的開心。好久沒有這樣發洩了，以前只是對父母撒氣，現在終於逮住個機會宣洩了。平時，她喜歡沿著這路無聊地東轉西轉，有時會去教堂，獨自欣賞那些精彩絕倫的壁畫和彩色玻璃的裝飾。對於虔誠信仰基督的陳平來說，這裡的安靜與外邊的喧鬧一樣，可以巧妙地遮掩掉緊張，可以消去內心的虛無。其實，不論去哪裡，一個人走著和孤零零閉眼坐著的感覺相似，享受到的都是漸漸撫平傷痛的愉悅。

就這樣漫無目的地走了一天之後，陳平很晚才回到宿舍，卻發現自己床鋪上堆滿各種衣服和食品，幾個室友正漫不經心地坐在上面喝著酒，開心時還會把酒水灑落在上面。

「都給我下來。」陳平低沉著聲音一字一頓地說。

然而沒有人理會她，大家依然有說有笑，就彷彿坐的是自己的床。她的指令很快消散在空氣中，心裡卻積聚著怨恨和怒火。

「下來。」陳平幾乎是咬著牙齒在說話了。床上幾個人只是自顧自地嬉笑著。陳平的火氣一下子燃了起來，上前拽著床單就往下拉，一包包吃的隨之掉落在地。

床上的同學穩若泰山，對眼前的舉動熟視無睹。後來才知道東方女孩發怒了，她們也使出了性子，用手抓著窗櫺就是不動。

雙方較著勁，很快膠著在一起。不過最終還是陳平占據了上風，硬是將其中一位同學從上鋪給摔了下來。宿舍裡立馬亂成一團，大家各不相讓地廝打在一起，把衣服、食品和學習用品扔得滿屋子都是。周圍的同學都聞訊過來勸阻，即便這樣陳平也不願意鬆手，她明白必須要用這樣的方式爭取權益。

直到宿管老師到來，這個宿舍才算安靜下來。每個人都紅著臉，不是衣袖被撕破，就是手臂上受了傷。在老師的追問下，幾位同學異口同聲說是陳平的過錯，陳平不甘示弱，如實說出了事情的原委，並當著老師的面斥責這些人缺乏愛心和公德。說罷，又順手抓起本書狠狠地扔在地上，警告她們若再造次，自己一定不會善罷甘休。

東方女孩發了威，才讓這些同學領教了厲害。老師聽後，也為陳平的遭遇打抱不平，毫不留情地批評了對方，並告誡她們，以後若是再發生此類事件，一定會如實上報學校。

強勢作為糾正了不平等的關係，從此以後，陳平也從病貓變成了女俠。生活中大家相安無事，再也沒有了以前的隨便和放肆。正如後來她在文字中寫的那樣：「這個世界上，有教養的人在沒有相同教養的社會裡，反而得不著尊重。一個蠻橫的人，反而可以建立威信，這真是一個黑白顛倒的怪現象。」

當然，宿舍裡發生的鬧劇，至多也只是生活的小插曲，根本不值得過分地去記憶。誰願意去記住那些無聊乏味的事情呢？

不知不覺，陳平來西班牙有多半年的時間了。起初，她只感覺這裡的春天充滿著鳥語花香的浪漫，沒想到秋天的景緻也是如此惹人喜愛。風一吹，五顏六色的花朵便搖擺起來，風中還帶著沁人心脾的香氣，透著些許涼意，讓人不經意間就生出一日一味的意境。

除了視覺上的享受，更讓人欣喜的還是有位日本同學走進了她的視線。

這位同學很喜歡陳平的文氣，已經偷偷觀察了許久，甚至知道她經常都去些什麼地方。時間一久，這種積澱的愛意便越發強烈，終於有一天他們在酒吧裡見面了。

他手捧鮮花來到了她跟前，直接遞了過來。

「可以和你交朋友嗎？」陳平一時半會沒回過神來，等她反應過來時，趕緊把腳從椅子上收了回來，又將菸死死地按在菸灰缸中。這才緊張地抬起頭來。

「坐坐坐。」由於彼此都是相識的同學，攀談起來也沒困難。雖說有些臉紅心跳，好在都讓酒吧的喧鬧遮掩了。談到感情，陳平心中是有顧忌的。別看她整天瀟瀟灑灑，心裡忘不掉的還是舒凡。是啊，西班牙的風景再美，又怎能敵得過陽明山色彩豔麗的蒼竹翠海呢？

面對鮮花，陳平思慮之後還是接了過來，做個朋友其實也不錯。她不明白對方怎麼會喜歡上自己，這個男孩的家庭條件優渥，在學校裡也是受人追逐的對象，但他的高冷常常讓人望而生畏。

這次近距離地相處後，陳平每天都會收到散發著馨香的鮮花，還有各種包裝的巧克力。這樣的攻勢下，同宿舍的同學都是受益無窮，她們大快朵頤，享受著不同的花束的裝扮，卻在私下羨慕著陳平的意外洪福。

確實，面對日本男孩子的追求，陳平並未敢有絲毫的動心，她經常會將貴重的禮品如數歸還，只是開心地做著朋友。在陳平看來，一段沒有結果的愛情只是飄渺的夢幻，終究不如現實實在。況且傷痛又是剛剛修復，還是敬而遠之比較好。

日本男孩並不這麼想，他以為只要執著地堅持，這個東方女孩一定會被感動。於是在一次次被退回禮品之後，他又異想天開地買了一輛小汽車當作求婚的禮物，要送給心儀的維納斯陳平。

陽光下，鋥亮的車身吸引了許多人來圍觀。車的周圍還用花束擺成了大大的心形圖案。大家議論紛紛，不知道這樣的擺設是為了誰。

陳平知道此事後，大大方方出現了。不過，她只是從人群中叫出日本男孩，兩人一起說著什麼去了不遠處的樹林。目睹著時而交錯在一起的背影，人群中有人喊起來：「趕快嫁給他吧，小心愛你的人跑了。」

樹林裡，陳平被男孩子的行動感動了，她流著淚重申了自己的想法：「我現在不想談戀愛，你如果願意，我們就做個無話不說的朋友。如果不願意，我們就不必打擾對方的生活。」

緊張的是男孩子，他最害怕女孩落淚，於是說：「結不結婚沒關係，我可以一直等，等到你同意為止。如果我的做法嚇到你的話，那我真心說聲對不起。」

從此，男孩只是默默地陪伴在陳平身邊，不再提起結婚的話題。交往中，他無私地幫著她，不但教她日語，還經常陪她一起去教堂、去找舊物。

獨處時，陳平會從兩人相處的開心中走出來。說實話，她怎麼能夠沒有壓力？這種孤男寡女的相處，日久天長自然會生出諸多情感。與其這樣害怕擔憂，不如早些斷絕了男孩的想法，讓他徹底死心。想到了這些，又感嘆起愛情的煎熬來。不是嗎？人世間最痛苦的事就是，你一直在我身邊卻不知道我並不愛你。每次想把這話說給男孩聽時，卻發現自己其實對他已經有了好感。

曾經有段時間，她真心喜歡上了西班牙豐富多彩的生活。尤其是隨著追求她的人越來越多，她也轉變思維方式，開始結交各類新朋友。「情歌隊」裡的男生們還專程到陳平窗前放聲唱歌。這樣的感覺開始讓她內心暗喜，也讓她想不斷地放逐自己。

於是，就有了先前的一幕。無論是和朋友牽手去逛街，還是相擁著一起跳舞，她只是淺嘗輒止，藉助各種約會，來擺脫對往昔的回憶，感受與不同朋友間交往的快樂。現在，擺在她面前的只有兩個選擇：要麼全身而退，要麼愛得死去活來。

人活在世上，重要的是愛人的能力，而不是被愛。這是陳平始終恪守的哲學觀念。

又是無比美好的一天，陳平靜心想了許久後，還是故意讓其他朋友送來一束鮮花，而後又故作開心地在日本男孩面前炫耀，不停地吹噓這送花的人多麼優秀。聽到這些話後，男孩的臉色開始變白，到最後藉故離開。事後，宿舍的同學都埋怨陳平錯過了機會，以後就是打著傘也找不到這麼好的男朋友。

聽到這些，她只能苦笑著去面對。誰願意讓自己的生活沒有色彩呢？如果舒凡從來沒有出現過，自己真的會在眼下愛得一發不可收拾。無數次說要把他忘記，可無數次之後還是會莫名想起。傷痛還未去盡，一波愛情又來臨，真怕再次深陷入情海為愛所傷。那天，也不知怎麼又去了大學附近的酒吧，望著眼前沉迷其中的人們，她只是一根接著一根不停地抽菸，直到舌頭上沒有了任何感覺。

迷茫，也讓她想起了藝術大師畢卡索。此前，她曾狂熱地迷戀著大師的作品，現在，她卻更加喜歡飄渺的煙霧。

菸，對陳平而言原本是陌生的，這段時間裡，為了緩解內心的壓抑，陳平逐漸學會了一個人時抽菸。也不知為什麼，她格外偏愛淡淡的香菸味道，那味道就彷彿是多年未曾謀面的老朋友，在無聲的交流中很快成為安撫心情的良藥。陳平懷揣著初戀後的傷感，美如豔麗的曼陀羅。

一杯杯酒仰頭喝下時，陳平只覺得醉意襲來。她真想放聲大哭，卻又不知道為誰而哭。「對不起，真心對不起，我的朋友。」世間的事情就是這麼奇怪，想愛卻又不敢愛，想愛又得不到愛。或許，得不到的愛情才是最美好的，就像所有無法留住的美好。

心中有了憂鬱無法排解時，她就會用寫信的方式來解決。在寫給父母的信中，她的足跡先後遍及巴黎、慕尼黑、羅馬等地。一個人的行走儘管有思念、有不開心，卻更加純粹而有趣。就像不知名的小花，即便是被遺忘在偏僻的山野中，但也會用生命盛放獨特的芬芳。

出門在外這些日子裡，陳平除了找舊貨、泡吧外，一個人還去了不少的地方旅遊，她沒有向家裡要一分錢的費用，「很簡單，吃白麵包，喝自來水，能活！」無憂無慮的生活狀態，其實真的非常簡單也不失精彩。其間，她還不斷拓展著閱讀視野，追求閱讀的深度，豐富審美情趣，提高讀寫方面的能力。

生命有涯，書海無涯。這段時光是自由快樂的，她把書當成了忠實的朋友，無論做什麼都帶著書讀，也使得語言和其他功課有了飛速的長進。功課上的自信和涉獵範圍的拓展，讓陳平終於從陽明山的思念中走了出來。

—宿命相遇—

時光流得很快，像極了握在手裡的細沙，越是想用力抓緊，越是流逝得更多。面對匆匆人生，陳平只覺得戀愛時只願時間過得慢些，可以和心愛的人一起感受春花秋月，現在卻需要靜下心來讀書，但時間卻成了電光石火，轉瞬就和人擦肩而過。

有時她也會去逛舊貨市場，這本來就是她的最愛。街道的兩邊擺滿了各式各樣的商品，可以隨心所欲挖到喜歡的什物。雖說語言不甚通暢，但簡單的手語其實也可以解決好多問題。每每守著那些稀奇古怪的物品時，她都是滿足的。

到了年底，大街小巷間都洋溢著濃郁的節日氣氛。隨著聖誕節的逐漸來臨，大家都暫時忘記了一年的辛苦，全身心投入節日的籌備。

到了平安夜那天，學校裡放了假，陳平實在無處可去，只好應邀到父親的朋友徐耀明家裡過節。有了眼前這流彩的燈光，多少才能撫慰無比慌亂的心情。

大家有說有笑地吃著喝著，談論著臺北的熟悉生活，門鈴突然響起來。等門開啟，一位英俊帥氣的男孩子笑容可掬地出現了，手中還抱著一大堆禮物。

「Jose，聖誕節快樂。」徐耀明的兒子起身上前，把好朋友從門外拉了進來，一臉喜悅地把他介紹給陳平。西班牙的聖誕節，相當於東方國家的春節。每逢過節，左鄰右舍的人都會相互祝福。

陳平出於禮節上前貼面擁抱，然後又邀請他一起用餐。坐下的那刻，相貌俊秀的Jose便讓她動了心。陳平只覺得他占盡了人間風流。

Jose沒有太拘束，和徐家人有說有笑，臉上似乎閃爍著韶光，一雙純情的眸子安靜地藏在濃密的睫毛後面，側眼看過去時，那非凡的氣質有著竹的高雅飄逸，更像一幅很有意境的畫，讓人禁不住浮想聯翩。

時而若笑，視而有情。陳平只覺得內心突地起了波瀾，一浪接一浪地蕩漾著，以至於想到了如果能成為他的妻子該會多麼好，至少這一生就不會感到遺憾。此前還排斥著日本男孩的追求，現在又要心繫Jose，這樣的想法自然是荒誕的。可她也不清楚，自從見到這位面部白皙的小男生後，腦海裡就開始亂七八糟地出現了這些怪念頭。

難道自己又想到了舒凡？

席間，彼此聊得甚為投機，都有相見恨晚之意。推杯換盞之後，陳平開始偷偷地譴責自己的誇張想法，兩個人相差了近八歲，又怎麼可能會和結婚扯到一起去呢？

但從那天晚上開始，兩人還是開始了交往。

當時，Jose剛讀國三，是徐耀明兒子的同班同學。在平安夜，他只是依照家人的意思送禮物給好友，卻沒想到結識了一位可愛的大姐姐。

這彷彿是冥冥中的注定，有著婉約風姿的陳平談吐大方，還不時地主動為他夾菜，關愛有加。雖不敢說是美貌佳人，可她的存在還是讓他有些發呆，就像是誤入塵世的仙子。他用心看了一眼，卻還想再看一眼，等到再多看一眼時卻又覺得不好意思。

陳平何嘗不知這些呢？她大大方方地讓 Jose 瞧著，恨不得讓他看個夠，心裡早已經開成了一朵花。這種感覺很久沒有了，好多時候，她留給同學們的印象都是高貴冷豔，不容易讓人接近。尤其是日本男孩的求婚，更是讓她成了大家口中議論的話題。

與君初相識，猶如故人歸。Jose 不經意的出現，似乎是上天眷顧，為她封閉的世界點亮了一束愛的光。雖然微弱，這絲不易覺察的光亮還是給孤獨的她帶去了溫暖。

或許在飯桌上，彼此都覺察到了對方的示好。面對這次相遇，陳平的心緒又重新飄飛起來。雖然說沒有成熟女性的那種博大與精緻，可她還是決定用最美的姿態來展現自己，來珍惜這美好季節裡的邂逅。

分手時，陳平起身主動伸出那雙白皙纖細的手，為 Jose 輕輕地拍去肩上的塵土，又整理了凌亂的衣領。他沒有想到陳平會有這樣的舉動，而她也沒有想到，只是覺得自己必須要這樣做。

簡單的一個舉動，隨意而又自然，就像姐姐在關心不聽話的弟弟，然而四目相對時卻又飽含著深意。Jose 渾身洋溢著青春的活力，尤其那發自內心的陽光溫暖十足，讓她只想走近。

兩人第一次約會，是在學校的圖書館裡。他們各自心不在焉地翻著書，嘴裡卻不知道說些什麼才好。也許含蓄讓他們的愛情太過於純真，當陳平遞給他一塊帶有玫瑰花紋的巧克力時，他心領神會，知道這是間接的表白，便毫不猶豫接了過去。

陳平走在前面，他順從地低頭跟在後面，默不作聲。一個因為害怕，一個卻始終在害羞。走出圖書館，外面的人少了許多，陳平尷尬地牽起了他的手。他也沒有拒絕，小心翼翼地長出了一口長氣，然後用另外一隻手擦拭去額頭的汗。

此後的日子裡，陳平孤單的身影旁邊多了一位男孩的陪伴。沒課的時候，Jose 便會找她去滑雪、打球。陳平從來不會拒絕，她常常在別人不解的眼神中，和他去舊貨市場發掘好玩的東西，去酒吧裡喝酒談天。隨著感情的與日俱增，陳平越發覺得時光讓她遇到了對的人。

兩個人的空間裡，並非時時擁有著鮮花，可誰也不在乎年齡和貧富，有的只是無微不至的關懷與體貼。在這個沁人心脾的花期，清純的牽掛總是朝著內心而去，讓這樣舒適的相處有著無與倫比的美妙。不求榮華富貴，也不求轟轟烈烈，只願這樣淡然隨意地相處著，只想生生世世不離不棄。

這段無比快樂的日子，使兩個人的關係越發深入。一個最明顯的改變，就是陳平臉上笑容多了，菸似乎也抽得少了。此前，她還在信中對父母說過，「爸爸媽媽，我對不起你們，從今以後，一定戒菸」。然而父母知道她一直在抽。現在能夠主動戒菸，想必心中的憂鬱沒有那麼多了，有的只是相愛無言，有的只是心有靈犀。

每個人終其一生，都在尋找一個對的人。陳平也在慢慢體悟。當然，她也會不時地反問自己，這些年來的各種愛情際遇，難道都是為了在茫茫人海中等這個跟自己靈魂契合的人？

面對著這個不諳世事的大男孩，她只想用心去愛，陳平送給 Jose 一個好聽的中文名字「和曦」。純情的 Jose 很喜歡中文字，常常在紙上反覆地練，只是「曦」字每次寫出來總會缺手臂少腿，讓人捧腹大笑。Jose 很認真，依然會工工整整地描畫著，一絲不苟的模樣，是他不願辜負陳平的給予。這些搞笑的事也讓陳平想起了童年時的自己，她便又別出心裁地將其改為「荷西」，卻沒想到這個名字後來會因為自己而風靡海內外，也成了三毛忠實粉絲們探尋的不息話題。

「荷西」成了陳平對他的專屬稱呼。為了對等，他也愛心滿滿地為陳平取了個英文名「ECHO」。

ECHO原是希臘神話中的森林女神，因為宙斯的老婆赫拉嫉妒其貌美，使壞讓其不能說話，最多只能重複別人話語的後三個字。無法正常交流，自然得不到河神之子的愛，她最終只能心懷悲痛憔悴而死。陳平也沒去想太多，她喜歡這段讓人動心的故事。

陌上花開，我等你來。你來或者不來，我都在這裡。曾經是多麼感人肺腑的話語，現在卻在隔山隔水的遙遠之地實現了。點點滴滴的快樂和無比淡然的心境，讓人體會到平淡而又真實的幸福。

戀愛從來沒有錯對，只有錯過。於是，一段不為世俗所接受的姐弟戀上演了。

戀愛後，陳平想盡辦法接濟荷西，全身心照顧他，甚至把自己的生活費省下來，幫他買小零食、學習用品，有時還會幫他洗衣服。

荷西被這樣的愛感動著。

有天從市集回來，兩人相依在一棵樹下看風景，荷西突然說到自己有個夢想，就是希望大學畢業後能夠擁有一座不大不小的房子，用心賺錢養家，家裡有位可愛漂亮的妻子在等著他回來。

這樣的夢想其實很普通，可陳平卻很感興趣。「那位漂亮的女人該是誰呢？」

「我妻子啊。」荷西一臉正經。

「那我給你煮飯吃，等著你工作回來。」這話說完，臉上已是一片羞赧。

「ECHO，你願意等我六年嗎？等我大學畢業、服完兵役就來娶你。」荷西是認真的，他講這番話出口也想了不少時間。

一陣子情迷意亂之後，陳平又有些猶豫。每一個沉溺於愛情的人，最後都輸給了謊言。現在這些話，自己此前不也對舒凡講過嗎？可自我感動的愛情還是成了回憶，任曾經最美的點綴如花般破碎了。

愛情到底是什麼？自己又該如何應答呢？

有些人一輩子也無法忘記，比如舒凡。眼前的荷西似乎與舒凡有些像，可是又說不清楚像在哪裡。如果說真誠是一種傷害，那陳平情願選擇謊言。沒有聽到這些話時，她一直希望愛情盡快來臨，希望可以做他的新娘，可現在卻似失去了愛的力量和勇氣，對苦苦追逐的愛望而卻步了。

她沒有答應，而是轉過身去用衣袖拭去眼淚。荷西並沒有發現這個輕微的動作，只是紅著臉在等待著。

「我們都還年輕，怎麼可以想到結婚的事情呢？還是要以學業為重。」她不露聲色地說著違心的話，其實內心也很矛盾。真的要是這樣擦肩而過，她知道會責怪自己一輩子的。

「可是剛才你不是說要為我做飯嗎？」荷西十分迷茫，他不懂對方心裡究竟在想什麼。

「好弟弟，那只是開玩笑的。何必當真呢？」聽到這話時，荷西傻眼了，這些天的接觸相交，難道只是為了玩弄情感嗎？不可能。他在心裡安慰自己。

到了此時，陳平也不知道為何要拒絕。她腦海裡一片混亂，一會兒是舒凡，一會兒是日本男孩，一會兒又是荷西。

「好吧，我該走了。」荷西拖著疲憊的身軀朝校外走去。本來他是想約陳平去看電影的，現在只能自嘲多情。

無情，在刺痛著他的心。遠去的背影，在不停地衝撞著陳平的情緒，讓她根本無法心平氣和地去面對，然而這就是人生。

依稀中，她又看到荷西在回頭觀望，是在等待自己挽留嗎？她滿心狐疑，卻不知道荷西手中握著兩張電影票，那票已經不知道是被汗水還是淚水打溼，但他一直沒有勇氣扔掉。為了這場電影，荷西省吃儉用省下了幾十枚西幣，然後又冒著風險逃課才見到陳平。他沒想到，電影票會成為分手的見證。

「荷西，荷——西——」陳平最終沒有忍住，也不顧周圍有沒有人就喊叫起來，她不想讓自己失望，更不想失去這個男孩。愛情促使她逐漸加快了腳步，到了後來邊跑邊喊。荷西靜靜地站在原地沒動，但眼眶卻是紅紅的。

兩個人什麼也沒有說，只是緊緊地擁抱在一起，直到這時才知道，彼此誰也放不下誰。

愛情從來都是燃燒的火苗，有了這樣特別的經歷後，兩個人的感情又上了層臺階。這段時間裡，荷西為了見到陳平，先後幾次放棄功課逃學。陳平每次都會責怪他，而他依然我行我素，屢教不改。可以看出，他已經完全投入這場情感之中，誰也不可以擋住愛的腳步。

每每同學們帶著戲謔的口吻大聲喊道，「陳平，你表弟又來找你了」，她就會無端地焦慮不安起來，但還是會熱情地笑臉相迎。在一起的時光充溢著幸福，也讓人難以忘懷，可純粹為了愛情而放棄學業，她是不贊成的。

陳平在學業上吃過太多的虧，她絕對不會讓喜歡的人重蹈覆轍。當初確實是因為太在乎對方，結果不僅傷害了自己，也傷害了別人。而對於關心的話，荷西卻總是聽不進去，他更看重的是兩人在一起的歡愉。

於是，愛情變得糾結起來。

有次電影結束，兩人隨著一群人走了出來。荷西又要放棄上課請陳平去舞廳，聽到這裡她終於沒忍住自己的情緒。

「從今天起，你再也不要來找我了。我希望你能好好念書。」

起先還只以為是開玩笑，荷西便拽著她的手臂要撒嬌，可看到那少見的嚴肅面孔時，他不由得停止了拉扯。

「好姐姐，我聽話好好上課就是，不要提分手行不行？」

陳平說什麼也不吱聲，只是低頭快速往前走去，只有遠處的建築映襯在夕陽下，這個世界突然間變得沒有那麼美好了。

尖厲刺耳的寒風發出了凶猛的怒號，刀劍一樣揮向每位過路的行人。荷西裹了裹身上的衣服，不知道如何去面對這突然而至的噩耗，痴情的他無助地站立著，只覺得渾身上下都是冰冷的，周圍是死一般的寂靜。

「我是真心的，見到你的第一眼，我就只想和你結婚。」說到結婚，荷西是如此單純無知，他只清楚表面上的儀式和程式，根本就不懂得結婚究竟意味著什麼。

陳平假裝沒有聽到對方的話。

她心裡其實並不討厭荷西的表白，相反還非常喜歡他的直接，認為這樣的單純中，少了許多世俗氣。陳平知道，不是僅僅憑藉一句「我愛你」就可以攜手步入美好的生活中，還需要考慮工作、生活、房屋，等等。再說，彼此間年齡的差別才是關鍵所在。

「你回答啊，你回答啊。」孩子氣的荷西有些發怒，說話的聲音也帶著顫抖。認識這麼久，荷西很少發火，就在此前，他還充滿稚氣地問過陳平，是不是東方女孩都和她一樣好看。陳平記得很清楚，她當時是帶著頗為驕傲的口氣告訴他的，東方漂亮的女孩太多了，只要去了肯定就不想回來。然而荷西睜大的眼睛只是看著陳平，他只相信眼前這位大姐姐是最美的。或許一見鍾情就是這樣，那些快樂的時光始終蕩漾在記憶裡。

陳平沒有回答，只是淡然地盯著他看。荷西不解，只能傷心。荷西有兄弟姐妹八個，他排行第七，平日裡性格溫柔，現在能說出這樣的狠話來，自然是憤怒到了極點。

青春裡的風月美好蕩然無存，似乎只剩下一顆傷痕累累的心，在風中瑟縮。沒辦法，這就是人生的常態，從來就沒有過完美的平淡。

愛情是殘忍的，面對這份異鄉的愛戀，她只能在心底壓抑自己，任無休無止的風肆意亂颳著。「既然這樣，從今天開始我再也不會去糾纏你，你也不要把我當成一個小孩子。再見吧，我永遠不會來糾纏你。」黑漆漆的天像個小耳朵蓋，似乎要從高處掉下來，沉悶的空氣實在讓人無法喘過氣來。

眼淚很快就掉落下來，冷冰冰的空氣也無法阻擋。陳平又一次記住了這傷感的一幕。「在馬德里喊著我的名字倒著跑，除了大枯樹和平原外，羽毛般的雪花隔著兩人在天空中漫天飛舞……他是一個很難得而且與我真誠、真心相愛的人。我幾乎忍不住要狂喊他的名字，叫他回來。」

以往浪漫的雪花精靈，也不知道從哪裡汲取了力量，現在成了阻隔彼此的銅牆鐵壁，硬生生地把兩人無情地分開了。陳平簡直要崩潰了，她在雪中狂奔著，那可憐的腳印沒一會工夫也見不到了。

短短的接觸，為陳平療了傷，又給她帶來了諸多快樂。心底深處，她和荷西一樣，都是難以捨棄對方，但若沒有這樣的殘忍分手，她怕最終會以愛情的名義害了這個單純的孩子。

分手的打算，陳平已經想了許久。可是她一直沒有機會把這話說出來。現在總算有了藉口，於是便一股腦地全說了出來。不是說長痛不如短痛嗎？與其這樣虛無縹緲著，還不如活得實際些。那些傷心的話，分明就是橫握在手的利刃，總是會無聲無息地傷人。

剛剛信誓旦旦地說完分手，陳平又莫名其妙地想到荷西的好，甚至還自言自語：「他還會找我嗎？如果真的等上六年，我們就一定會結婚嗎？」

愛情與廝守便成了擺在眼前的現實問題。

愛其實很簡單，不是陪伴與相守，便是拋棄與相忘。從極致的幸福到結束分手，這樣的過程無疑是艱難的，但注定要在青春的時光中成為昨日。即便是刻骨銘心又能說明什麼呢？

雪繼續下著，紛紛揚揚的氣勢似乎要埋沒所有不快，那最高處的哥德式建築，也被籠罩在雪色中，朦朧中什麼也看不清。愛情不就是這樣麼？幸福和快樂，有時會矇蔽人的眼睛，讓人失去最基本的方向感。陳平知道，每個人都在努力地尋找著屬於自己的另一半，而她現在雖然在心中不停呼喚著荷西的名字，卻少了恩愛時的堅定。

「荷西，你才十八歲，我比你大很多，希望你不要再做這個夢了，從今天起，不要再來找我，如果你又站在那個樹下的話，我也不會再出來了，因為六年的時間實在是太長了，我不知道我會去哪裡，我也不會等你六年，你要聽我的話，不可以來纏我，你來纏我的話，我是會怕的。」許多年以後，這段真實的文字紀錄重現了她當時的絕決心情，如果當時知道六年後還會重新相逢，是否又會是另外一番心情呢？當然，這個誰也不會知道。

不管將來如何，不論世界會如何改變，愛情都是人類最為熾熱的情感，它會讓每一個人都充滿希望。然而，當愛情的萌芽在煙火人間中逐漸熄滅時，陳平並沒有把這場結束視為生命的最後一天，擔心整個世界會因此而垮塌下來，相反卻將其視為一種成長的過程。她沒有任何的怨恨，也沒有在乎自己的決定是否錯誤，畢竟這場感情讓她又長大了許多，她就像那已經可以展翅飛翔的雛鳥，在勇敢地面對著人間所有的風風雨雨。

—煙火人間—

都說孤獨是一個人的狂歡，但真正一個人時卻難免會有太多莫名的牽掛，始終想著能找個知心人來陪伴，解除內心的煎熬。可是在經受過刻骨銘心的劇痛後才漸漸明白，孤獨注定要占據生命中的大部分時光。

成長就是這樣，永遠都是痛並快樂著。誰想要無所畏懼地長大，就得面對和接受這個世界的所有傷害。於是，一次次的「碰壁」之後，陳平只能努力地調整心態來面對眼前的生活。有句話說得好：一個人之前是過著一個人的日子，一個人之後是想著一個人過日子。是的，她即將重新開始一個人風輕雲淡的生活，至於哪些是生活中的冥冥注定，她永遠是不會知道的，只有等待著命運的來臨。

荷西的真誠，就這樣被當成了內心的衝動。委屈的他始終不解，自然也無力訴說，其實也不知道該說給誰來聽。這場戀愛，無論是痛苦或者快樂，都教會了他如何去愛自己。

傷心在別人看來是多麼的幼稚和不懂事。他掏出才準備好的禮物，無奈地朝著夜色扔了過去，面前是一片的迷茫，始終聽不到任何回聲。以往熟悉的回聲（ECHO）再也聽不到了，是的，永遠都不會再聽到了。

前世，我只是那生長你心間的情花，長途跋涉只為與你相遇。在夢想的路上，所有失去的都會以另一種方式歸來。荷西磕磕絆絆走在夜色的交錯中，只覺得眼前的這一切全是虛幻。他開始懷疑了，過去的那些美好時光難道也全是虛幻嗎？

無論如何，新的生活總要開始。這次，她的心情卻沒有之前那麼糟糕，相反還有些小快樂。一次次的愛情無果，已經讓陳平不再是當年那個純情的小女孩了，對於傷心之類的事情，自然也是看得越發淡然。

因為感情，她的內心在發生著變化，尤其是對於馬德里這座城市的感覺。好多時候，陳平慶幸自己當初選擇了這座城市來生活，雖然說處處都充滿著陌生感，但時而又會有著太多的熟悉在其中，尤其是那些富有感染力的佛朗明哥舞，透著狂野激情的鬥牛士，以及浸淫著各種古典風格的建築群落，都在以不同的方式深深地吸引著她，讓她盡快消除掉對異鄉的陌生感，全身心地融入其中，並與此結下了無法言說的不解之緣。

自從與荷西平靜分手之後，兩個人都信守著承諾不聯絡彼此。尤其是陳平，她這次超乎尋常地平靜，每每望著窗外的風景時，她就會在心底佩服自己，竟然能在如此糾結的戀情面前不再回頭看一眼。

短暫而又充滿著暖意的戀情中斷了，一切都似乎隨之結束了。

她又可以獨來獨往，做自己喜歡的事情了。天氣晴好時，可以愜意地去逛舊貨市場，也可以去看看電影。那些熟悉的環境中，只有她一個人快樂的身影。她此時更像是從樊籠裡逃脫的小動物，突然間找到了回歸大自然的感覺。雨天的時候，可以聽聽音樂，也可以偶爾給父母寫封信。信中的語言變得成熟多了，從中讀不出任何的哀怨。荷西的事她從來沒有透露過給家人，她只是把這段不現實的感情當作了浮雲。

也許真的是「冤家」路窄，有時也會難免與荷西在路上碰面，他是背著書包去上學，陳平依然是到處在尋開心。好在大家沒有任何的隔閡，也會停下腳步說幾句無關緊要的閒話。如果身邊還有別的朋友，荷西還會禮節性地上前握手問候，並親吻陳平俊秀的臉龐。陳平呢，也會將他視為表弟，並介紹在場的朋友。

這一切都是那麼自然，陳平有時也會順便問他是否還在逃課，而他只是低頭含笑，卻什麼也不多說。每每望著他遠去的背影時，陳平只覺得自己還有什麼話沒有說，臨到嘴邊卻又不知道該說些什麼。

六年的等待絕非輕而易舉可以實現。在失敗的情感面前，她還是告誡自己要理智地去對待愛情，或許離開才是最好的選擇。於是在經歷過那一段相處之後，陳平終於感覺到獨處的愜意，她完全按自己的意願在生活。每天都是全新的，回憶也找不到了。漸漸才明白，沒有戀情的生活，也有著與眾不同的浪漫。如此看來，生活的本質意義並非是要得到什麼，而在於每個人的內心是否充實。

除了要完成的學業外，讀書自是生活中不可或缺的給養。無論是那個深奧的湯瑪斯．阿奎那（Thomas Aquinas），還是與眾不同的里查．塞拉（Richard Serra）、巴勃羅．畢卡索（Pablo Picasso），凡是這些著名藝術家的作品她都會一一涉獵，好多時間都投入其中不能自拔。此外，至情至性的她還喜歡上了孤獨的旅遊，在詩和遠方的行走中盡情揮灑喜怒哀樂，用文字構築著溫暖的精神家園。

這與此前的旅遊大為不同。如果說她之前只是為體驗豐富多彩的生活，那這次卻是在享受著生命的美好。那些真實而又自然的異國風情，不時地感染著她，也讓她永遠以特立獨行的人格追逐著自由與愛。

這個時候，學校裡也有不少留學生瘋狂地追求她。而陳平也不加拒絕，基本上都會接觸。這和當時馬德里的環境有關。正如一位著名時尚評論家所言：「這裡充滿著一種拓荒者的空氣，因為這裡有一個完整的靈魂在他心中激盪。」

與此同時，我們看到傳統與多民族的風格並存，一種流浪的精神與時尚性格相融合。確實，在馬德里這座充滿著藝術氣息的城市，無論做什麼都是再合適不過的事情。她又何嘗不知，這些人此時出現，似乎填補了失戀後的空虛，其實他們根本就無法與那個單純的荷西相比，至多只是臨時頂替他而已。

人生如茶，品過才知濃淡；生命如途，走過才知深淺。每每夜深人靜之際，陳平還是會想到那純情的目光。愛，或許只是一轉身的距離，或許只是前世的一滴淚，或許只是夢的點綴，但只要想起就執念不悔。

兩年的學校生活似乎和夢一樣，轉瞬間就結束了。

以往的朝夕相處還歷歷在目，但顯然都成了非常難得的記憶。讓人最不可思議的還是，時光居然流水一樣逝去得如此之快，往事就是一朵朵散布開來的蒲公英，在風中雖然微不足道，卻又牽動心懷。

這個時節，父母也寫信催促她能夠早些回到自己的身邊。

父母的心思從來都是寄託在孩子身上。除了沉甸甸的希望外，更多的還是盼望著見到這個桀驁不馴的孩子。陳平自然也想到了回家，可突然間她又想趁著年輕到處走走、看看，以滿足好奇的心。

西班牙是個神奇的國度，它不但等到了陳平的到來，也用別樣的美填補了她的鄉愁。現在來看，人生中所有的相遇與錯過，不過都是過客與過客的交替，當初要是沒有與荷西分手，錯過的定是無比浪漫的旅行。

陳平是個敢想敢做的人，她始終相信「人生是一場大夢，多年來，無論我在馬德里，在巴黎，在柏林，在芝加哥，……醒來時總有三五秒鐘要想，我是誰，我在哪裡」。這樣的考慮也是有原因的，畢竟這個地方讓她開始學著轉變，以至於許多年之後，她還是對這裡戀戀不捨，心生依賴。

生活洗禮讓靈性十足的陳平越發與眾不同起來，尤其在逐漸了解自己的內心之後，她更加傾向於無比精彩的生活。周圍的人都能發現，現在的她正由一隻不自信的醜小鴨，努力朝有著獨特魅力的白天鵝轉變。當然，那渴望流浪的心卻始終沒有改變過。

已經有過一次說走就走的旅行，這次自然也不會有太多的顧慮，陳平草草地準備了一下，便背起簡單的行李去了馬略卡島。1838 年，著名的音樂家弗里德里克·蕭邦（Fryderyk Chopin）偕愛妻喬治·桑（Georges Sand）來到馬略卡島度蜜月。

獨特的地形地貌和原始的風光，讓這座島處處洋溢著夢幻氣息，無論潔白的沙灘，還是碧藍的海水，無論是古老得叫不出名字的樹木，還是沐浴陽光的各種鳥類，都讓人覺得這裡是絕妙的風景畫。兩人在這樣溫馨的環境裡談情、說愛、寫作，用心享受著奇妙的時光，這些從他們往來的信件中可見一斑：「我漫步在棕櫚樹、雪松、蘆薈、橘子樹、檸檬樹和石榴樹下，天空是深藍色的，海水是天藍色的，山是翠綠色的，空氣極好了。」或許正是因為這種感覺，陳平沒有絲毫猶豫，便選擇了這座位於地中海的島嶼。

剛來到島上，那種精緻、悠閒的生活一下子就感染了她。溝壑奇出，花草溢香，禽鳥啁啾，懶散無拘。工作之餘，她最喜歡赤腳徜徉在沙灘上，享受著天高海遠的休閒時光。陳平似乎對各種陌生的環境都充滿著極其濃厚的興趣，她在不停地行走著，探尋著，於安謐寧靜中觸控著這座小島的前世今生。

島上的生活分外有趣，一時間少了許多學習的壓力，陳平可以全身心地去做導遊工作，每天和不同的人打交道，每天都有著不同的好心情，這些似乎重新開啟了一種別樣的生活模式。

每一個不曾起舞的日子，都是對生命的辜負。說白了，人生其實不過是一場遊戲而已。越是壓抑，越是希望能夠縱情，以至於那段時間，她不停地換著男朋友，「我愛哭的時候便哭，想笑的時候便笑，只要這一切出於自然，我不求深刻，只求簡單」。這樣的想法類似於孩子，不帶任何的功利，正如她自己所說的一樣，她生來就是來生活的，縱情享受人生，放浪形骸也未嘗不可。或許她太喜歡被人疼愛的生活了，以至於用自己的經歷演繹著敢愛敢恨的真實。

這時，她很享受這些感覺，有人噓寒問暖，有人鞍前馬後，所有人都在滿足著她的願望。這是一種夢幻般的感覺，就似來回湧動的海水，不停地澎湃著。當然，陳平也不是見一個愛一個，也不會全身心地投入愛情，只不過想借助這樣的快感來釋放內心的壓抑罷了。現在的她，已經在隨心所欲中懂得了人生，「真正的快樂，不是狂喜，亦不是苦痛，在我很主觀地來說，它是細水長流」。

生活就是這樣，平淡過後是激情，歡愉過後是平靜。只是在這個時節裡，陳平又認識了一位德國籍的朋友約根。說是認識，其實讀書時就是朋友了，只不過彼此都不去談情感罷了。

失去舊的，來了新的，成長就是不停地蛻變。

當她開心地接過這個男孩送來的鮮花時，眼睛還是一亮，飽含了無比的驚喜，雖然也沒有興奮得腳下像踩著一朵雲，但這樣的感覺卻是新鮮而又美好的。捧著豔豔的花束，縷縷清新的香氣撲面而來，再細細看時，嬌豔中透著濃烈。

很多時候，陳平都以為自己對情感的事再也不會激動，心如止水，波瀾不驚，對於約根的突然出現，她除了滿心喜歡，又將彼此的相逢視為上天的餽贈。兩人在一起後，常常會在島上散步談天，說些以後的理想，感覺人與人之間的相識，本就是一件順理成章的事。

她再也沒有了以往的那些想法與拘謹，只是開心地享受著每一天的快樂。約根說的也不多，只是盡心盡力地陪著這位東方女孩。有一天，他們離島相約著去城裡玩，也不知道怎麼就來到了一家商場，約根笑著對陳平說：「還有這麼漂亮的雙人床單，要不要來一條？」

「確實很好看，沒想到你的眼光真不錯。」陳平笑著應和。然後，約根喜笑顏開地讓店員包了起來，回家路上，情緒本來好好的陳平又變得沉默起來，突然間一句話也不說，約根不明就理，也不敢多問，只是不停地看她。

此時的陳平不知道為何總想發怒，壓根就不會理會約根。兩人一前一後走了許久，陳平突然說：「我們回去吧。」便不容置疑地拽著他轉身朝商場走去。

約根很納悶，只得順從地跟著她原路返回。來到櫃檯前，陳平直接掏出床單要求退貨。約根急了，眼淚汪汪地問：「你真的不要了嗎？」

「嗯，真的不要了。似乎沒有地方可以用到。」

男孩聽後便不再說什麼，只是順從地按照要求退掉了床單。在她簡單而又直接的認知中，雙人床單分明就是答應對方做對方女朋友的意思，但她現在只想做個快樂的單身貴族。

自從與荷西分手之後，所有的交往都讓人感覺淡然無味，根本提不起精神。與約根的這段情感更是無聊，似乎只是為了填補精神深處的空虛。約根本就是個理工男，成天只會埋頭讀書，人生得很帥，卻不懂浪漫，平時對自己要求又過於嚴格。他那苦行僧的感覺一度讓陳平極為反感，尤其是那種按部就班的節奏，更是讓陳平匪夷所思。兩人相處時彼此都不願遷就，經常會無端生出許多摩擦和爭吵。

每次爭吵之後，陳平都會想著要離開約根。這些日子裡，雖然她知道對方是愛自己的，但卻無法忍受他的許多做法。他所有心思都用在功課上，對陳平不夠體貼不說，在花錢方面也很吝嗇，而且還很大男子主義，從來就不會嘗試著去理解陳平的想法和感受，只是滿腦子的控制和學習，認為男人就該有自己的夢想，一直為著成為外交官而努力。

既然不想把時間浪費在花前月下，那還談什麼朋友呢？陳平也很明白，與約根時間處久了，唯有一處不捨，就是對德國這個國家又生出了諸多嚮往。

所有的糾結集於一身，有時也讓陳平不知如何處理才好。好在導遊的工作還算不累，又可以從天南海北的遊客嘴裡，聽到許多有趣的奇聞逸事，這樣的樂趣，讓她不斷地充實著內心，開闊著視野，努力做個優雅獨立的女人。

這應該是最為美好的時光，陳平一時間少了功課的壓力，暫時不用考慮要去往哪裡，於是頭髮可以亂蓬蓬的，膚色也可以變得黝黑健康。她不用擺出笑臉去取悅任何人，開心時便去約會、去飽餐一頓，傷心時可以和靈魂對話，渴望著能去陌生的地處冒險體驗。正是這種不確定的生活方式，讓她能夠時刻聽從著自己的內心。

這樣的情懷是浪漫的，正是由於對世界充滿好奇，於是所有的日子裡都裝著詩與遠方。當導遊的工作換來了足夠的旅費時，她心中又開始湧起了對於外界的嚮往。就這樣，一個為愛而流浪的女人，幾乎沒有任何考慮，就購買了一張飛往西柏林的機票。她注定要用各種各樣的傳奇，來結束掉在馬德里的學習生涯。

馬德里留給陳平的是一段美好的時光，無論有沒有荷西，對於這個外來的東方女孩而言又增添了一段青春的經歷，學會了冷靜地思考和面對。

她這樣不停歇地行走，只是為了忘卻藏在內心深處的錐心之痛，為了忘卻無數個不眠之夜，為了忘卻那些傷心的淚水。當她再去回望馬德里這座特別的城市時，真的不知道是否還會再故地重遊，只是隱約覺得它依然那麼令人魂牽夢縈。

第四章　自由不羈的流浪

花開無果

隨著時光的流逝，陳平的優雅在逐漸發生著變化，她給人的感覺越發地高貴脫俗，細膩理智。這個世界變化很快，陳平已經從當初的小女孩成長為優雅安靜的女人。她的內心深處，懂得既沒有無緣無故的愛，也沒有無緣無故的恨。對於愛情，她始終持半信半疑的態度，只覺得凡事盡力就好。眾所周知，優雅的女子都是愛美的，陳平也是一樣。她有著屬於自己的獨特品味，一言一行中透露出的全是成熟女人的韻味。當她決定離開馬德里時，注定又要開始一次遠行，只是未來是什麼她並不知道。

位於歐洲中部的西柏林，若要與其他城市相比較，似乎更多了些中世紀的風貌和格調。城市的空氣讓人感到自由，時時處處閃爍著生命的光華，潤飾著大地的光彩，浸染著時間的光環，讓人始終懷著敬仰之心。這座城市的富有與繁華，呈現出另類的清新別緻，那感覺就像是美麗的夢，讓人不由自主地想在詩意的審視中去觸控心靈。對於始終都在尋夢的陳平來說，這裡是個完全陌生的地處，有著太多的未知。行走在歷史與現代交融的氣息中，單純的人生似乎也因此變得豐富起來。

1968 年秋季，26 歲的陳平像遷徙者一樣來到這裡時，完全陶醉在旅途所見的風景之中。她的內心是愉悅的，因為這裡是男朋友的故鄉，又是全世界眾所周知的哲學之都，曾經誕生過伊曼努爾·康德（Immanuel Kant）、弗里德里希·尼采（Friedrich Nietzsche）、格奧爾格·黑格爾（Georg Hegel）

等先哲。

幾乎沒有太多的考慮，陳平選擇了西柏林的自由大學哲學系就讀。沒想到馬德里文哲學院的結業證書還算管用，經過面談，校方答應讓她去歌德語文學院進修語言專業，並提出了必須掌握德語的基本要求。

陳平沒有任何退路，只有暗自下定決心，希望自己能早些掌握這門語言。當她搬進學生宿舍時，第一眼看到這裡的硬體設施就感到很滿意，個人獨立的房間，還配有廁所、浴室等，不但可以任由思想放飛，也適合學習和交往。「所謂學生村，是由數十幢三層的小樓房，錯落地建築在一個近湖的小樹林中。」有水，一切便有了應有的靈性。花兒們競相開放，讓宜人的校園五彩斑斕。最醒目的要數那些樹了，鬱鬱蔥蔥地倒映在水中，而後又細細密密地交織著，那生機勃勃的姿勢真是讓人難以用語言形容。

她可沒有心思來欣賞風景，為了盡快掌握語言，她完全放棄了以往自由散漫的做法，自虐一般把自己關在宿舍裡用功讀書。「起碼我個人大約得釘在書桌前十小時，一天上課加夜讀的時間大約在十六七個鐘點以上。」為了攻克語言關，陳平除了吃睡外，幾乎把所有的閒暇時間都用在了讀寫訓練上。

以另一種形象示人的陳平，變成了大家眼中的瘋狂讀書機器。她就是這樣，越是沒有希望，越是激發著心底的潛能，以至於從鏡中看到自己這副拚命的模樣時，她還嬉笑自己原來也有著好學生的潛質，而後又無悔地投入一天的學習中。「一天到晚就在唸書，對德國的人和事，完全講不出來，我認識的德國，就是上學的那條路和幾個博物館、美術館。」

這樣的生活是枯燥的，她的世界裡也全是那些個飛來飛去的字母。付出總會有收穫，還不到三個月的時間，她的語言天賦就充分顯現，並透過努力成為初級班中的優秀生，而且具備了升學資格，最讓人激動的是被老師當作典範，邀請錄音來激勵大家。

面對這些成績，陳平並沒有沾沾自喜，而是一如既往地俯身學習。她知道，只有一級級考過去，最終拿到了高級德文班的畢業證書才可以喘口氣，否則要留在大學根本不可能。那段時間裡，她為了學習憔悴了許多，經常會因休息不好而脾氣暴躁，似乎只差頭懸梁、錐刺股了。

有著典型日耳曼人性格的約根，回國後依然只知道讀書，無休止的讀書似乎已經成了他的全部生活。平日裡呆板不說，言語舉止中還多了份傲慢。對於陳平的喜怒哀樂，他從來都是不聞不問，就連生活起居也沒有任何關心。至於那些花前月下的浪漫，也好像是十分排斥。要說美好的記憶，也只有一起討論功課的情景。他這樣的做法，又怎能撫慰陳平桀驁不馴的心靈呢？

約根的家庭條件十分優渥，由於他一心想著進外交部工作，便分外苛刻地要求著自己，還不斷地對陳平施壓，根本就不在乎她生活是如何艱辛，也不去關心她為學習語言所經受的那些苦楚。他滿腦子都是學習，而無休止的學習，只能讓陳平無端生厭。味同嚼蠟的關係，讓彼此的心越走越遠。

為了能在語言學習上有所突破，她也會試圖寬慰自己。夜深人靜的時間，她也會靜心去想以後的路。倘若真要做外交官太太，那麼放棄灑脫的笑容，儀態端莊地坐在書桌前也是必需的。所以，她也試圖理解約根的所作所為，並把這一切都視為寵愛。可持續了一段時間後，內心的孤獨感又會捲土重來，讓她越發覺得人生無趣。每每夜幕降臨之際，強烈的思鄉之情如同烏雲密布，不論怎麼也拂之不散。

陳平無心讀書，卻也不知道做什麼才好。遠處的城市一片燈光閃爍，她迷濛的眼神中卻只有無盡的落寞。身處異鄉，陳平感覺到自己生存的不易，這樣的感覺在西班牙沒有，在重慶、臺北也沒有。給父母的書信，便成了她不可多得的寄託。只有信中的感覺才是無比美好的，她可以挑選許多有趣的事情來述說。

約根給不了陳平時間的陪伴，便用物質來表達自己的關愛。錢雖然很有用，然而卻無法滿足無欲無求的陳平。德國生活很拮据，而她又不願接受約根的餽贈，為了能夠自立，她開始打算利用閒暇時間去工作，以賺些日常的生活費用。

這個念頭，始於一條無意中看到的廣告。

這則廣告由當時西柏林最大的百貨公司 KaDeWe 釋出，大意是要應徵一名日本的女模特。有著獨特個性的陳平就是敢與眾不同，她毫不猶豫地寄去了十幾張彩色照片。之所以這樣做，是因為她每天上學要從這裡經過，有事沒事總要進去轉轉，便自然地喜歡上了這裡的富麗堂皇。這些對於陳平而言，是富有誘惑力的，就像不可或缺的愛情一樣。何況她手頭拮据，如果能在這裡面工作也不錯。

短暫的等待似乎很漫長，腦海裡也全是與應徵有關的事情。沒想到幾天後，竟然真的有了結果，她從眾多的參與者中脫穎而出。

意外到來的喜訊，有些像中了樂透的感覺，讓陳平不知所措，同時又多了幾分自信。一個喜歡撿破爛的女孩，突然要從孤獨中走出來，站在眾人面前去熱情推銷香水，不好意思總是難免的。但她還是想把這些事情用心做好，於是又陸續去了好幾個租借服裝的倉庫，接連換了好多身衣服後，才對一套淡紫色寬襟的「東方服裝」感到滿意。

這個時候，她就會到宿舍周圍的花園裡走走，看花開花落的禪意，用心地聞馨香的草木，或是採摘纍纍的果實。所有的一切都是美好的夢，真實得如同幻覺。也只有這個時候，她是快樂的，並不是憂鬱得不想飛翔的鳥，而是在水底來去自若的魚。

對於陳平來說，這樣的工作其實不複雜，她只需要每天微笑著站在商場門口，向來來往往的人推銷香水。起先還算有些意思，各式各樣的香水都可以玩味，像極了貴族手中把玩的物件。可慢慢地就覺得沒了意思，來往的人看多了，翻來覆去也就是這樣子，於是她對這份工作感到了乏味。

可是當她用十天時間賺了兩百美金的報酬時，似乎又不糾結於之前的種種想法了，而是在宿舍開懷大笑著，甚至對著鏡子自言自語：「人生得意須盡歡，莫使金樽空對月。天生我材必有用，千金散盡還復來。」

有時，陳平的心理讓人根本無法思索，一邊是恨不得把自己埋起來的羞愧，一邊又是無法言說的自豪。生活有苦有樂，學生們也並非全是壓抑的學習。夏天，男女生們相約著一起燒烤聚會，在歡快的音樂聲中放鬆心情，不少同學還會喝冰鎮啤酒來宣洩情緒。陳平也喜歡這樣的環境，她把這視為生活的餽贈，但更多時候只是開心地遠觀著。到了冬天，同學們又會別出心裁地想出別的辦法愉悅心靈。不論是在雪花飛舞中追逐，還是在童話的世界中漫談人生，都讓人覺得是在真正地享受人生。

記憶中，約根很少有空閒時間。即便空閒下來，也是「不肯將任何一分鐘給愛情的花前月下……有時我已經將一日的功課完全弄通會背，而且每一個音節和語調都正確，朋友就拿經濟政治類的報紙欄來叫我看，總而言之，約會也只是唸書，不講一句閒話更不可以笑的」。可以想像這樣的約會是多麼寡味，兩個人似乎更像是老師和學生的關係。

即使如此，對於一個女孩子來說，約會也還是幸福的。但實際上連這樣的約會也「不是每天都可以的，雖然同住在一個學校的宿舍圈，要等朋友將他的檯燈移到視窗，便是訊號——你可以過來一同讀書。而他的檯燈是夾在書桌上的那種，根本很少移到視窗打訊號」。如此一來，心高氣傲的陳平便生出許多想法，覺得在德國遠不如在西班牙過得有趣。對於所有這些，她只能是默默鼓勵自己堅持。

心一旦不自由，整個身體都覺得有了束縛。在她的理想中，與各種人的交際是應當快樂的。而熱戀時，應該彼此水乳交融才對，至少在精神方面，對方要能夠滿足自己。然而事與願違。

處於這般負重的狀態下，陳平想要不生病也不行了。在馬德里時，她只要有個風吹草動的變化，男孩子們就會成群結隊圍上來噓寒問暖，鮮花和禮物會源源不斷地送過來。身邊全是貼心的話語、親密的談心，可是現在，她只能孤零零地待在病房中，聞著消毒水度過這難耐的每一天。

不開心的時候總會想起往事。那個時候多麼美好，每天和喜歡的人一起漫遊、歌唱，或者去遠足，享受著清晨與傍晚的自由。可在這裡，愛情不過是個點綴。

雖然已經不期望約根會來看望自己，但木訥的他有時也會熱情地予以問候。讓人哭笑不得的是，這種問候的做法往往是將電話打給護理站，再透過護理師轉達給生病的陳平。真不明白是功課重要，還是關愛心上人重要。這些生硬的話一句句地進到她耳朵中，一字一句都讓她腸子都要悔青了。

這哪裡是在談戀愛，分明就是在敷衍了事。還有比這不可思議的事情，那就是各種嚴厲的批評。「將來你是要做外交官太太的，你這樣的德文，夠派什麼用場？連字都不會寫。」這樣的話無數次在說，她也一遍遍在聽，聽到最後連自信都要找不到了。

她不得不問自己，難道自己來西柏林就是為了委身於這位未來的外交官？應該不是的，至少她還是個有主見的人，即便眼下目不識丁也能生存下來。

既然這樣不聞不問，那還是用心來做自己的事情吧。對於已經習慣追趕夢想的陳平來說，她的偏執似乎更勝於男友。為了能熟練掌握一門語言，她也在不停地學習，像對待愛情一樣痴迷地追尋著，畢竟「德國人凡事認真實在，生活的情調相對地失去很多，我的課業重到好似天天被人用鞭子在背後追著打似的緊張，這使我非常不快樂，時間永遠不夠用，睡覺、吃飯、乘車都覺得一個生字在我後面咻咻地趕」。

時間對於陳平來說並不充裕，既然情感方面找不到依靠，還不如用心學業。要強的陳平不斷地給自己加壓，夜以繼日地抓緊時間學習，只為了能夠留在這個國度。

也不知從什麼時間開始，她已經沉醉到自我的世界裡不能自拔。學習無疑是枯燥的，整個過程猶如爬山一樣，要的是毅力和堅持。但也只有透過學習，才能不斷地開闊眼界，站得更高，走得更遠。

陳平用了不到九個月的時間，硬是取得了德文老師資格證書。這對反感學校的陳平來說，絕對是個了不起的成績；對於約根來說，這樣的收穫也是不可思議，畢竟陳平轉眼之間就可以在大學裡教授德文了。

直到拿到證書的那刻，她才慢慢地點燃了一支香菸。這張紙是有質感的，既代表了努力，也見證了能力。她從來沒有這麼放鬆過，就像從來沒有好好關心過自己一樣。她若有所思地抽了一大口菸，然後又在嘴裡含了一會兒，才緩緩地吐了出來。隨著菸圈從眼前漸漸散去，壓抑在心底的所有不快才少了許多。

相對於西班牙這座充滿著藝術氣息的城市，西柏林的生活消費水準要高出許多。雖然家裡也會不時地寄些生活費用，但倔強的陳平腦海中卻依然留存著黑麵包的記憶。這樣的生活雖然清貧，但她卻習以為常。也就是在這樣的生活條件下，陳平根本沒有心思去考慮愛情，更多的只是無助地坐在宿舍裡，望著外面的藍天白雲發呆，想起此前的許多往事來。

貧乏無聊的留學生活，讓陳平更為要強，就像舒凡曾經說過的一樣，她任何事情都在追求做到最好，就比如要畫一條直線這麼簡單的事，都會非常認真地畫得筆直。約根的生活態度，不斷地激發著她面對生活的勇氣，讓她在艱難的生活中樂觀地面對寂寞。

語言關過了，可功課未必每次都會如願。至少對於陳平來說，這是很尷尬的事。有次考試成績不理想，約根知道後並沒有安慰她，反而幾次數落她說：「你應該明白，這些題都是不該錯的。」

聽了這些話後，需要安慰的陳平著實無語了，感覺就像被人潑了盆冷水，不知道如何去面對這種現狀：「誰稀罕做外交官太太，從此你我各自生活，你就好好做你的白日夢去吧，壓根就別指望著我會嫁給你。」陳平滿臉羞愧地走遠了，內心卻發了狠誓。此刻，她真情願自己沒有取得任何的證書，也不會講一口道地道地的德語。

確實，當一個人無法擁有自己想要的東西時，唯一能做的就是忘記。陳平身在異鄉，孤苦伶仃地為生活四處奔波，內心有著太多的辛酸。尤其是傷心無助的時候，除了想家，只能無數次地用淚水打溼枕頭。這半年多的經歷，更是讓她對自己的前途喜憂參半。

真的是不容易，為了節省費用，她冬天裡都不願穿靴子。為了上學，她差不多每天都要早早起床，去修補那些破舊的鞋子。這些事她都不好意思跟同學說，也不願跟約根說，有雙鞋鞋底脫落不說，上面還磨了個大洞。出門時，她無奈要穿上兩雙毛襪，然後在上面套個塑膠袋子。為防止漏水，她還得在鞋子外面再套層塑膠袋子，才能確保鞋裡不溼。有時為了防止滑倒，還要在袋子上面綁上幾根皮筋。這些煩瑣的做法簡直無聊透了，為了不讓同學笑話，她在進校門時還得找個沒人處將那些東西取掉。

最為難捱的雨雪天氣，似乎一直都非常漫長，讓陳平的長褲經常溼乎乎的，好多人不解，而她也沒有辦法去解釋。只有回到宿舍那刻的心情是愉悅的，可以將整個身體趴在狹窄的暖氣管上。隨著熱氣逐漸上升，深入骨子裡的冰冷才漸漸被沖淡。

她帶著無比的傷感，甚至連寫信的心情都沒有。前途越發迷茫，只能一根接著一根地抽著菸。外面無比喧鬧，卻聽不到自己的笑聲，陳平的快樂似乎都消失在了無盡的煙霧之中。這煙霧讓陳平徹底墜入絕望的深淵。

痛苦，起先讓她對整個世界都抱有仇恨，可是慢慢地她變了，至少不會為這樣的仇恨折磨自己了。世事就是這樣，讓人覺得一切都是注定的。她感覺自己生活在水深火熱當中，反抗也沒有任何作用，難道生活就是這樣的嗎？望著遠處，她看不到絲毫的希望。

眼淚不停地在流，然而淚水是軟弱的，根本就喚不醒身邊視若無睹的人。深夜漫漫，煙霧繚繞，獨自躲在斗室裡哭泣的人，有著一顆無比孤獨的靈魂。陳平多麼希望能有父母的安慰，有親人的關愛，可滿腹的委屈只能用淚水來沖洗。雖然腦海裡無數次地浮現出他們的形象，然而幻想只能是幻想。

陳平來西柏林之前，日子過得有滋有味，恍若春天愜意的陽光，給人溫暖清新的感覺。可是來到了這裡後，一切都發生了變化。這段無聊的日子裡，除了學習，伴隨自己的就只有孤獨了。這種感覺像是茂盛的花草，時時在不斷地向上生長著。有人認為孤獨是可憐的，陳平以前也認同這樣的觀點，然而現在她又改變了想法，因為她能從無比嘈雜的環境中，獲取到屬於自己的平靜和自信。

這是多麼難能可貴。陳平明白了一個道理，那就是無論一段什麼樣的戀愛關係，都不如內心強大更重要。在這個世界上，只有內心強大，才能讓一個人真正自信。也只有不斷地失去，才會讓自己變得無所畏懼。

生活有進退，輸什麼也不能輸心情。

一點一滴的委屈累積著，既在不斷加大著彼此間情感的縫隙，也讓陳平的心情變得平和、豁達、寬容起來。愛情根本就不是強求能得到的，何必要在人生的路上患得患失呢？於是，生性浪漫的她用心收藏起所有屬於愛情的記憶，重新開始尋找屬於自己的幸福。

—指尖流沙—

陳平只能去逃避，好在時間能讓一切都慢慢沉澱。

又一個聖誕節即將來臨時，學校也早早放了假，同學們都陸續去各處旅遊，只有陳平獨自留在宿舍裡。

「書呆子」男朋友不懂浪漫，也不主動約她出去。外邊太冷，她著實無事可做，便蟲一樣懶懶地躺在被窩裡聽音樂。四處很靜，很適合沉思，心境隨著音樂在起伏。一個人孤零零的，彷彿被人遺棄了一樣，寂寞從窗外悄悄地蔓延進來，小小的宿舍中很快就變得沉重，似乎連僅有的一絲溫暖都要被淹沒了。

天氣有些冷，漸漸也覺得有些餓，陳平卻不願意爬起來，在飄渺的音樂聲中，所有的親近和熟悉都在變得遙遠。此時，她好像生活在另外一個時空中。

雖然大家都知道陳平有一個男朋友，可誰也不懂華麗衣著下包裹的那顆心。她的生活狀態，更是無人知曉。有人會說陳平風流，有人會說陳平多情，但實際上她對於約根的態度，更像母親一樣寬容。她一次又一次地選擇理解，但總歸也有感到心累的時候。當她實在無力控制自己的時候，便不顧一切地想要解除掉這種無形的約束，畢竟她心中更嚮往愛情的美好和自由，而不只是傻傻的等待。

一天的時間很短，短得剛睜開眼天就黑了，只有音樂還在繼續著，可是沒有人來找她。這樣的感覺有些酸澀，她不斷地強迫自己不要流出淚水來。有幾次她想起身，去外面的環境裡走走，哪怕讓冷風吹吹，至少可以讓自己更加清醒一些，但想歸想，身體依舊躺著沒動，相反還把被子裹緊了些。

窗外已經有了星星點點的火光，在嘈雜的聲音中閃爍著，整座城市也隨之晃動起來。陳平又揉了揉眼，火光便由模糊變得清晰，在外面暗黑的世界裡連成網，織成幕。

陳平想，這樣的夜又該如何過呢？夜色如剛沖泡的咖啡，在寂靜中逐漸加深著顏色，人卻是越發地清醒。

追隨，讓心高氣傲的她從西班牙飄洋過海來到西柏林。她幾乎放下了所有身段，來憧憬美好的姻緣，然而沒有想到的是，追隨只是一廂情願罷了。陳平不是個心胸狹窄的人，但她在床上翻來覆去睡不著時，悔恨一股腦兒全湧了出來。

一個女人如果愛上了一個男人，就會幻想占據對方的靈魂，否則她永遠都會覺得有些失落和空虛。而平日裡看起來軟弱無助的陳平，雖然沒有表現出強烈的占有慾望，並不代表她不珍惜這份情感。此時，她像極了洩氣的皮球，無聊地躺在床上，心中沒有一絲快樂，也不想任何人來打攪。對於她，一旦熱情降溫，那所有的慾望其實都在失望中熄滅了，否則這麼熱鬧的節日，也不會只剩下她一個人獨守宿舍了。

這樣獨處的時空中，她也不知道該想些什麼，只是兩眼盯著天花板發呆。她從未這樣認真過，似乎這裡面藏有著所有問題的答案。

就在這時，突然從外面傳來了敲門聲，不急不緩的聲音在空曠中遊走著，陳平先是一陣緊張，緊接著似花在剎那間怒放，喜悅突然從慘淡的面容上綻開，隱約發燙的感覺，讓她不由自主地用手趕緊來回撫摸了幾下，而後又掀開暖熱的被子，帶著迷失的感動下床去開門，嘴裡還忙不迭地問道：「誰啊？」

她的眼睛正在變活，變得更加富有生機和可愛，並且漸漸有了靈性。開啟門後，陳平的笑容僵住了，只不過這樣的夜色中不易讓人覺察到。

「要不要一起去旅行？」說話的是陳平的同學，一個普通得讓人平日裡想不起的人。

「要去哪裡？」心力交瘁的陳平依然對旅行有著別樣情愫。

「對面。」她用手指了指對面那堵高高的牆壁。

「東德？太好了。」這個時候她就像一個天真可愛的孩子，彷彿收到了對方遞過來的小禮物，鄭重其事地說道。

她所有的愁緒一掃而散，也顧不得禮節了，便開心地抱著對方不放。這表情中更多的是動人，經過漫長的冷落之後，陳平重新又有了期待，那感覺彷彿成熟的果實，瞬間飽滿得只想讓人採摘。搖身一變，這位至高無上的女神又復活了，至少此時忘記了心中所有的不快。

寒冷的日子裡，這位同學為她帶來了意外的快樂。就像迷路的人找不到路時，眼前突然出現了逃避壓力的通道，於是旅行就成了情感的慰藉。當她哼唱著歌曲收拾行李時，窗外的雪花也開始變得富有情趣，一瓣一瓣的冰冷不見了，朵朵聯結成渴望自由的心。

有時候，陳平的笑容溫厚，看了的人總是無法忘記。出門在外，面對的是各式各樣的經歷，需要解決各式各樣的問題。陳平必須要學會處理一切。現在好了，所有的憂鬱都隨著冷風而去，在昏暗的夜中融進了雪色。她用力地伸了伸懶腰，想驅趕所有的睏倦。

摸了摸身上僅有的零錢，想著即將穿越上面有著鐵絲網和瞭望塔的柏林牆時，她是快樂的。可以說，陳平是聽著雪的歌唱入眠的，她在夢裡又回到了臺北，父母還是那麼年輕，而她一直在笑，笑得無憂無慮。

第二天，兩人便迫不及待地上路了。雪依舊紛紛揚揚地下著，止不住的是彼此的談笑。

由於陳平的證件出了些問題，她們被攔在了門口，這意外的變故讓她意想不到，卻又不知如何辦理，兩個人頓時處於困惑之中。這時，她冥冥中感覺有雙動人而燃燒的眼睛出現了，她下意識地側了側身，盡量不去看他，關鍵也沒有心情去關注，一門心思全想著如何才能出境。

窗外的雪越發大了，地上已經堆積起厚厚的一層。附近的人不多，能夠見到的只是那些閃爍著燈光的房屋。柏林牆在雪中高聳著，承載著屬於一個民族的私有記憶。陳平很好奇，她和同學四處詢問著，想著盡快把事情解決，可是哪裡又會這麼簡單呢？

而那雙眼睛一直在注視著，似乎從來沒有移開。「那裡，有一個辦公室是玻璃大窗的，無論我如何在一拐一拐地繞圈子，總覺得有一雙眼睛，由窗內的辦公桌上直射出來，背上有如芒刺般地給盯著。有人在專注地看我，而我不敢也看回去。」過了好久，她終於大膽地轉過頭去，不遠處的一名軍官英氣逼人，剎那間就有了電，那分明就是一見鍾情的感覺。

其實從出門那刻起，陳平就執意要忘記約根，不論他以後會從事何樣高尚的職業。既然又要去結束一段難忘的情感，自然也不會再輕易動心。只是這個念頭還未遠去，這種感情如此快地就來到了，只是由於一個不可思議的眼神。她很驚詫，竟然會在一瞬間，就把一個人刻在心中無法忘記。

她焦急地踱著步伐，既是想緩解緊張的心情，又想著去除身上的寒意。大家都在忙著排隊辦理手續，只有她似乎無所事事。廣播不斷地響著，始終沒有聽到叫她的名字，她心中不禁思索起那讓人不解的情緣。

眼看著時光逝去，她的好心情也是逃遁不再，幾近絕望。她實在不想回到一個人的宿舍中，去重新體驗讓人要發瘋的孤單。

茫茫人海，一個生靈與一個生靈的相遇是千載一瞬。只見那個眼神逐漸動了起來，片刻工夫，帥氣的德國軍官來到了她身邊，她突然間不知如何是好，好想找個地方躲起來。「小姐，請問您需要幫助嗎？」

軍官的殷勤表現，讓無助的陳平一時變得語結，竟然半天說不出話來。

軍官嚴肅地看著她，也不在乎旁邊有人。

「我想出境旅遊，只是不放行。」陳平說著便掏出了護照。

她幾乎是帶著企求的眼神，用柔軟來博取同情。軍官熟練地接過一看，然後又還給了她。

「這本證件不可以出境。如果需要，我可以幫您辦理臨時的出境證。」然後就看著她，看得她神情慌亂，不知所措，只能將兩隻手來回地搓動著，以遮掩眼前的尷尬。

萍水相逢，默然相遇。

這個世界上，真的會有上天在安排一切？應該不會。無論是荷西，還是約根，總歸都會遠遠地離去。眼前這位軍官難道也是上天派來關照自己的？

不可能，她暗暗告誡自己。

風雪中的邂逅，讓她內心滋生了情愫。她有些異想天開，嘴角還露了淺淺的微笑。於是她毫不猶豫地跟著他朝拍照處走去。她不懂自己為何就聽從了他的建議，順從地跟在身後，溫順得如同一隻小貓。

兩人一前一後地走著，路似乎很長，更多的還是沉默。他的背影逐漸在她眼中高大雄偉起來，如同大山一般聳立著。那身得體的德式軍裝，更是充分展現出他完美挺拔下的冷峻與霸氣。不管怎麼說，一個不經意的眼神，已經讓陳平無力抵擋，和繳了械的士兵一樣。情愫就像融化的冰雪一樣，悄然地浸入心底，讓她只希望每次相遇都化為永恆。「我是一個美麗的女人，我知道，我笑，便如春花，必能感動人的——任他是誰。」對於陳平來說，她的浪漫、自由和多情，決定了她不可能只愛上一個人。沒辦法，自信如同縷縷春風，始終帶著傲然的心緒。

照相其實很快，她只是剛將額頭前的幾綹頭髮拂到腦後，兩手交叉放在腹前便結束了。攝像師見有軍官陪同，很隨和，也沒有怎麼去擺弄，隨著耀眼的鎂光燈閃了幾下，快照就打了出來。

軍官將照片拿在手中仔細端詳了一番，又對著陳平本人痴痴地看。她只能把這些當作對方的職責，任由其上下掃了個遍。讓她不解的是，軍官還將其中的一張照片坦然而自如地裝進上衣口袋，又輕輕地拍了拍，生怕沒有裝好。她想發問，卻又不自覺地制止了自己。

「你很美，是東方人吧？」對方那幽藍的眼睛，像是藏著許多祕密。軍官幫她付了照相的費用，而她眼睜睜地看著，不知道如何是好。陳平知道這絕非例行公事，心頭不禁一顫。這時，他含笑的眼神又望了過來。

他說話的聲音很輕，但一字一句十分清晰地傳入她的耳中。聲音充滿著男性的魅力，讓她只覺得天不再那麼冷，以至於衣服上的每朵花束都有著心跳一樣的呼吸。

「嗯嗯。」陳平接連點頭。含糊其詞的回答背後，是喜悅而又迷茫的心思。

他的皮靴擦得鋥亮，幾乎可以映出人來。每一步邁出去，就像一面面的鏡子在行進。陳平看得有些想笑，卻又不能出聲，以往的理直氣壯全然不在了。

大廳裡擠滿了腦袋，熱烘烘的氣息讓人頭暈。大家都在排著隊，軍官也沒有再說什麼，也沒有利用手中的特權，只是默默站在她身邊，守護神一樣。陳平心裡漾起陣陣暖意來，連旁邊陪伴的同學也看得有些嫉妒，眼神中分明有著太多疑惑。

風夾雜著雪花，一直停不下來，那幾近瘋狂的模樣，讓大廳裡的人都不住地裹緊衣服。陳平重新獲得了快樂，只因一個眼神而起。之前也有過這種體會，她知道這是迷戀，或許是帥氣的長相，或許是因為對方帶著溫度的身體。所有的渴望都壓抑在心底，沒有肆意地表現出來，她享受著新鮮的愉悅，只要一想起來就忍不住內心的激越。

四處全是說話的嘈雜聲，陳平卻可以聽到心臟怦怦的跳動聲，她不再有此前那麼迫切的出境想法了，而是突然希望時間能夠停下來，讓兩個人就這般站立著、對望著。直到現在她才明白，要相信那個人向你走來時，他一定會帶給你美麗的愛情，你要做的只是在那個人出現前，好好照顧自己。

現在等到了。她情緒有些迷亂，說不清這是種什麼樣的感覺。反正，當她找到他的眼睛時，他的眼睛早已經在等著她了，一切就像雪落大地那般自然。這一次，她終於很自然地看了看這位軍官，也沒有表現出太多的驚慌失措來。

陳平在試圖接受這個陌生男人。一想到德國軍官，她就如同成癮般，想著要是一直能夠看下去該有多好。就連他手背上突起的血管她也注意到了，覺得那彰顯著力量。

軍官一直很鎮定，他並沒有表現出任何的慌張來。先是假裝不經意整了整身體，而後才用善意的目光來迎接她。兩個人就這樣對望著，不在意身邊隊伍的流動。

「人生中，總是會有那麼一個人，他是陌生的，卻又是熟悉的。但是他又是真實的，就那麼站在那裡，淡淡的一眼相望，便令人想在他眸子裡甜蜜沉醉。」陳平完全忘記了自己因何出行，她所有的心思全都交給了這位軍官，直至拿到臨時通行證時，才算從沉浸中回過神來。

也不知道誰吸引了誰，兩人只是用心在接近著對方。有時候，她真希望那雙睿智的眼睛，能洞穿一切世俗的力量。她靈魂的最深處，竟然遍溢著對於愛情的渴望和對於生活的熱情。只是這不到一天的短暫接觸，把所有的感覺都裝扮得夢幻一般。他的面容、聲音，甚至每一個細節就這樣銘刻在了心中。

德國軍官帶著喜悅的神情，十分不捨地把陳平送出大廳。新的一段旅程從雪色中開始了，走了好久回頭去看，他依然站在那裡不動。難道他就是自己始終找尋的「白馬王子」？這樣的情景讓她更加不安起來。直到穿過由一隊軍人把守警戒的工事，她還期望著能夠再次相逢。

高牆後面又是另一幅情景。雖然處處可見到廢墟，但高貴雅緻的建築卻在雪色中彰顯著悠久的歷史。一座連著一座的氣派建築，讓人彷彿要穿越到歷史的長廊中。在一座金碧輝煌的教堂前，陳平又想到了那位英俊的軍官，情緒也隨之興奮起來。

明月不諳離恨苦，斜光到曉穿朱戶。排得滿滿的旅程中，竟然還會有時間來思念一個陌生的人？陳平知道自己多情了，卻又說不出原因來，只是又一次深深地體會到了牽掛的滋味。思念讓人胡思亂想，也讓心情失落於無邊的期待中。

所有的記憶還寫不滿一頁紙，撩起的卻是說不清道不明的幽思，就像林黛玉思賈寶玉。問世間，情為何物，直教生死相許？她腦海中全是軍官的影子、聲音以及他富有男人味的沉默。曾經以為這些情感會被風雪淹沒，卻沒想到像亂草一樣長滿了心房。蒼白的思念是無力的，也是無法用語言表達的，就算是同學問起，她也都假裝著笑臉應付過去。陳平陷入不可名狀的思念。一個人在雪地中來回走著，她對漫天飛雪深情呼喚，希望能夠再次見到這個人。過了一會，她又神經質地安慰自己，說些得之我幸，失之我命，一切順其自然的話。

時間就是這樣流逝著，雪也在不斷地變厚。只要想起那句「你真美」的話來，她就只想立即結束旅行，趕緊去見到那位英俊的夢中人。都說旅行是最好的療傷手段，但實際上這次外出並沒有領略到風景的獨特，因為她的心思早留在了邊境大廳。

前世的五百次回眸才換來今生的擦肩而過。如果真的如此，那陳平願意用一萬次的顧盼來換取與他的不期而遇。旅行結束，陳平穿過柏林牆走向關口。

距離邊境愈近，陳平心中愈加慌亂，眼神也變得虛無縹緲起來，突然間不像是那個勇於獨自行走的人，舉手投足中充滿痴情。

那迷人的眸光，突然定格了。站在關口的正是她想見到的德國軍官。撥散雲霧之後的怦然心動，讓記憶一下子成了現實。她的慌張變成了笑容，又成為害羞。

遠遠地看到陳平後，那人便快步朝她走過來，就像早已約定好了一樣。最讓人感到緊張的是，他什麼也沒有說，只是輕輕伸手拉住她。頓時，一股暖流洋溢心間，把所有的不安和焦慮都拂散開來。就在此前，她有種幾近於瘋狂的感覺，努力地想要讓自己靜下來，卻躁動不安。也說不清楚，到底是什麼在作祟，以至於她想衝到風雪大作的天氣中去擺脫它。不安，終就因著軍官的出現，變得平靜了許多。

陳平如願地遇見了德國軍官。

那雙深邃的眼神如海一樣，讓人看後會生出諸多的好奇。陳平就彷彿被電擊了一下，短暫接觸的那些畫面歷歷在目。她只覺得自己手心在出汗，潮潮的，黏黏的。

她沒有太多思索，毅然接受了這樣的姿勢，兩人頓時就像一對情意綿綿的情侶。旁邊的人都對這公示眷戀般的人兒投來了羨慕的目光，就連執行任務的士兵也在不斷地致著禮。

雪的映照下，陳平的臉色沒有了之前冰冷的蒼白，反而添了些紅暈，滿滿的都是香豔。她讓自己完全投入了美妙的想像中，根本沒時間在乎那些散亂的眼光。

這段路似乎是通向幸福的，讓她根本就不想回頭。此時，她就是天地間最高傲的公主，誰也無法阻止她沉醉於情感的步伐。

兩個人沒有說話，只是緩緩往前走著，內心卻洶湧著無比的激情。有好幾次，陳平想找個話題打破這種尷尬，一時間卻又找不到任何切入的語言。她安慰自己，多麼愜意的配合啊，真是此時無聲勝有聲，至少彼此是懂得的。

紅塵陌上

來到了關口處，排隊等車的人很多，攜帶著大包小包的行李。有人上了車，有人從車上下來，車輛穿梭在混亂的人群中。看著看著，心裡就亂成了一團麻。陳平平時沒有密集恐懼症，只是她不習慣這樣的別離。

天色還沒有完全暗下來，最後一班車來了。車越開越近，讓陳平的好心情也變得越發難耐起來，這是一種說不出口的感覺，讓沉重壓抑在心間徘徊著。她知道，縱然有著千萬般的不捨，他們也必須要分開了。

相連的手臂終於像退潮的海水，慢慢地從彼此的腰間落下，那一刻真如刀割斧砍。當兩隻溫熱的手指，再度輕微地碰觸到一起時，兩人都似乎有過電般的感覺，接著便緊緊地握在一起，暖意瞬間傳遍全身。她突然不顧一切地轉身撲到他寬大的懷中。

這只是所有分別中的一種形式，對兩人來說卻是永世難忘的記憶。絲絲縷縷的留戀在膨脹著，讓她只想在夢裡不要醒來。

他只是用手輕輕地拍她的背，就好像父親在細緻地呵護著孩子。那隻手一起一落之間，撫順了陳平散亂的心思。伏在他懷中，淚水又不爭氣地流了出來，溼了長長的睫毛，又溼了俊秀的臉頰。這樣的淚水，分明是夏日裡的太陽雨，雨中有著陽光的照耀。

那雙大手過來，溫柔地為她拭去淚水。

「走吧，要不就沒車了。」悄悄是別離的笙簫。

「沒有上車，他不肯離去。就這麼對著、僵著、抖著，站到看不清他的臉，除了那雙眼睛。」陳平有許多話想說出，可看著不斷上車的遊客又沒了思緒，恍惚中只覺得他在推自己。而她也開始隨著人群動起來。沒有了擁抱，冷風吹過來，頭髮和衣服很快就散亂了，她無法按捺心中的激動，停住腳步猛地抓起他的手放在胸前：「你跟我走吧？」眼光再度與他交纏，反正是不想活了，不想活了，不想活了，不想活了……

塵世繁華，人對於情感的渴求，對於愛的嚮往，都是與生俱來的。話雖然說得不輕不重，卻飽含著陳平起伏的情緒，她的臉色又不由得地紅起來，眼神堅毅得不容置疑。

德國軍官只能搖頭，算是對她的答覆。其實又能說些什麼呢？他手部的力量卻是更加重了，疼得直往她心裡鑽。她也明白，德國軍官是不會走的，他只能將自己送到這裡了。

淚立即奔湧而出，既然找不到堅持下去的理由，那麼就找一個重新開始的理由。雖然說一段情在這裡就要結束了，但相聚卻是幸福的。痴迷的眼神在漸漸變遠，在漫天飛舞的雪花裡再也看不到生命的期待與盼望了。

人世間，離別最苦。看似短暫的分別，實際上卻是永恆的銘記。其實，陳平已為這場分手設想了無數種的結尾，最終還是後悔沒有勇於衝上去吻他。如果可以重新來過，就吻上個無數遍，因為她知道今生今世再也不會相見了。「怎麼上車的不記得了。風很大，也急，我吊在車子踩腳板外急速地被帶離。那雙眼睛裡面是一種不能解不能說不知前生是什麼關係的一個謎和痛。」

煙火很美，卻是瞬間。這段不期而遇的情感，除了暖暖的深情外，還有著青春的美麗和浪漫。既然情感注定只能這樣，也用不著來哀嘆難以操縱的命運。

「告訴我地址，我寫信給你。」說出這句話時，她明顯感到自己急切的聲音中是無力、是軟弱、是祈求。軍官並沒有聞聲而動，只是默默地站著。

不散的情緣下，車還是開動了。陳平不停地揮動著手臂，任雪花一片片地落在上面。她急得跳車的心有了，只想著能留下來永遠陪伴德國軍官。車很快就消失在了風雪中，送行的那位也成了深刻在心中的記憶。

好在還有時間和眼淚，能夠將內心的所有困惑沖淡。人生就是這樣，總有著諸多無法說明白的事情，如果能將纍纍傷痕視為生命的暖意，哪怕再多次的分離，也終將是令內心快樂的泉源。

柏林牆被風雪遮掩得嚴嚴實實，陳平絕望地癱靠在同學身上，渾身沒有絲毫力氣，只能眼睜睜地與心愛的人漸行漸遠。

一個流浪的落腳點又成了地圖上的標記。情感，給了陳平太多的隱痛，讓她不敢輕易地去碰觸。她有著滿腔的熱情，又擔心愛得太過於沉重，不能相伴至老。現在，她又因為情感開始困惑。轉身就是一生一世，要用一輩子來忘記一個人，又該是怎樣的絕望與傷痛呢？一個人一生中可能會愛上許多人，不需要承諾，也不需要解釋，就當每次都是全新的開始。

當「書呆子」約根想起陳平的時候，她還在返程中糾結著。淚水模糊了雙眼，眼前的一切都看不清楚。除了無法讓她割捨掉的情感外，還有再也回不去的從前。車內的音樂喧鬧著，她只想靜靜地休息。

車距離學校很近了，約根的形象才從腦海中浮現出來。這真是個無比紛亂的世界，誰又能夠用一顆平常心來面對這一切呢？

一分鐘就可以讓一個人心動，一小時能夠喜歡上一個人，一天能夠愛上一個人，可是忘記卻要用漫長的一生。就是這個約根，雖然全身心都投入學習中，可是要忘記也不是撕碎一張紙那麼簡單。

這個聖誕節是幸福的，也是無聊的。尤其當陳平有了小心事之後，更是變得心緒不寧，她突發奇想要離開這個地方，重新去另外的國度。說做就做，是她一貫的性格，她很快寫信與父母進行了溝通，打算去芝加哥留學。

父母對於陳平的作為從來沒有過任何干涉，只是叮囑她出門在外照顧好自己。這時，她與約根的關係，也只是等待著見面說分手了。

約根全然不知，完全沉浸在學習的樂趣中。這個聖誕節，他一直在書海中苦讀，自然也想不起問候陳平。

女人是敏感的動物，之所以會提出分手，有時只是想知道對方到底愛不愛她，或者能不能多愛她一些。等約根知道陳平要離開的消息時，驚慌得扔了書本就直接來找她。此時，她已經收拾好了簡單的行李，正心平氣和地等著他到來。

「你不是要做外交官太太嗎？」約根一急，說話也不連貫了，漲得滿臉通紅，眼神中還帶著諸多的不解。

多愁善感的陳平沒有吱聲。

對於一個熱衷於情感生活的人來說，她怎麼會喜歡這樣一個木訥的人呢？至於外交官太太的身分，壓根對她沒有任何的吸引力。

「真的要走嗎？」約根說話時身體顫抖著。他是多麼喜歡這位東方女孩啊，以至於好多次在夢裡相知相遇，可每次醒來考慮最多的還是書本。為了能夠成為外交官，他把所有的精力都傾注在功課上面。可給予不了對方關愛和情感，誰又願意去面對這樣的單相思呢？別人說的愛情悲劇，終於降臨在陳平的生命裡。如果今生沒有遇見，也就沒有今天的結局。

1970年的春天，約根依依不捨地送陳平去機場。風依然還是那麼冷，冷得讓人想哭。可是哭又有什麼用呢？「等我做了領事，嫁給我好不好？我可以等。」直到此時，他也不去總結愛情失敗的原因，還在用自己未來的職業給她以承諾。

愛到底是個什麼東西，總是充滿心酸和痛苦？約根傷心的是無法把握住手心的愛，就像手捧精美的陶瓷不留神就會從手中脫落，亦如掌心的流沙，越想緊握它流失得越快。但即便他不願意放棄也沒有辦法，只能看著她慢慢離去。

約根是真誠的，他實在不忍心陳平就這樣離去，可是他又沒有辦法能夠讓她留下來。情感上的糾纏和疲憊，讓陳平失望太深，留給兩人的只有苦澀的愛。

揮手自茲去，蕭蕭班馬鳴。短短的時間內，陳平又一次感受到分別的痛苦，畢竟是處了這麼久的朋友，今生今世注定不能再見。面對著遲到的求婚，她只是沮喪地拖著大皮箱往前走，有種「執手相看淚眼，竟無語凝噎」的無奈。為什麼要讓人心底有了一道暗傷後才說這些呢？愛情本來就不是買賣，不需要背負任何良心的債務，她不恨約根，相反還喜歡他的上進，只是面對這一點點耗盡的愛，她覺得沒有必要再進行下去。

「好好保重自己。祝福一切都好。」陳平開始朝著飛機的舷梯走去。約根不願鬆手，只好垂頭喪氣地跟在後面。對她而言，所謂的愛情就該充滿著情調、浪漫和個性。她可以身無分文，卻無法忍受沒有愛情。這些不為約根所知。

早在十三歲時，小陳平就經常跟著家人乘坐漁船去往琉球島玩。她實在太喜歡海上的風浪，似乎帶著腥味的海水拍打在身上都是一種享受。

有一次，她在東港遇見了一名軍校學生，兩人一見如故，聊得十分投緣。為了不失去這緣分，她竟然騙對方說自己十六歲。這個年齡的孩子，多處於懵懂的階段，哪裡懂得什麼是愛情？然而她卻迸發出了情感的火花，以笨拙的方式表達著內心的激情。等真正長到了十六歲，她的男朋友們便鋪天蓋地地湧現出來了，也不知道這些男孩子衝著什麼來的，而她便經常要求他們接送，每次來家裡，還會向父母一一細緻介紹，不厭其煩。

「我不管這件事有沒有結局，過程就是結局，讓我盡情地去，一切後果，都是成長的經歷。」一對曾經的戀人，突然就要以這樣的方式來面對離別，他們沒有嚎啕大哭，卻都把情緒深藏在心底。從此，只有牽掛和記憶，再無一起相處的歡愉。其實從臺北去西班牙時，她也是為了要和心愛的舒凡待在一起，最終沒有得到挽留。現在這樣的情景又重新演繹了一遍，不同的是約根在苦苦挽留自己。

其實，有些人根本就留不住。這些經歷在不斷地折磨著陳平，讓她嘗盡人生的痛苦。在這段心智成熟的旅程中，陳平在逐漸明白人生的真諦。不是說眾生皆苦嗎？人生不可能沒有煩惱，也不可能沒有痛苦，但如何不為痛苦束縛、如何戰勝痛苦，這才是當下最重要的，也是成長的意義。

這個時候，約根仍然在苦苦哀求著她，希望透過這樣的方式來挽留那顆桀驁不馴的心。然而，在她看來，這只不過是一種冷漠無情的表演，不斷加劇著彼此分手的速度。可是這個書呆子卻不明白這個道理，他哪裡知道愛情是乞求不來的。

陳平毅然決然地走了，不帶走一片雲彩。或許她內心中也會有觸動，也會有內疚，但還是把所有的夢想都傾注在前行的路上。時光如幕，好多年很快就過去了。約根終於實現了自己的夢想，也艱難地踐行著曾經的諾言。誰也不會相信，包括陳平，他為此用心等了二十二年。

人的一生有多少個二十二年可以等待？當記者慕名去採訪他時，這位已不年輕的外交官臉上的表情在不停地變化著。他若有所思地拿出兩人相處時的許多信物，一件一件地訴說著美好的往事。近乎瘋狂的堅守，真的是讓人無比感動。若是陳平在天有知，相信這位率性而簡單的女子，必有著說不盡寫不完的愛戀。

總之，陳平的獨行之旅又開始了。

對於愛情，她就像一個貪婪的人，只想把一切據為所有。機艙裡很靜，非常適合思考。窗外流動著的是藍天白雲，一會兒是萬馬齊奔，一會兒是山水奇觀，一會兒又是霞光萬道，讓人不知在仙境還是在人間。

臨行之前，陳平還和居住在美國的兩位堂兄細緻交流過，但他們卻希望她留在德國，擔心她來了美國後沒有一技之長，很難在這裡生存。喜歡探尋未知的陳平才不會去管這些，別人能夠活下來，自己當然也可以活得很好。

無奈之下，堂兄們也只能由著這個天怕地不怕的小妹。歲月極美，在於它必然的流逝。陳平眼中，只有這樣不停地行走，才能領略到人生的極美。

誰也不曾想到，陳平來到了芝加哥伊利諾伊大學後，自作主張申請了主修陶瓷專業。從美術到哲學，再到陶瓷，這些專業跨度大得不可思議。

天涯尋夢，她到底在尋找什麼呢？不管怎麼說，這樣的選擇有著太多令人費解的地方。可陳平偏偏這樣做了，而且是做得有聲有色。「當年的那間畫室，將一個不願開口，不會走路，也不能握筆，更不關心自己是否美麗的少年，滋潤灌溉成了夏日第一朵玫瑰。」或許她真的是喜歡沉浸在復古的紋理中，用簡單來繪製幸福；或許是為了提高欣賞能力，豐富創作的靈感。

傳統陶瓷藝術肇始於中國，尤見裝飾匠心。無論是刻鏤、堆貼、模印，釉色等，都彰顯著陶瓷藝術的個性。傳至世界各地後，又陸續衍生出不同的特色來。陳平在美國學習陶瓷專業，更多的是想了解素描、色彩，以及陶瓷的造型、製造工藝，深入研究陶瓷的藝術史、藝術理論等。

汪曾祺曾說，生活中，一定要愛著點什麼，它讓我們變得堅韌、寬容，充盈。所以對於陳平來說，這人世間，有些路是非要一個人去感受的。她除了探尋陌生世界之外，其實更多的還是在逃避。一個不能缺少情感滋潤的女子，德國枯燥無味的生活，早已讓她生命的底色不再絢爛多彩。與其這樣，還不如換個陌生的環境重新開始。

從此後陳平的足跡來看，她所到的每一處地方，都寄託著不同的情感。無論是迷茫還是開心，無論是探究還是研習，她始終都在為簡單的生命本質努力著。

在這樣的心情下，陳平又重新步入大學生活中。自上次大鬧過宿舍之後，她已經對這個群居的地方有了特別的免疫。這次的學生宿舍又是委託朋友找的，室友們在學習上十分用功，尤其是聽說陳平從亞洲來這裡進修，更是對她有了別樣的好感。

凡俗紅顏

這是一個全新的環境。

風吹來的感覺是溫柔的，像極了女孩的手，不停地撫摸著她忐忑不安的心。陳平用心感受著這裡的一切。綠色的植物夾雜在參差不齊的建築群落中，宛若一幅幅漂亮的畫卷。

坐在窗前看來來往往的人，大家都在忙碌著。路邊的花在開放著，各色的花把這裡點綴得勝似花園。除了樹還是樹，綠波蕩漾著，蔚為壯觀。藍的天、白的雲、紅的花，本該有個好心情才對，但這次卻意外地沒有讓陳平如願以償，還發生了一件意想不到的事情。

自從搬到集體宿舍後，陳平尤其注意周圍的環境，無論是平時的學習，還是與同學交流，她都盡量不影響室友。這樣的想法本來沒錯，但未必會得到對方的理解。住她對面的室友面容秀氣，做事十分俐落，每晚學習總會到深夜。可能要忙畢業設計，那臺打字機總是響個不停。其他室友不去說，陳平也不好意思去提醒對方，常常用紙塞著耳朵。好不容易等她休息了，才昏昏沉沉再爬起來念書。

時間差讓陳平顯得十分疲憊，每天上課時總不在狀態，病懨懨的樣子連自己也不喜歡。她也試圖用各種辦法來調整，可一時半會兒無法找到更好的辦法，又想著要彼此間相安無事，便委屈著自己，畢竟同學間的相處就是這樣。

可這樣的忍讓換回的並不是感激，而是室友的得寸進尺。這也是陳平所沒有想到的。

有天中午，陳平放棄了休息正在讀書，那位外表光鮮、學習用功的同學惱火地過來找陳平，說檯燈的光讓人無法入睡。這些天來，她一直對陳平冷眼相待，製造出讓人緊張的氣氛，似乎所有人都得順著她才對。

說到檯燈的光，陳平真的是要無語了。因為害怕影響到室友休息，她特意用簾子將那個小檯燈裹了幾遍，卻沒想到這微弱的光會讓室友如此不滿。

聽到這些指責，陳平心中頓時升起一股火氣。面對這尖酸刻薄，她最終還是大度地關了燈，然後轉身把那位同學一個人留在了身後。這件事後，陳平明白了一個為人處世的道理。大學就是一個小社會，所有人都來自天南海北，生活習慣、家庭條件各不相同，彼此間除了不斷磨合外，還得有顆寬容的心。室友之間的關係達不到朋友的純粹，一味地忍讓並不能換來友好。

從此，她不再顧忌那位同學的眼神，也不在乎她的冷遇。陳平彷彿成熟了許多，她的冷靜連她自己都感到吃驚。是啊，外面這麼自在，何必在乎這些瑣碎的事情呢？只要內心不亂，誰也無法改變自己的想法。

不論是悲是喜，不論是動是靜，成長就像一首歌，一首簡單而又動聽的歌，隨著歲月的流逝，每一個人都在長大。

若是這樣來評價，似乎也有失偏頗。檯燈事件後沒多久，陳平喜歡上了飯後散步，一個人若有所思地走著，可以天馬行空地想像。這樣的感覺是美好的，徜徉在樹木花草之中，一時間可以忘記許多的不快和煩惱。

這天飯後，夕陽不知不覺已經變得與樓一般高了，淡然的光輝也越來越暗。陳平一個人行走在校園中，突然一個人從身後走了過來，嚇得她險些摔倒在地上。

「你是誰？」她說話的語調也變了樣。

「對不起，來，這個給你。」那人伸手從地上拔起了一叢小草，鄭重其事地遞給了她。

一堆堆的問號出現在她眼前，不待她細細思量，對方卻說話了。「希望你每天都和小草一樣微笑。快樂最重要。」那個男生說話語氣不輕不重，聽後卻很受用。多少時日以來，她最想聽到的就是這些話了，尤其是有人借這種場合，將自己的情意和盤托出。那是非常有趣的，他就那麼說著，看似沒有觸控你，卻好像進入你的心裡。

小草雖然微不足道，卻能帶來整個春天。多麼動聽的話啊，讓她在異鄉突然有了溫暖的感覺。這樣的禮物是普通的、應景的，也是分外別緻的。

不論怎麼說，那天的感覺是美好的。至於彼此有沒有談情說愛都不重要，哪怕是輕描淡寫說些學校裡的生活感受，也同樣值得記憶，因為有人在關注著她，雖然他們從此再也沒有見過。

生活總是充滿不可思議，那個連面目也沒有看清的男孩，在臨走時用手拍了拍她的臉，又故意地弄亂她的髮型，然後就消失在了黑夜中。她是受用的，開心的。回到宿舍後，她都不敢相信遇見的是一個人，室友們也不明白她手裡為何還緊緊地握著一叢草。難得的快樂映在臉上，不常見的笑容足以照亮生活。

慢慢地，大家就知道了一個叫陳平的亞洲女孩，溫柔細膩，還喜歡用文字來表達自己的情緒。於是，不少男孩便來約她出去，她喜歡交友，總是會放下手中的功課，一起去喝咖啡、吃甜餅，有時也會去很遠的地方。當然，大家只是朋友，至少這個時候她不想再去談戀愛。作為一個習慣了獨行的人，現在這麼多的人來陪自己，又為何不去享受當下呢？為何不去珍惜人生中美好的情感呢？她沒有太多的想法，只想博得歡愉罷了。

堂兄只怕小妹在外孤單無助，很快又為她介紹了一位朋友。兩人聊了沒有多久，陳平知道他是這所大學的一位從事化學研究的博士，雖然說不上一見如故，卻也有著共同的語言和說不完的話。

幾次接觸之後，博士不由自主地喜歡上了陳平。每天都會送來豐盛的食品。有時是蛋和三明治，有時是主食和水果。似乎他就是一個神奇的魔術師，不停地為心愛的人變換著花樣。陳平看在眼裡，吃在嘴裡，可她什麼也不說。

博士似乎並不期待她的感謝，只是盡心盡力忙碌著。但是，當他的眼神和她相逢時，流露出的卻是滿足。

毫無疑問，他的心裡已經有了她的位置。這樣的每一天都是快樂的，也充滿著期待，尤其是精緻的食品，讓她逐漸忘記濃濃的思鄉之情。而這樣樸實的舉動之中，透著一種別樣的愛戀。雖然沒有用太多的言語來表達，卻明顯超過了那個不諳人情的約根。

他看似乎靜卻又帶著真情的眼神裡，還有著一種不易覺察的驕傲。從外在來看，他永遠都是那麼普通，野花野草一樣不起眼。但是細細玩味，卻發現這樣的普通中帶著喜悅，那是精神占有後的滿足，只要有人注意，就會毫不猶豫地瀰漫。陳平無意中看過一兩次，她為這個眼神就愧疚起來，以至於有些六神無主。

在這樣的處境中，她覺得自己的靈魂在逐漸沉重，有著一種逐步蔓延開的冷漠和空虛。這些感覺類似於破敗的建築、枯死的樹葉，在不斷地積聚著。自落腳芝加哥後，約根也陸續地寄過幾封信來，上面的內容多是思念和表白，以及沒有珍惜那些機會的後悔。他坦言自己錯過了人生中最美好的愛情，到頭來剩下了他一個人面對寒窗。陳平也會一字一字地讀完這些信，可讀過之後只能束之高閣，任這些情思成為記憶。

時間可以見證這段不好不壞的情感。一切都是空虛的，唯一的真實就是空虛。這段人生的過往留下的，或許會是些記憶，或許會是些感慨。對於陳平來說，各式各樣的記憶真的是太多了，她需要有選擇地去面對。

有時候，陳平也會將這件往事拿出來細細咀嚼，卻不清楚到底是哪裡出了問題。約根愛讀書是眾所周知的，他們間的相處十分真誠。異地他鄉，能有個堅實的依靠也算不錯，但這樣的依靠著實讓人心酸，不能滿足她對於情感的需求。也就在那段時間裡，她迅速地成長著，要努力成為別人的依靠。也就是說，她從一個靠命運來指引的人，突然要成為一個為自己而活著的人。約根的好處在於不喜歡炫耀，與周圍那些追求者比起來，他可能不夠機靈、圓滑，但他並不會為了炫耀而去博得別人的歡心。

陳平人緣不錯，或許是笑起來有種不可阻擋的魔力。也是奇怪，凡她去過的地方都會有人前來照顧。不論是一束紫色的花，還是帶著欣喜的問候，這樣的待遇既滿足了女孩的虛榮，也不斷滋長著她的自信。這樣的感覺是令人迷醉的，甚至深入到骨髓中去。

在陳平眼裡，實實在在的博士無疑值得人信賴。他每天都會按時來，看她細嚼慢嚥結束後，又會親自動手來收拾殘局。有時她是迷醉的，想著若是他日後成了自己的老公，絕對是個可以依靠的戀家暖男。那一刻，她是完全鍾情於他的，而博士也是可以感覺到的。

天氣一天比一天涼了。為了享受這秋日的時光，陳平總是喜歡在草木叢中行走。她有一種極其想下筆創作的衝動，煩躁、不安，甚至還有些渴望。這時候，她就希望陽光能一直這樣暖暖的，有時又希望能快些起霧，好讓所有的現實都成為夢幻。她情願被霧緊緊包裹著，什麼也不用去想，就像享受著一個男人的呵護。只有在這時，她才是真正地寂寞。對於情感她太清楚，可她從來不會去挑明這種關係，除非她真的心動了。

現在，她只是對面前的食品大快朵頤。這是陳平的聰明之處，也是她眼下的糾結。

博士似乎很喜歡看她吃東西，總是看得有滋有味，這種感覺很曖昧。一雙青蔥白玉似的小手，一起一落地遊走在這些食物之間，彷彿不是在吃飯，而是在做精緻的研究。博士看得發痴。他不住地對自己說，為什麼不去求婚呢？有什麼理由不去結婚呢？世間哪裡會有這樣的天生一對。

為了能見到她，博士也會動些心思，邀請她去吃大餐。

昏黃幽暗的燈下，悠揚的音樂在歡快的情緒中流淌著，周圍的情侶們也都營造著卿卿我我的氛圍，讓人感覺到了無比的幸福和愜意。這應該是一天中最為快樂的時光，彼此在浪漫中消除疲倦，感受著春意盎然。記得最深的還是那次，他突然在起身時，用紙巾為她輕輕地拭去嘴角的湯汁，那感覺就像大哥哥對小妹妹一樣。雖然不由得發了愣，可陳平內心深處卻是快樂的。

一曲一歌，一夢一生。從某種程度上來說，美味的菜和美味的夢是相同的。屈指數來，陳平已歷經過不少的戀情，她對於這樣的表達實在是看得太過於清楚了，卻又遲遲不好意思開口去傷及他的情感。也就是說，陳平並沒有真的動心。

在這之前，堂哥先後幾次打電話給她，不厭其煩地說同學如何好，要抓住難得的機會，莫要錯過了這麼踏實的人。陳平只是「嗯嗯」地附和著，心中卻又不願意這樣妥協，尤其是對於自己的愛情，她不願意將自己活成別人的那種模樣。

堂哥在電話裡急了：「你到底要一個賺多少錢的丈夫？」

「看得不順眼的話，千萬富翁也不嫁；看得中意，億萬富翁也嫁。」

「說來說去的，你總想嫁有錢的。」

「也有例外的時候。」陳平說這些話的時候，不經意地嘆息道。後來這話，她又原封不動地說給了大鬍子荷西。

就在博士追求陳平的時候，她在大學圖書館找了份工作以補給日用。家裡幾次要寄錢給她，都被她委婉地拒絕了，博士也想要接濟她，同樣遭到了拒絕。這在他看來，卻是種特別的性格，更加充滿魅力，讓他更加興奮，感覺自己的選擇和追求是正確的，心中就像有著熾熱的情慾。

圖書館的工作忙亂而煩瑣，好像永遠都有著做不完的工作。好在這裡是安靜的，暫時沒有人會來打擾，可以一邊工作，一邊想些自己的事。結果陳平還是鬧了不少放錯書、蓋錯書的笑話。

有天下午，博士又帶著食品來到了圖書館。正當陳平吃得有滋有味的時候，他突然開口了。

「現在我照顧你，等哪一天你肯開始下廚煮飯給我和我們的孩子吃呢？」一句話差點沒把陳平噎住，她過了老半天才算回過神來。

其實，生活中追求博士的人不在少數，好多女同學就喜歡他的實在，可他卻死心塌地戀著陳平，就是不願意捨棄。

接下來的日子裡，兩人就這樣一如既往地相處著。而博士知道沒有希望，也不再說那樣的話，還是堅持送飯給她，直到她決心要離開美國。

陳平做出這個決定，更多的還是因為思鄉，在外漂泊的日子裡，她無數次在夢裡見到父母和親人，一個人的生活確實太孤苦，尤其是來到美國後，她並沒有因為新環境而改變心情，相反，那些接踵而至的追隨者讓她對愛情越發地迷茫、排斥。

博士知道後，幾乎一夜未眠，他並沒有為自己的付出感到後悔，還是帶著笑容送她到了機場。分手是最痛苦的，也不知道陳平為何一次又一次地要感受。

「我們結婚好嗎？你先回去，我等放假就回臺灣。」真誠的面容下，是一顆充滿愛戀的心。可是陳平無法答應，她不敢讓自己再去愛誰了，唯一能做的是上前為他用心地理了理大衣的領子。曾經無數次的說笑，都在漸漸遠去。靜靜地看陪伴自己許久的這個男生，感覺就像凝重的風景。說實話，她並不討厭他，但自己卻也無法留下。

飛機到了紐約，電話又來了，還是博士語重心長的問候。「我們現在結婚好嗎？」為了結婚，她曾經面對著舒凡痛苦得尋死覓活，似乎為了他可以付出一切。現在，電話那頭的他一定也是如此，她感覺自己的心裡好像死掉了一樣。

青春的叛逆下，一種說不清楚的東西被毀滅了。其實，原本她還有著一些好感，此前她幾乎為愛動心了，可是此刻那些好感又不知道怎麼全部化成了泡影，就好像他們從來沒認識過一樣。

重返故里

離家四年之後，陳平重新回到臺灣。就像一隻疲倦的鳥兒，又帶著累累傷痕回到了安身的巢穴。眼前的一切全都是新的，之前那種憂鬱的環境也不復存在了。藍天白雲下的海島是鮮活的、親切的，好像這個世界所有的美好都集中到了這裡，一切都是快樂的。原來，家才是人世間最美的地方，勝過世外桃源無數倍。

回家的路是熟悉的，她也沒有讓家人來接，而是憑著記憶往家裡走。一路上的變化是不可思議的，但腦海裡浮現出的一個個形象，卻讓她明白了什麼才是簡單的幸福。

和親人的團聚，又一次觸動了她柔軟的心。父母似乎老了許多，鬢角間也夾雜著白髮。她突然喜歡與他們攀談，不斷地講著外面的各種際遇。父親坐在一邊安靜地聽著，像個聽話的小學生。母親則拉著她的手，來回地撫摸著，以至於忘記了做飯。

「老太婆，到做飯的時間了。你這是想餓死我們的寶貝女兒啊？」母親這時才戀戀不捨地起身，一邊繫圍裙，一邊嘟囔著。

父女兩人自顧自地笑著，又開始了新的話題。這些新奇的話題中，全是她帶回的學識和經歷。在父親眼中，她歷練成熟了許多，當然也有很多疲憊。

「都二十九歲了，這次回家就不要走了，得考慮一下自己的人生大事。」做父親的永遠都是一臉鄭重其事，不過這次說的全是母親要說的話。

「嗯嗯。」她的嘴裡只是應付著，心中並不在意這些提醒。這個在父母眼裡的「大齡剩女」，想的卻是如何好好享受生活。每人都有許多同學來聚會，大家在一起有說有笑，細述著分別後的思念。

沒過多久，她受聘到母校文化學院教授德語。從一所大學到另外一所大學，不同的環境，不同的感覺。尤其是島上的海風吹得人非常舒服，恍若喝醉了酒一般。出於對家的愛戀，她越發地喜歡穩定的生活了。每天下課走在校園的路上，學生們會恭敬地打招呼，她從骨子裡熱愛起這樣的生活來。

學校分了宿舍，她乾脆「不置冰箱，不備電視，不裝音響，不申請電話。早晨起床，開啟水龍頭，發覺清水湧流；深夜回室，又見燈火滿室，欣喜感激，但覺富甲天下，日日如此，不亦樂乎！」

在德國留學時，她最大的心願就是能有自己的房子，現在她終於有了屬於自己的獨立空間。

開心歸開心，可她還是喜歡回家陪著父母。走之前的擺設一直都沒有改變過，甚至連書架上的書都沒有動過。她每次回家連衣服都來不及換，就欣喜地趴在窗戶上遠望，來來往往的人，高高低低的樓，一下子就穿越到了兒時。她開心得手舞足蹈，就像個發現了玩具的孩子。

這小小的空間，曾給予了陳平太多的夢想，甚至在她心情最為晦暗的那段時間裡，只要在這裡，她就可以感受到安全。說到房間，德國那次吵架之後，她又在芝加哥碰到了另一件事。

她剛到美國，與兩位女學生一起合租了一處平房。結果當天晚上下課，就發現手中的鑰匙打不開房門。她反覆試了幾次，感覺門裡面是反鎖的，也顧不得影響周圍的人，便由輕至重地敲了起來。時間已經過去很久了，屋裡也沒有應聲，她終於忍不住火起，用力地拍打起來。又過了好久，終於有人開門了。

門開了，同宿舍的兩位女生側身站在門邊，藉著門外微弱的光線，可以看出她們全身裸露著，「重要的部位還塗著銀光粉，在黑暗中一閃一閃的」。陳平沒明白她們在搞什麼名堂，只能小心翼翼地跟著進去，心裡還在讚嘆著她們的身體充滿青春活力。

屋裡的情形讓她大吃一驚，「只見一片鬼影幢幢，或坐或臥」。十幾個男男女女都光著身體，相互重疊著，愜意地「吸著大麻煙，點著印度的香，不時敲著一面小銅鑼。可能是沉醉在那個氣氛裡，他們倒也不很鬧，就是每隔幾分鐘的鑼聲也不太煩人」。

如此放浪形骸的行為，陳平哪裡又曾見過呢？只是恨不得一把火將屋子燒掉。那晚上，她把自己關在小小的房間裡，外面的各種聲音她都充耳不聞。也就是在那一夜，她決定要從這種頹廢中搬出去。

離開了這間房屋，又得重新尋找房屋，她每天都為著這些生存瑣事在煩亂著。有對美國夫婦沒有子女，十分喜歡陳平的單純，願意將自己居住的別墅無償轉讓給她，但條件卻很苛刻，就是要求她在兩人活著時不能結婚，要一直陪伴在他們身邊。

一樁樁不可思議的怪事，接二連三出現。直到後來，她才算是找到了一間低矮的房子，同住的是兩個以色列同學。大家相處還算可以。

重新回到父母身邊，才真正感覺到家是最溫馨的，不會帶有任何條件。只有這個時候，她才可以像孩子一樣，享受著家的所有溫暖，逐漸忘記在外漂泊的那些不快。

從學校到家的距離不遠，陳平若是不願意住校，便會穿過來來往往的人群走回來。父母早早就做好美味可口的飯菜等著她。大家邊吃邊聊，其他的兄弟姐妹也都樂意聽她的故事。

「我跟你們說啊，我最近老想著要逃課。」

「逃課?你又不是學生。」母親接過話就問。

陳平只是掩著嘴笑道：「人家現在可是個好老師，你們也知道，學生對於枯燥的課，常常會逃，現在反過來了，老師對於不發問的學生，也想逃逃課。」大家都被她這段話給逗樂了，陳平自己也開懷大笑。

陳平對教授學生是認真的，隨著工作漸入佳境，她又熱衷起網球運動來。女兒所有的變化，都一一映在父母眼裡，他們也私下裡偷偷議論著，為這樣的新氣象而欣喜。要知道，陳嗣慶從年輕時期對體育運動就情有獨鍾，一直希望子女們能在體育運動上出人頭地。現在看到女兒這麼投入地訓練，便出資為她購置了球衣和裝備。為讓女兒能夠堅持下來，又掏錢買了一輛腳踏車。到了最後，連他自己也忍不住，跑到體育場同大家一起活動。

做母親的最為開心，從女兒憂鬱開始，她把大部分的心思都放在她身上，現在看著父女倆有說有笑，自然就忘記了之前的不快與擔心，完全沉浸在其樂融融的環境中。

陳平也覺得自己又回到了少年時代，像父母看護下的小鳥一樣無憂無慮，對於父母的話也是百依百順。工作之餘，也開始考慮起自己的婚姻。

對於婚姻，陳平自有主張，她不在乎長得如何，不在乎錢財，只要求有感覺。這種性格的人，感覺於她就是一種幸福的共鳴，雖然看不見摸不到，卻可以決定一切。

穩定的生活，便意味著必須要有穩定的感情。

沒多久後，一位姓鄧的畫家悄悄進入她的視線當中。他身體偏瘦，有著捲曲披肩的長髮，手指修長，看似乾枯卻又有著與眾不同的靈巧。

他雖然年齡有些大，但身上洋溢的藝術氣息卻深深地誘惑著她。陳平當即被他的藝術修養所折服，心中蕩起無比的美好來，少女時的夢想也一股腦兒呈現在眼前。也不知道那位畫家如何打動了她的心，她突然變得愛笑了，時不時地就會笑出聲來。空閒時，還會支起畫板，輕描淡寫地抒發一下內心的情感。

那段時間，她連飯量都有了變化。「母親看著我吃，她便快樂無比，我便笑稱，吃到成了千斤的大肥豬而死時，她必定還在嚥氣之前灌一碗參湯下去，好使她的愛，因為那碗湯，使我黃泉之路走得更有體力。」

陳平又一次投入激烈的愛情中，在外的艱難讓她明白了穩定生活的不易。此時此刻，她只想找個愛的人結婚生子，做一個平凡而又快樂的小主婦。

與藝術家相愛，本身就令人神往與欽佩。畫家有著自己獨到的見解，溫順的性格中還融合著藝術的知性，從不會發脾氣，事事都順著她的意願。他的魅力讓彼此相處得很舒服。交往越深，崇拜就越發心切，陳平只想著盡快步入婚姻殿堂。沒辦法，「因為每一張畫會召喚我，吸引我，抓住我」。

當她說出自己的想法後，畫家欣然接受，並很快在兩人常去的咖啡館裡辦了一場隆重的訂婚儀式。那天來的人很多，大家都在祝福他們，連陳平的父母也被這些個閃閃爍爍的燈光感動了。想到女兒終於可以嫁人了，滿臉的喜悅像盛開的花朵。

就在兩人積極籌備婚事時，一個年輕女人出現在陳平眼前，不問青紅皂白劈頭蓋臉就是一頓臭罵。面對著一群人的圍觀，畫家卻是不聞不問，只是尷尬地低頭站在原地。她瞬間蒙了，不明白心愛的人為何會是這樣的狀態。陳平那種由心底發出的不滿，甚至要比遠處河流中的泥沙還來得沉重。

原以為遇見了一生中最值得愛的人，原以為一生就可以快快樂樂地延續，現在才知道這一切都是假的。現在她突然冷靜了下來，冷靜中還帶著分外的驚異，就連平時多情的眼神也變成了憤怒和不滿。她在想，一個人喜歡另一個人，僅僅是因為容貌？如果有一天容顏蒼老了又會如何？望著鏡中蒼白的臉，她有種很累的感覺，或許實在是太疲乏了。

她用力推開簇擁的人流，像個正義的勇士擠了出來，不再去看後面的喧鬧。走了兩步，又覺得丟了什麼，轉身順手拎起旁邊的物品，朝畫家身上扔了過去。

張愛玲說過，原以為愛情可以填滿人生的遺憾，然而，製造更多遺憾的，卻偏偏是愛情。現在看來，確實就是這樣的。

也不知道她是如何回到家裡的，誰也沒有去勸慰她，任她痛快地宣洩了一番。既然命運是這樣安排的，那就認命吧，何必要用堅強來掩飾內心的脆弱呢？她想。

淚水一直在流，一滴一滴落在手中的銀項圈上。她也不知道這項圈怎麼就在手上。一想起這項圈，她又想起了父母的好。那年在美國留學，得知他們要去泰國旅遊，便打了幾次電話過去，希望他們幫忙買幾副項圈回來，以後留著嫁人時用。當然，後半句話她沒好意思說。

這項圈不貴，但做工十分精細。一回到臺灣，母親便討好她似的，先將項圈拿出來給她。她看了後愛不釋手，反覆把玩著不願意放下。一邊坐著的父親忍不住笑了：「你這個傻孩子，本來很便宜的東西，結果你當時的幾個長途電話費，在臺北足足可以買十幾個了。」

想到這裡，她突然不再暗自神傷了。人生中本來就是有許多本不值得珍惜的事情和東西，只是她不懂得甄別，沒有學會放棄。現在才開始後悔當初沒有聽從家人的勸阻。「雲淡風輕，細水長流，何止君子之交。愛情不也是如此，才叫落花流水，天上人間？」一段讓人深戀的感情就這樣結束了。

既然命運難以抗拒，那就認命好了。陳嗣慶擔心女兒再出意外，為了早些了結此事，也就沒有繼續在這件事上糾纏不休，連準備好的婚房也白白地送給了畫家。

一次次的情緒波折，無休止地折磨著身體單薄的陳平，不但打破了她平靜而又充實的生活，也讓她朝著自我封閉的邊緣靠近。家人不知道如何消解這種傷害，卻又不能任由著她陷到絕望之中。因為只要想起那次可怕的自殺，每個人心中就會莫名地擔憂。

這個家又重新進入之前的沉悶中。當然，最痛苦的還是陳平，情感的問題已經讓她傷得體無完膚。

人們都說，解決情感痛苦的最好方法是時間和新歡。父親每日裡帶著她打網球，想透過運動讓她淡忘掉所有的不快。球場上，陳平大汗淋漓地奔跑，在球落起中努力想從情感的沼澤地中爬出來。這個過程是痛苦的，愈是想解脫，卻發現愈難。她似乎步入了情感的死胡同中。

打球和工作確實很分散注意力，在短時間內卻無法將煩惱拂散。她也盡量不給自己留空餘的時間進行思考，只想著讓之前的不快過去。既然平靜的愛河裡突然起了這陣風，愛情的小船已經被掀翻了，那麼還是坦然地忘記才好。只有愉快地去面對，才能盡快地走出這片情感的陰影。她明白這個道理。

沒想到這邊陰影籠罩還沒有褪盡，那邊又有人來追求了。這是一位球場上認識的德國籍朋友，起先大家只是打球，少有交流。後來顧及她情緒非常不好，這位高大英俊的外國人，便一直盡心盡力地陪著陳平打球，直到某次無意的閒聊中，才知道兩人竟然在同一所大學中任教。

一個頗具紳士風範，一個博學多才，共同的話題讓兩個人越走越近，她心中的包袱也越來越少。這位教授四十五歲上下，雖比陳平年長十幾歲，相處中卻處處儒雅，讓人感到很舒服。他的出現，不斷地撫慰著陳平心中的傷痕。有一段時間，陳平因故未去打球，他卻是風雨無阻每天準時到球場等候。知道這個消息後，陳平頓時又感到了心潮迭起，愛意又湧上心頭。

舊傷未好，新愛又來。愛情總是這樣，始終讓人迷惘。不知不覺中，陳平又開始戀愛了。

大約相處了一年後，教授將陳平帶到了郊外遊玩，突然站在滿是星光的夜幕中問道：「我們結婚好嗎？」

結婚？又是結婚。陳平不假思索地說：「好。」

在回應的那一刻，她心中相當平靜，倒是那位閱盡人生的教授，卻在不經意間紅了眼。情到深處，可以不用華麗的語言，可以沒有奢華的嫁妝。此刻，嫁人成了一生中最為幸福的選擇。一個幸福的家庭、一個溫暖的懷抱、一個浪漫的人生。回想在一起的點點滴滴，彼此都十分開心，也懂得了什麼是關心和思念。

陳平的心情是可以想像的。在接受了教授的求婚後，心中的花又慢慢地從陰霾中重新綻放，讓以前那種了無生機的氣象逐漸遠去。

毫無疑問，她是漂亮的。至少在開心的時候，看起來充滿著溫柔。教授深深地愛慕著這個因愛情屢次受傷的女人，她多情的眼神中，有著讓人永遠也望不透的祕密，就像江海一樣深邃。

一切都在按部就班地進行著，好端端的天空卻突然下起了雨。花花綠綠的傘影在晃動著，讓人看得眼花撩亂。一時半會兒出不了門，誰也不願把自己淋得跟落湯雞似的。結婚非常煩瑣，好在需要的什物也都籌備得八九不離十了，不用為此事太操心。人也奇怪，緊張的時間一旦要放鬆下來，反倒有閒餘一起吃飯喝茶聊天。

天氣剛剛放晴，各家各戶就把潮了數天的被褥，一一抱了出來晒，掛得五顏六色到處都是，似乎來到了漿洗旗幟的店鋪，又像進了某種奇怪的陣形中，隨時還要用心閃躲著以免碰撞。兩人就這樣又說又笑地行走著，不時地還要留神四周有沒有印刷店，結婚在即，他們還要去印刷一些請柬。

說到請柬，這對新人在設計上也是極盡心思。一遍遍的挑選之後，陳平對那透著淡紫色的薄木質地的請柬十分滿意，拿在手裡反覆地看個不停。為了讓人留下深刻印象，她又特意要求在藝術處理方面，能夠將他們的名字排列在一起，一面用德文，一面用中文。無論是細節的考量，還是在整體風格方面，這張請柬的藝術設計都足以讓人刮目相看。

原本不耐煩的老闆竟然也被感動了，他真心為這對新人挖空心思的設計讚嘆，便想著早早把這請柬影印出來。一番交談之後，大家約定好半個月後來取請柬。從位於重慶南路的這家印刷店走出，兩人又特地去選購了一些物品，這才心滿意足地回家。

無論是誰見到他們，都會送上滿滿的祝福，快樂、自由和幸福又重新回到了她身上。一想到結婚，陳平全身都充滿甜蜜的愉悅。之前，她已經習慣了宅在家裡，即便是什麼也不做，也不樂意出門去。現在，她不僅開心地去打球，而且還不時地想著去大街上轉轉。

家人也會不斷地催促著她去花園裡散步，去周圍的風景區享受大自然的樂趣。在那樣的環境中，除了可以感受美，還可以調適心情，讓自己更愉悅。

所有這些人的主意，在她聽來都是正確的。對於之前的愁眉緊鎖，她深深地認為那完全是對心靈的摧殘和戕害。於是，那顆孤寂得要死去的心靈又復活了。

一抹青潤，一剪秋詞，一塵往事。人的心情一旦變好，全身都有了力氣。陳平的目光變得清澈起來。

第四章 自由不羈的流浪

第五章 落花時節的重生

──異鄉故人──

大概在半年前，陳平接待了一位從西班牙來的朋友，席間，兩人聊到了往事，突然說到了荷西。陳平心裡是惦記著他的，他雖然之前愛逃學，說話時卻很真誠。屈指算來已經六年，他也該大學畢業，服完兵役了吧？

看著她若有所思的模樣，那位朋友並沒有立即打斷她的思緒，而是在過了半支菸的工夫後，才不失時機地從袋子裡掏出一封信來：「這是他委託我帶給你的，他希望你一切都好。」

陳平沒有接話，而是順手接過信開啟讀起來。「過了這麼多年，也許你已經忘記了西班牙文，可是我要告訴你一個祕密，在我十八歲那個下雪的晚上，你告訴我，你不再見我了，你知道那個少年伏枕流了一夜的淚要自殺嗎？這麼多年來，你還記得我嗎？我和你約定的期限是六年。」

六年之約？已經過去六個年頭了嗎？匆匆六年的時光，真的不知道留下了些什麼？隨信還附有一張照片，上面是一個留著大鬍子在海裡抓魚的人。是他，雖然蓄起了鬍子，但模樣卻沒有太多變化，還是以前那麼帥氣，眼神中透著太多神祕。那一刻，她心中只覺得微微顫了一下，又收斂起神情，笑著將信還給了對方。

「他還好吧？」

「他說會一直等你。」

「過去的都會忘記的，會忘記的。」她若有所思地重復著，又接著說，「還要告訴你一個喜訊，我很快就要結婚了。」

朋友聽後，略微停頓了一會才說：「那他肯定會傷心的，但我相信他會一直等下去，至少在心底深處。」

兩個人沒頭沒尾的對話，讓陳平再次為荷西骨子裡的執著感動。至少有一段美好的記憶總是好的，她認為。

半夜時分，一件要命的事情發生了。沉睡在夢中的陳平突然覺得有人在用力抓她，彷彿一鬆手就會從懸崖上掉下去。等她從驚嚇中醒來開啟燈，卻發現教授滿臉蒼白，極為痛苦地用手抓著胸口，在十分急促的呼吸中用絕望的眼神在求助。看著他額頭上流下的汗，陳平顧不上許多，立即抓起電話就撥了出去，可是等到醫生匆匆趕到時，教授已經因為心臟病突發猝然死在了床上。他雙眼不甘地睜著，悽惶的表情中帶著許多難以言說的遺憾。

「不，不要走，你不要離開我啊，抱抱我吧，我愛你啊。」

天有不測風雲，人有旦夕禍福。目睹心愛的人以這種方式離去，她無比瘋狂地喊叫著，想要以嘶啞的哭聲來挽留。怎麼可能呢？任憑她哭得死去活來也於事無補。「再見所愛的人一錘一錘釘入棺木，當時神志不清，只記得釘棺的聲音刺得心裡血肉模糊，尖叫狂哭，不知身體在何處，黑暗中，又是父親緊緊抱著，喊著自己的小名，哭是哭瘋了，耳邊卻是父親堅強的聲音，一再地說：「不要怕，還有爹爹在，孩子，還有爹爹媽媽在啊！」

人生不就是這樣嗎？一次又一次地讓人悲傷。現在除了傷心，她又能怎麼樣呢？與其活在這個傷心的世界裡，倒不如陪伴著教授一同去往極樂世界。

於是，她買來了好多安眠藥，一仰頭全部吞了下去，然後安然地躺在那張新床上等待著死神的到來。這時候，她已經沒有了痛苦，眼前浮現的全是兩人在一起的歡愉，多麼開心的時光啊，她為這些美好陶醉著。「我不否認我愛過人，一個是我的初戀，一個對我來說很重要的人。另一個是我死去的朋友……也許他並沒有我認為的那麼好，因為他死在我的懷裡，使我有一種永遠的印象。而他的死造成了永恆，所以這是個心理上的錯覺。」

記憶越來越模糊，似乎有些睏倦，她想睡覺了。能好好地睡一覺也不錯，她想。

陳平再也忍受不了命運的殘酷打擊，感覺自己就像一個被命運不停玩弄的小丑，在眾人面前反覆地出著各種洋相。是啊，只想求得一個平靜而又安穩的生活，這難道也是錯嗎？回到臺北這短暫的一年裡，聰慧的她竟然因情感而倍受折磨。然而天不遂人願，陳平再次從死神手中被搶救回來。她真是欲哭無淚，欲死不能。

一切都不可思議，前不久還在一起談論著婚禮的籌備，然而如今卻已是天人永隔了。面對這殘酷的人生還能說些什麼呢？難道臺北真的是她的傷心之地？

舉家吃完了最後一次飯，陳平還是紅著眼說出了自己的想法，這也是她吞藥自殺後第一次開口。空氣中的凝重似乎由濃轉淡，大家也漸漸從壓抑中活了過來。現在，生命又重新回到她身上，而之前那種生不如死的感受似乎漸漸散去。

「我想離開家出去走走。」她說話的語氣不容置疑。這些天裡，她簡直形容枯槁，臉上看不到絲毫的血色，兩眼深陷。這些話更讓這些關心著她的人覺得，她與臺北是合不來的，至少是有著某種無法調和的衝撞，她在這裡不斷遭受心靈的創傷。陳平不恨臺北，但臺北於她卻已沒有了吸引力，反倒是時時處處都透著無比的傷感。

「出去走走也好，外面的天地，也許可以使你開朗起來。」陳嗣慶知道已經無法用網球將女兒帶出人生的困境，出走或許才是最好的解脫。七年前，也是在非常壓抑的境況下，她用出走撫慰了自己的內心。七年後，她又面臨著這樣的抉擇。父親故作冷靜地看著女兒，想用這樣的堅強為她遮風擋雨。

可是去哪裡呢？天下這麼大，到底哪裡才是自己的安身之所？她趴在窗前沉思著。她也知道家人都在關注著自己的舉動。現在，她不想去尋死覓活了，躲在被窩裡的苦痛，早已被淚水洗刷得無影無蹤了。要說內心中湧動的，那就是對於出走的嚮往，這個想法已經和火一樣，燃燒到了靈魂的深處。

回首這一年的經歷，真是有些匪夷所思。當她打算全力以赴愛畫家的時候，他卻成了讓人鄙視的騙子，一切就像一場演出。等到曲終人散時才知道，所有的都是假的。傷害就傷害吧。等她想用心愛教授的時候，又沒想到他的福報是如此之淺，竟然一夜之間成了另一個世界的人。想到這些，她眼裡就會浮現出痛苦來，這樣的神情已經完全淹沒了屬於她的孤傲，她感覺自己一無是處，似乎生來就是需要人同情的。

還是去西班牙吧？至少那裡沒有傷心的記憶。這時，她的臉上才淡淡地有了些笑容。很難得的笑容，就像連續陰雨天後偶然出現的太陽，但沒有讓人好好享受，又沒入了濃密的雲層中。去了又能做些什麼呢？

她慢慢地收拾著散亂的行李。一年的時光實在太美好了，這是在外無法享受到的安逸。然而這個地方是如此不歡迎自己，逼迫著自己再次背井離鄉。直到今天，再聽「不要問我從哪裡來，我的故鄉在遠方」的曲調時，才會漸漸明白一位女性的艱辛與不易。

又是一夜難眠。

機場到處都是送行的人。陳平用手順了順過肩的長髮，終於將手揮動起來，送別的家人都不由自主地流下淚水。

「再見了，我的家人們。再見了，臺北。」陳平這話中不再帶有憤慨的情緒。隨著飛機高度的改變，她的心態也在不斷地調整著。

天空永遠都是那麼美，藍天白雲一望無際，讓人恨不得跳出窗戶去上面漫步。雲朵是移動的，也是靜謐的，變幻著各種形狀，讓人無法準確形容出它的姿態。她靠著椅子靜靜坐著，陽光從舷窗外悄悄射了進來，照在她蒼白的臉龐上。陳平閉上眼睛，似乎睡著了，其實她又很清醒，只覺得氣力在陽光照耀下不斷地滋長。

從臺北飛往西班牙，需要到倫敦進行轉機。沒想到在候機大廳做短暫的休息時，又出了件意想不到的事，因為訂的票有些問題，英國當局將她視為非法移民拘留了起來。在拘留所裡，陳平心情極其鬱悶，不但不配合警方，還理直氣壯地大聲叫嚷著，壓根就不在乎淑女的形象。這些年在國外的留學生活，讓她更加獨立，所以她在坐班房的同時，還不斷為自己遭受的不公申訴著。總之，她理直氣壯地在警局大鬧著，就和當年大鬧宿舍一樣，把整個警局的人搞得疲憊不堪，最後只好放人了之。

陳平不依不饒，直到警局人員把她恭恭敬敬地送上飛機才算了事。

1972年，二十九歲的陳平重新步入馬德里。她顧不上享受故地重遊的悠閒，而是很快安排好住宿，為自己找了一份教師的工作。

教師的工作不重，閒時可以出入咖啡廳和酒吧，還可以去找些喜歡的舊物。這些東西對她來說並不重要，關鍵有著一種無法言說的樂趣在其中。她的興趣，讓她不斷地忘記傷心的過往，也帶動同宿舍的女孩成了追隨者。那段開心的時光中，兩個人自由散漫地穿行在馬德里的大街小巷中。

屈指算來，到馬德里已有些日子了，之所以不想去聯繫他，完全是因為覺得當年自己說過的話有些過分。其實，偶爾一個人發呆時，也會不由自主地想起荷西來。他的可愛、他的執著，還有照片中那一簇茂密的大鬍子，更是不時地激起人在異鄉重見故人的衝動。

當地的老朋友知道陳平故地重遊的消息後，陸續前來邀約探望，寬敞明亮的合租房中天天都有人進進出出，無比歡快的笑聲中，她的情緒也在不斷變化著。

為了讓生活更加充實，她還開始做起了家教教授英文，同時又重新伏身稿紙，為《實業世界》寫起了專稿。轉眼間就進入了冬季。冬季對於陳平來說，應該有著很多的記憶。

天上飄落輕柔的雪花，就像是野蝴蝶花、草茉莉、野矢車菊。各種花交織著，讓人眼前頓時多了許多想像。她手持著豔豔的美酒趴在窗前，用心欣賞著眼前的美好。昏暗的光線中，整個世界純白晶瑩，靜得如同是童話世界。學生時期，雪似乎沒有這樣唯美，反而總是勾起思鄉的情緒。她除了學業，還得逃避老師和監舍的看管。現在自然大為不同，每天除了上課外，有更多的時間可以做自己喜歡的事情。

聖誕節前，她到父親的朋友家中拜訪，卻沒想到迎面讓一位西班牙女孩擋住了。四目相對，一種熟悉感撲面而來。

「您是？」

「Echo 姐姐，我是伊絲帖啊，你真的回來啦？歡迎你回來。」那天真的笑容很快就讓雪也有了溫度。

「我是荷西的妹妹。」不待話說完，兩個人就緊緊地抱在了一起，在雪地裡旋轉了好幾個圈。等雙方情緒平靜下來後，她才發現眼前這個女孩已經出落得光彩照人，與六年前大為不同了。

「你還好嗎？聽說你到了這裡，我一直在找姐姐呢。姐姐越來越美了，要是我哥哥知道你回來，相信他一定會幸福得要死。你可不知道吧，他一直在想著你，得了相思病一樣。」鈴鐺般的話語，清泉一般流進了陳平的心田中，她心裡不僅感動，還有著太多的親近。兩個人也不在乎下著雪，手拉著手就在雪地裡說開了。

人生總是這麼奇怪，那次聖誕晚宴時見到了荷西和他妹妹，時隔六年後，竟然又在這裡見面。直到吃飯時，她還給陳平滔滔不絕地說著有關荷西的事，其間還提到了哥哥這段日子裡相思成疾。而今，她就是專程為著哥哥才來的。

那頓飯陳平並沒有吃多少，她的心思早已牽繫在荷西身上了。結束時，伊絲帖又央求著陳平寫封信給荷西，要不然哥哥知道後又要傷心了。

荷西妹妹的一席話，聽得陳平心裡樂滋滋的。她真的心動了，恨不得立刻能見到還有一個月就離開部隊的荷西。但女性的羞澀讓她又故作矜持，面孔一板就要離去。伊絲帖趕緊抓住她的手，不斷地說著好話。

「我早已把西班牙文還給老師了，怎麼辦？」她故意聳聳肩膀。

伊絲帖急得要哭了：「我幫你寫好了。」她說完真找了個地方趴著寫起來，這神情深深地打動了陳平，她為荷西有這樣一位妹妹感到開心。

信寫得很真誠，讓人讀後又想到了過去的美好時光。正當她陷入回憶不能自拔之際，伊絲帖開口了：「姐姐，用英文在這裡留行話吧。」

千言萬語，想說的話真的太多了，寫些什麼才好呢？到最後，她輕快地寫下了一句：「荷西，我回來了，我是Echo。」望著這行字，伊絲帖興奮極了。

也正是從那時起，陳平沉悶的心重新活了起來。那種強烈的衝動，不容分說地朝著內心深處湧去，她只感覺全身的每個毛孔都要興奮起來，充滿著溫情。

陳平雖然和以前一樣傾心用情，但還是多了些許憂鬱，她對於荷西的印象只是停留在六年前。然而荷西收到信件的那刻，整個人都變了模樣，臉上盡是喜悅。誰能懂得，他為了等到陳平的片言隻字，竟然執著等了六年。究竟值不值得，他自己也說不清楚，只覺得自己所有的心思都被陳平誘惑著，以至於茶飯不香。這種發乎心底的情不自禁，彷彿是融化在火焰中的溫柔，讓她無法抗拒。

─荷西歸來─

英國作家菲利浦·貝利（Philip Bailey）說過：「最甜美的是愛情，最苦澀的也是愛情。」

荷西被這種奇妙的感覺陶醉了，彷彿醉酒一般失去了判斷，思緒完全被這封西班牙語加英語的信占據著。雖說看的是信，腦海裡出現的卻是她的美，勾人魂魄的美。這美，有著花一樣的嬌柔，也有著水一樣的溫順。

單薄的一紙信箋，寫就的是六年的情感，回應著荷西厚重的思念。他已經無法抑制內心的激動，真想結束掉這無味的軍營生活，立即見到夢裡的女神。

這或許就是自己始終在尋找的幸福吧？

荷西激動得不能自已，匆匆幾次下筆之後，總是覺得不能表達情感，不得已又將信紙揉成團扔到一邊。為了一封信，他幾乎使出了所有力氣。也是，雖然這六年間沒有任何聯繫，可他對陳平的情感卻是有增無減。現在，她主動來了信，又千里迢迢來到馬德里，這無疑是上天給自己的餽贈，怎麼也不該錯過這個機會。

瞬間，這個對愛情慢熱而又堅韌的大男孩，將以往虛無縹緲的情感變成了真實的面對。陽光徐徐照進來，他身上似乎散發出了暖暖的味道。窗外是滿地盛放的花朵，充滿著向上的希望。

「多少個無助的日子裡，我都盼望著你回來，尤其是漫漫長夜中，可是等我從夢想中走出來時，只知道面對的這一切都是空無。」好幾次，他獨自對著鏡子傻傻地練著這些對白，想著怎麼用語言表達自己的想法。同時，他又從畫報上剪下許多漫畫，然後又用心排列黏貼起來。一幅幅圖很有意思，含蓄地表達出一個大男孩對於愛情的期盼。最重要的是他還找來了陳平的電話。

電話中，被欣喜籠罩著的荷西表現出忐忑不安，但聽到那熟悉的聲音後，卻又是無比滿足。他結結巴巴地歡迎著她的歸來，並懇求她等自己結束兵役回來。

陳平任他在電話中說著，最終還是將他回來的日期忘在了腦後。那段時間，她和朋友四處瘋玩著，根本就不願意記掛任何事情。

這天，陳平從外面回來時天已經黑了。還沒顧得上盥洗，同室的女孩就迫不及待地告訴她：「今天全是你的電話，差點把電話打爆了。」

陳平順口接過來說：「誰啊？平時可沒有人找我。」

「是個男人，聽口音年齡應該不大。」陳平更是摸不著頭緒。「該是誰呢？」她開始在心底思索起來。

突然電話響了起來。

陳平還沒有從深思中走出來，同室的女孩已經俐落地拿起電話，沒說幾句話就把話筒遞給陳平。打電話的是伊絲帖，她讓陳平趕緊搭車來一下。電話那頭顯得很焦急，也不知道發生了什麼事情，她自然也沒有去多問，只是趕緊轉身朝著外面奔去。

等進屋剛剛坐定，伊絲帖便讓她閉上眼睛，說有一個驚喜要送給她。周圍幾位朋友也都不停地附和著，增加了屋裡的神祕氣氛。好多年以後，當陳平想起這件好玩的事情時，她的文字中還帶著一種掩飾不住的激動。「當我閉上眼睛，聽到有一個腳步聲向我走來，……突然，背後一雙手臂將我擁抱了起來，我打了一個寒戰，眼睛一張開就看到了荷西站在我面前。我興奮地叫起來，那天我正巧穿著一條曳地長裙，他穿的是一件棗紅色的套頭毛衣。他攬著我兜圈子，我嚷叫著不停地捶打他，又忍不住捧住他的臉親他。站在客廳外的人，都開懷地大笑著，因為大家都知道，我和荷西雖不是男女朋友，感情卻好得很。」

為了這次相見，荷西等了六年的時間。相逢的第一眼，陳平便被激情給點燃了，頓時為這樣的禮物心醉不已。她在荷西懷裡旋轉著，大笑著，身體緊緊貼著他不願鬆開。

六年時光，已經讓當初那個傻小子，成長為渾身有著男性魅力的強壯男人。過了一會兒，他們靜了下來，他屏息望著她，心臟隨著呼吸變得起伏不定。同樣，她也是如此，一臉的喜悅中隱藏著說不清楚的感情。

六年前，彼此擦肩而過，任一段姻緣化為泡影。如今在經歷了萬水千山之後，終於又重新相遇了。

「你還好嗎？」荷西驚喜地問道。一句平淡至極的話語，卻道出了深深的眷戀。人和人不就是這樣麼？隨著長大會面對許多生活中的無奈。確實，能遇見喜歡的人是一種緣分，能否和喜歡的人在一起又是另一種緣分。

陳平只是不住地點頭，卻不言語，因為她實在無法說清這六年來的所有際遇。他那深邃似海的眼神，讓她不由自主深陷其中。荷西就彷彿在讀一本大書，反正他們要相愛了，他毫無畏懼。

如果要說馬德里是陳平的幸運之地，其實一點也不為過。六年前來這裡求學時，她就覺得這裡似曾相識，感覺前世好像到過這裡，現在再次出現在這地方時，才明白什麼都是注定的，根本不以人的意志為轉移。而為了來這個地方，她在情感上一直經受著波折和打擊，現在總算是風平浪靜，一切都是因為荷西的出現。

妹妹伊絲帖是最開心的，她為了哥哥能和陳平相見，一直在充當著「紅娘」的角色。當她為這兩個人輕輕掩上門時，大家都很知趣，紛紛走到了外屋，把這美好的空間留給了他們。

偌大的空間靜了下來，兩個人依偎在寬大的沙發中，互訴著離別後的衷腸。那些說不完的話，傾訴著牽繫不斷的思念，釋放著彼此忍受著不聯繫的壓抑。現在一切都好了。

這一夜又是無眠。但陳平內心是安逸而又舒服的。她很久都沒有這麼開心了，以至於輾轉反側想了許多。

夜是如此之靜，風輕柔地吹著，所有的聲息都歸於平和之中。雖然一夜沒有睡好，但第二日的情緒卻依然高漲。在荷西的陪伴下吃過早飯後，她又順從地跟著去了他的家中。讓人不可思議的是，屋子裡貼滿了放大的照片。照片上的人千姿百態，以不同的眼光看著她。再一細看，頓時又是一身細汗，原來照片上的人都是她自己。

自己的照片怎麼會到這裡？她覺得很費解，卻又不得不好奇地問。

荷西只是抿著嘴傻笑，等到笑聲停止後才說：「你經常把照片寄給你父親的朋友徐伯伯，有次我妹妹無意中發現，就將這些照片偷偷地帶出去放大。時間一久，就有了這些難得的寶貝了。」他一臉正經，臉上卻又透著某種得意。

「你家人不說你傻啊？」

「他們經常批評說我發痴、發神經，喜歡的人見不著，貼著她的照片又有什麼用？」

面對著這些發黃的照片，陳平心中有著說不出的感動，「你也不好好保管它們，一張張都發沒了。」

「太陽一直晒著它，我把窗簾放下來，可是還會晒到……」從兩個人的談話中，陳平知道的事情越來越多，她望著牆上的照片露出了會心的笑容。這樣的笑是幸福的，帶著滿足。她真的沒有想到荷西竟然和賈寶玉一樣痴情。

一張張照片緊密地銜接著，像是一張完整的圖畫。她甚至感覺到了自己的腦子裡面，湧滿荷西各式各樣的形象，就像是一部在播放著的老電影。四周很靜，很適合想像，想像也就無休止地膨脹著，向四處蔓延。於是，她悄悄地伸出手來，想去拉荷西的手，而他此時也是同樣的動作。當兩隻手緊緊地握在一起時，所有的感覺都似火一樣燃燒起來，火讓所有的煩惱都平靜下來，也讓所有的嚮往瞬間都成了貪婪……

一陣深深的親吻之後，陳平渾身顫抖著問：「你是不是一直都想和我結婚啊？」

荷西沒明白對方的意思，一時間不知道如何回答。

「不是說六年之約嗎？現在我來了，就在你的面前。」這話說得非常明顯，而荷西依然沒有動，他實在不明白面前這人到底要幹什麼。

面對荷西的沉默，陳平沒有再說什麼，她突然覺得自己的這番話有些過分，一個沒有任何情感經歷的大男孩，根本不應該去接受她這樣情感經歷波折的女人，也不該去為情感承擔不必要的壓力。他這樣的青春向上，應有著自己的幸福生活。然而荷西面對這中斷後又重新激起的情感，還是分外珍惜。在他心裡，只有兩個愛人：一個是大海，一個就是陳平。

荷西是那種外表粗獷，內心卻分外細膩的人，尤其和陳平達到真正的心靈相通之後，更是對於愛情生出了嚮往和期盼。

同樣，這樣的嚮往帶給對方的是滿足與開心。

現在想起來，如果不是見到了那些泛黃的老照片，陳平內心也不會泛起情感漣漪。隨著波紋不斷地向外擴散，她越發理解荷西的想法和執著。

也許每個人在結婚前都會有許多想法，當她靜靜地想這些事情時，才發覺這樣的愛越發不同。人的一生中到底有幾個六年？而他卻情願用六年的時間來等待。這本來就是虛無縹緲的，然而現在誰也沒有想到就要實現了。如果說這一切只是歪打正著，那麼荷西無疑是幸運的，他終於等到了自己喜歡的女人。

荷西一直在不停地忙著。他的身影一直在陳平眼前徘徊著。她又想起了之前兩人的對話來。

「荷西，記得你六年前的最大願望嗎？如果我要告訴你，我要嫁給你，會太晚嗎？」這話看似若無其事，實際上卻飽含深意。荷西完全被突然而至的問話弄糊塗了。他先是停了片刻工夫，而後才驚喜地問道：「你說的這些都是真的嗎？天啊！一點也不晚，一點也不晚。」他的興奮已經讓他有些不知所措了。

在陳平眼中，他的所有笨拙都是可愛的，甚至還帶著男人那種特別的味道。這樣一來，她更加喜歡起荷西來，喜歡他的大鬍子，還有他說話做事的神態。或許相愛的人都是這樣，喜歡一個人就會看他全部的好。

荷西喜歡大海，所以從喜歡上陳平那刻起，就一直視她為神祕的女人。這樣的神祕有著大海一樣的深邃，有著大海一樣的波瀾，有著大海一樣的廣闊美好。六年前遭到拒絕後，他一邊在大學學習工程專業，一邊喜歡上了潛水。透過潛水，著實可以忘記許多生活中的煩惱，尤其是在靜靜的水下，享受著水下生命的簇擁和挑戰時，那種感覺是特別的。潛水也讓荷西更加喜歡戶外運動。探險的刺激，更是讓這位年輕人變得與眾不同。

再次相逢，陳平也感覺到了荷西的變化。學生時代談的多是學業、人生、藝術，現在他的言談中全是大自然、天文、星相等。她在心底為這樣的變化喜悅，也為有這樣一位願意等待愛情的純情男孩而動心。

所以，當荷西抓起她的手，來觸控他那堅實的胸口時，陳平又一次被他打動。頓時感到一股暖流從心底湧起。

六年來，原來荷西一直堅守著當年的承諾，而自己卻沉迷於一個個情感漩渦中。

突然，她無法控制自己的情緒，在沙發上嚎啕大哭起來。正在收拾東西的荷西吃了一驚，轉過身來看剛才還在發呆的陳平。

「當時你為何不堅持？你要是堅持和我談，我還是一個好好的人，一個躺在你懷中的小女人。可是現在都過去了六年，我的心早已經碎了好多次了。」她抓著自己的頭髮用力地拽，以此來發洩心中的不快。

「沒事的，心碎了我會用膠水把它黏起來，細心地加以呵護。」

「黏起來也會有縫隙的。」陳平說完若有所思地發著呆。

荷西是愛陳平的。雖然他不諳世事，但對於情感的專注，卻足以讓周圍的每一個人感動。陳平的哭鬧，只是讓他感到了無比的滿足。這滿足是難得的，也讓曾經惶恐的荷西漸漸懂得了愛情。

他是如此深愛著陳平，以至於可以為她獻出自己寶貴的生命。回想這過去的六年，他真是寢食難安，時刻思唸著心上人，明知道希望渺茫，但他還是執著地等到了這一天。

一切都在變化，荷西不但變得高大起來，學識也十分淵博，兩個人在一起有了更多的話說。

馬德里的天空非常空曠，不時有身著白羽的鴿子盤旋著飛過。樹木長得鬱鬱蔥蔥，各色的花兒閃爍著光芒，頓時讓整座城市看起來平靜安詳，猶如油畫一樣充滿想像。這一切很溫暖，陳平的心情一天天好起來。剛來這座城市時，她還鬱鬱寡歡，現在她已經慢慢從那樣的不快中走出來，為自己眼前的幸福興奮。

除了用心陪伴陳平之外，荷西最大的興趣就是自己的工作。工作之餘，他也會帶給陳平一些漂亮的野水仙、野雛菊等，花兒看上去很美，風吹來還會發出沙沙的聲音，就像是兩個人快樂的心情。他們已經同住在了一起，不時地會談些以後如何的話題。

所有這些都給陳平的生活態度帶來了很大的變化。

《實業世界》雜誌的用稿量越來越大，陳平從開始的遊刃有餘變成了疲於應付。生活是有壓力的，這無形的壓力讓她心事重重，臉上也浮現出了淡淡的憂鬱，嚴重時還會導致失眠。有一天荷西休息，滿臉喜悅的他帶著陳平去公園裡玩，兩人一邊走一邊聊，但荷西很快就覺察到了她的不開心。

「你好像有心事呢，是不是最近陪你少了？」荷西可不願意心上人有任何不快，趕緊發問。

陳平不語，走了許久才說最近的工作壓力有些大，本來不想出來玩，因為稿子還沒有完成。這篇稿子要求比較高，截至出門前一個字也沒有寫出來，心裡焦急得不行。雖然人出來了，但晚上注定要「開夜車」了。

荷西自然很心疼她，可一時半會兒又沒有好的辦法。他也明白，如果以後要結婚，賺錢過日子都是自己的事情，他也在不斷地給自己加壓，想盡快多賺錢來養活未來這個新家。

「要不別寫了，做自己喜歡的事情好了。何必給自己那麼大的壓力呢？說實話，我也不願意去和這些乏味的文字打交道，真的沒有一點意思。」他輕輕地拍著她的背，想透過這樣的方式來化解壓力。

「我也很迷茫，有些無所適從了。」這是陳平的心理話。此前，她從沒為工作的事向誰訴過苦。現在有了依靠，所以一股腦就全部說了出來。

遠處，有位花匠正在忙碌地澆著花，清涼的水噴灑在盛開的花束上面，點點滴滴中瀰散出淡淡的青草氣息。日子雖然很累，但這樣的生活卻很愜意。突然間，陳平被這樣的生活情趣所感染，她希望自己也能夠過上無拘無束的田園生活。這段時間以來，她一直伏著身子在為文字而努力著，似乎好久沒有關注外界的這些事物了。其實，做一株小草又何嘗不可？與其成天為生活而這樣辛苦，倒不如讓鮮活的心靈四處行走。

那天的行走中，她想明白了以後的路，於是心情逐漸好起來。走到當年經常坐著聊天的那條長椅子前時，她硬是拉著荷西再休息一會，並將手中的小零食拿出來，餵給面前蹦蹦跳跳的小麻雀。這些小生命是無憂無慮的，它們根本不在乎人世間的煩惱，時不時還不避諱地卿卿我我。而身邊的荷西也是滿臉喜悅地陪伴著，用心地喂著它們。

天色漸漸暗下來，起身回家的時候，兩個人的手早已緊緊握在了一起：「把你的心給我，我們換一下吧。」

—擁有愛情—

這是一段平常而又幸福的生活。

陳平那顆流浪的心，終於為自己找到了愛的歸屬。而荷西也不再迷茫，全心全意地陪著這個六年前就喜歡的女人。生活是平淡的，他們不需要花前月下的浪漫，也不需要山盟海誓的承諾，彼此間只是用心來堅守著眼前來之不易的一切。

遠方的父母時常會收到女兒的來信，他們對於陳平在外的生活基本都了解，尤其是女兒情緒的變化，更是讓他們懸著的心漸漸有了著落。

這天，他們從信中得知女兒準備去撒哈拉沙漠旅行。此前，女兒也在談話中說起過，真正要落實到行動時，雖然有擔心，可是開明的父母還是很支持。

行走荒漠的打算，其實早在留學時就已經滋生。有了愛情的加持後，她更想早日實現這個願望。記得剛來到馬德里這座城市時，她無意中聽人說起了撒哈拉沙漠，便從美國《國家地理》（*National Geographic*）雜誌中找到了關於它的介紹。細心讀過之後，陳平就像是無意中發現了一位心儀已久的朋友，她不由自主地嚮往起來，如同帶著某種記憶一般。那時候，她就想著自己一定要去體驗荒漠。於是，她又從圖書館裡借來相關的書籍，貪婪地閱讀著，生怕自己一不小心就會錯過什麼細節。

在對於荒漠的嚮往中，有著千奇百怪的想像。女人就是這樣，對於無法征服的事物，總是心存著太多的好奇，讓她不顧一切想朝著那荒蕪而去，然而由於時間、經費等原因一直無法成行，陳平想把自己交給那片陌生土地的想法便成了奢望。而且經歷的事情實在太多，對於沙漠的嚮往便開始變淡了。但只要想起來，那種驟然的、原始的記憶便像欲望一樣，開始不斷地折磨著她。

也沒有人可述說，陳平只能在心底深處將這股火焰不斷地熄滅。說實話，她不能自制了，只覺得荒漠的誘惑帶著一種無法拒絕的力量，似乎她不舉手投降就不能讓自己心平氣和。一片荒漠，就這樣一直折磨著陳平，等待著她早日來到。現在，由於愛情的到來，她的嚮往又開始膨脹了，彷彿她滿腔的熱情都是為了遠方的未知，為了想像中的博大，為了荒蕪中的壯美。

為著這片沙漠，陳平好幾次從夢中驚醒，就彷彿有一種魔力在緊緊地抓著她。「不，我一定要去，一定要去。」她茫然地望著窗外，感覺有一股奇異的力量在包圍著她，在冥冥中引導著她。她努力要從人來人往的都市中走出來，去往那處很少有人涉足的荒漠。她重新躺下，決定復活節後就去撒哈拉沙漠。

陳平有條不紊地準備著出行需要的物資，她打算此行要在沙漠待上個一年半載，以滿足內心迫切的期盼。轉眼間，冬天又快到了，荷西這天興沖沖地來找陳平，並且很高興地告訴了她一件事情。

「我們準備去愛琴海玩潛水，你也一起去吧？」荷西的言語之中帶著諸多喜悅，就像在說早已經商量好的事。他十分希望能和陳平一起，分享充滿浪漫的海上航行。

陳平對這個建議十分感興趣，她內心中始終充滿了探尋和獵奇的願望，但說到最後她卻又聳聳肩膀，做出一副無可奈何的樣子。

「實在是對不起，你這個計畫說得太晚，我得去撒哈拉沙漠。這些年，它一直縈繞在我夢裡。」荷西的笑容頓時凝固在臉上，突然間不知道說什麼才好：「認識那麼久了，你從來不顧及我們的感受，現在你又走，好吧，你走，永遠不要在一起好了。」

陳平也覺得自己有點自私，不該這麼直接拒絕他的邀請。她靜默地看著荷西的表情變化，突然馴服地不再多說一句話。她覺得他眼神中那束靈動、堅毅的光正在消逝。重新見面後，荷西一直講著如何喜歡大海，對潛水這項運動更是很熱衷。現在自己作為一個知心朋友，卻毫不在乎他的夢想，的確十分殘酷。

「一個弱女子，為什麼非要到荒漠裡去呢？」荷西還是帶著不解的口吻問道。只是不待回答，他又傻呵呵地笑著說：「其實，挑戰荒漠我也喜歡。」發了一頓牢騷後他又一想，陳平本來就是個隨性的人，她決定的事很少會改變。與其費盡心力去轉變，不如順著她的心思。

陳平並沒有在意他態度的轉變，只是輕描淡寫地笑了笑，心裡卻想，自己怎麼能改變一個人的夢想呢？

告別陳平回家的路上，荷西心中已經有了新的想法。他決定放棄之前的航海潛水計畫，陪同陳平去開創新的天地。起初他也很糾結，可是十分奇妙的靈光一現後，他竟也生出對沙漠的渴望來。

悠遠的駝隊，清脆而又渾厚的駝鈴，在黃沙四起中朝著遠方而去。一位身著輕紗，遮擋著臉龐的女子正在沙漠中翩然起舞。而在她的身後，是令人澎湃不已的孤獨和分不清天地界線的黃沙。荷西要被自己的想像感動了，他恨不得立即就出現在那片沙漠上。當清晨的第一縷陽光灑向沙丘時，可以面對著朝陽，行走在這片少有人煙的地方，尋覓各種快樂。可以在這個與世隔絕的地方，兩個人和和美美地生活在一起，不用與人爭吵，也不用在意別人的眼光。

如果說如火的沙漠是陳平的夢想，那麼澈藍的海水就是荷西的嚮往。水火原不交融，但為了表達自己的愛意，荷西心甘情願地把身段放得很低，低得如同一粒不起眼的沙礫，然後學著印第安人嚼著柯葉，毫不猶豫地孤身前往茫茫大漠之中。

遠方，永遠都潛藏著誘惑，雖然會有諸多想不到的艱辛。所有這些突然心生的想法，催促著荷西想要動身。他並沒有如實告訴陳平，只是在心中想將這次大漠之行，視為難得的驚喜送給陳平。當荷西到達地圖上的這個點時，才知道這雷根本就見不到細膩金黃的沙子，相反那一眼望不到頭的荒涼，卻時時處處彰顯著當地的貧窮落後。戰爭帶來的種族紛爭和災難，在這裡表現得尤為突出，人們都在為生計奔波著，還要擔心隨時可能喪命。

來到城內的小鎮，簡陋的建築和稀少的人口，讓人無法與這座中世紀建成的小城連繫起來。街道上很少見到婦女，到處是三五成群的男人，穿著花花綠綠的民族服裝，留著絡腮鬍子。荷西並沒有因為環境而止步，而是迎著一天到晚吹個不停的風，費盡心思在磷礦公司裡找了份賺錢的工作。

那些日子裡，他白天要下到深井裡去採礦，再把礦石運送到港口，晚上還要絞盡腦汁想各種辦法，把小屋子布置得溫馨舒適，盡量讓陳平到來後住得舒服一些。

沙漠的日子其實十分艱苦，日照時間長，溫度非常高，甚至還可以看到石頭被晒裂的情形。但這一切讓荷西心中始終樂滋滋的。

荷西所做的一切，陳平並不知曉。在馬德里，她獨自做著奔赴大漠的準備。從馬德里出發前，她意外地收到了一封從阿雍城寄來的信。陳平清楚，阿雍城位於撒哈拉沙漠附近，有誰會知道自己的旅行計畫呢？拆開信的那刻，她真的為荷西的做法感動了，只想趕緊就動身去那片廣闊的沙漠。

準備遠赴沙漠前，陳平與幾位女伴一直開心地瘋玩著。她雖然不捨得這些好友，卻又牽掛著遠方的荷西。思前想後，她還是決定選擇出行。

第二天，朋友們都上班了，她用心收拾完宿舍，又採擷來幾束鮮花插在花瓶中。等到一切都安排妥當後，她才提筆寫下留言：親愛的，我要去沙漠結婚了，珍重也不再見。

記得荷西去往阿雍城的前一個多月，他找到了陳平：「上次你問我是不是還想結婚，我想確實是的，雖然知道你有時性情不好，但心地卻不差，吵架打架都可能會發生，不過我還是想結婚。」

陳平不說一句話，只是靜靜地聽著。

「六年來，我想得很清楚，要把你留在我身邊。現在你終於回來了，要是不和你結婚，我害怕自己會痛苦地死去。結婚吧！」荷西認真地說著這些話，那茂密的大鬍子顯得他十分有男人味。

「你可想好了？」

「如果有來生，我也會娶你做妻子，讓我們重新有一個不一樣的人生。」

飛機起飛的一瞬間，陳平放下了所有的羈絆，一心只朝著世界最大的那片沙漠而去。雲朵是純白的，不停地變化著，就彷彿是海浪、是水波、是流動的沙，是極為迫切的心情。

等她見到荷西時，不由得愣住了。眼前這個蓄著大鬍子的男人一臉焦黑，穿著寬大的花格襯衣，破舊的牛仔褲。可愛的形象就似剛出土的文物，身上還沾滿晶瑩透亮的黃沙。彼此間也沒有太多客套，也沒有噓寒問暖，他只是用力地去抱她，而後才伸手要去幫陳平扛行李。

這些天來，荷西經受著難熬的熱天氣，每天都如同生活在火爐中。只有到了晚上，這鬼天氣才會稍微好些。風一直在吹，夾雜著粗粗細細的沙礫，但一點也不覺得涼快，反而愈吹愈熱，讓人恨不得想找處水潭跳下去。

為了心愛的人，又何必在乎這些外在的困難呢？荷西一直就這樣想，而陳平也懂得。是啊，若不是為了實現她的心願，這個大鬍子肯定正在海洋中暢遊著，根本沒必要在沙漠裡受這樣的罪。想到這裡，她的眼睛突然有些酸澀。

遼闊的沙漠，無邊的荒涼。雖然陳平抑制不住內心的激動，任憑太陽火辣辣地曝晒著，她還是興奮地朝著沙丘跑去，寂寞的沙子便流動了起來，從高處往下流，散發出滾滾熱浪。此時，她只想著如何滿足和征服。畢竟，這片勝似情人的沙漠已經讓她望眼欲穿了。「舉目望去，無際的黃沙上有寂寞的大風嗚咽地吹過，天，是高的，地，是沉厚雄壯而安靜的。正是黃昏，落日將沙漠染成鮮血的紅色，悽豔恐怖。近乎初冬的氣候，在原本期待著炎熱烈日的心情下，大地化轉為一片詩意的蒼涼。」

激動的心情是無法描述的。茫茫一片黃沙，見不到任何的建築，只有成群的駱駝和山羊。

「沙漠，我終於見到你了。我愛你的荒涼和遼闊。」

站在一邊的荷西順口說道：「沙漠，已經被你抱在懷裡了。」陳平點著頭，整個身體卻已經進入了荷西寬大的懷抱中。陽光把他們染得通體透亮，風把他們緊緊包裹。

「我們不用等到下輩子在一起，珍惜當下是最好的。」荷西平淡的語言中透著對於愛情的執著，讓心高氣傲的陳平從心底感到被征服了。人們常說大愛無形，而她此時只想靜靜地依偎在他懷裡，不管天有多熱、風有多大。

這個世界上，什麼才是真正的愛呢？

荷西什麼也沒有說，他放棄自己的興趣，甘願在沙漠裡等待愛情的到來。這樣的愛是感人的，至少可以讓人相信付出是值得的。

從機場到居住的地方還有不短的距離。車一直在開，路兩旁的沙不停地流動著，在車前形成了一道十分奇異的景觀。陳平出神地看著窗外，她簡直太喜歡這裡的荒涼了，恍若來到了奇幻的境界裡。這樣的想法是奇怪的，但她還是做好了長期居住的準備，所以出發前除了帶日常的換洗衣物外，還帶來了很多書籍。一路上，兩人不停地說著各種新鮮事。

經歷了這些年的風風雨雨，陳平早已經不是那個情竇初開的小女孩了。尤其是面對愛情時，更是有著自己的獨特想法。一路上，她既在看風景，也在用心觀察著大鬍子的表現。

好不容易等到有零落的建築出現，周圍也陸續有了人的蹤跡。兩人穿過一排排的帳篷，在一個圓形的拱門下面，是一條長廊，後面帶著兩間小屋。陳平知道這就是所謂的新家了。天南海北走了這麼久，似乎就是為了來到這裡。現在，她激越的心情終於平靜了下來。

房屋看上去十分破舊，多數地方業已脫落了牆皮，就彷彿用沙子堆起來的。再推門進去，又是一片黑洞洞的長廊，眼前什麼也看不清楚，似乎來到了前世。荷西拖著行李走在前面，陳平四處張望著，亦步亦趨地跟在後面。

對她而言，居所更應看重的是內在，畢竟外觀再好也只是別人欣賞的。望著前面那個黑黢黢的背影，她只想知道他究竟吃了多少苦，付出了多少累。她上前緊緊地抱住了他的腰。荷西一開始沒反應過來，待明白過來後，他立即伸出雙手橫抱起陳平。陳平也不造作，直接用右手環住了他的脖頸。在這個遙遠的家裡，沒有任何華美的擺設。但是，她從高處看過去，卻對這間小屋的前景充滿了希望。天氣很熱，享受著浪漫的公主抱，她沒有絲毫想下來的意思。房屋似乎帶有魔力，隔絕了外界的所有嘈雜。這樣的環境，適合讓人親近。她就那麼愜意地半躺在柔軟而有力的懷裡，像小貓一樣蜷縮著身體，兩隻長腿懸在臂彎外，不時還撒嬌地搖動幾下。

荷西終於抱得美人歸，但從來沒有想過會在這個不毛之地。他幸福地看了看懷中的女人，眼神又透過窗戶望了出去。窗外是一條路，直接朝著沙漠而去，真實而又堅定。風還在吹著，他的心緒卻已經盛開成了一朵花，而那些起伏的沙丘，一如嬌媚的軀體，在風沙的沖刷中越發呈現出美來：「這是我們的第一個家，我抱你進去，從今以後你就是我的太太了。」

這樣的感覺實在太奇妙了。她突然有些羨慕生活在這裡的撒哈拉威人了，可以長年累月地感受大自然的殘酷和奇妙，可以生生死死都身處沙漠的懷抱中。現在，陳平終於找到了自己的幸福。沙漠讓荷西更加真實而純粹，也讓心中有著小資情調的陳平更為平和。經歷了糾結和徬徨之後，她已經可以放棄一切身外的東西，來換取穩定的婚姻生活。

「這一切都太簡陋，要委屈你了。」

「哦，我很喜歡，我們可以慢慢來布置。」陳平隨口說的這句話，後來卻讓她受盡了苦頭。雖然這些於她而言，是磨難，但也是難得的幸福。

為了收拾好這個小家，陳平自己掏錢買來了鍋碗瓢盆以及床墊等用品。每天荷西要去上班，她就在家精心布置著，直到這個家越來越溫馨。在阿雍城，所有的開銷都高得驚人。她就像變了一個人，親自去扛煤氣，親自去遠處提水。而荷西也同時兼了幾份工作。他們都懂，眼下所有辛苦的付出，都是為了六年前的那個夢想。

—締結良緣—

沙漠雖然貧瘠，但用心營造的小日子卻如神仙般快活。畢竟就要結婚了，這可是人生中最值得期待的事情。

其實，開心之餘，陳平心裡也有很多苦惱。第一天來這裡，漫天黃沙的貧瘠就給陳平留下了深刻的印象。要想在這裡生活下去，就得了解沙漠的性格。白日裡火辣辣的熱浪跑遠了，頃刻間又換成了深入骨髓的冷。從窗戶望出去，茫茫黃沙似乎成了皚皚白雪，讓人忍不住渾身發抖。所謂的家裡要什麼沒什麼，真不知道荷西是怎麼度過這些夜晚和白天的。

屋子幾乎沒有擺設，只有幾張破蓆子。睡覺時，她只能躺在睡袋裡，而荷西則把自己裹在毛毯中。兩個人就這樣相依著度過整個晚上。

說實話，那一夜真的很難捱，可現實就是這樣。但陳平沒有多想，而是毅然決然答應和他結婚。第二天天一亮，她精心打扮了一番，就要到鎮上的法院去申請結婚。

荷西由衷感動。此前陳平一路輾轉奔波，從遙遠的臺灣來到西班牙，又從繁華的馬德里來到偏僻的撒哈拉，如今心甘情願成為沙漠的居民。所有這些，荷西都看在了眼裡，尤其是當她催促著自己一起去辦理結婚手續時，荷西更是暗下決心要愛她一輩子。荒涼的景緻下，兩人有說有笑地走過一間間房屋，來到了政府辦公樓前。由於不是一個國家的人，手續辦理起來便非常煩瑣，因為要涉及臺灣、西班牙、葡萄牙等地的辦事機構，只有等批覆檔案到了阿雍城才可以辦理，整個流程需要一段時間。

現在看來，不在這裡住也不行了。荷西工作的地方距離家有數百公里路程，為了陪伴陳平，他努力擠出時間搭車回來。白天，已經習慣了孤獨的她便會收拾家，盡量使家裡井然有序。縱然再苦再累，她都會咬緊牙關。很快，她就同當地人混熟了。大家都對這位看似弱不禁風的女子刮目相看。那幾十公斤的水桶，陳平都可以扛回來。日頭很烈，她全然不在乎，常常是汗流浹背，累得躺在床上喘不過氣來。

這也就罷了，只是花費些體力。但買菜的事情就麻煩多了，排隊不說，還要眼睜睜看著當地婦女不停地插隊。在大家眼裡，她就是一個外鄉人，欺負也就欺負了。沒別的好辦法，陳平只能耐住性子等。好不容易輪到自己，卻已經沒有什麼菜可以挑選了。不買也不行，買吧又盡是殘枝敗葉。好在賣菜的人每次看著她受盡欺負，便會將常用的菜收拾齊備給她留著，然後還會幫她送到車上。

陳平很感激，她並不去埋怨身邊的每一個人。漸漸地，她和賣菜的這些人竟也熟絡起來，慢慢就成了好朋友。也不知道怎麼她又認識了當地外軍軍團的司官，雖說已經退休，但影響力卻是不減。在他的關照下，陳平經常還可以坐著軍車去附近的沙漠裡兜風，領略荒漠裡的特別風景。如此，她才有機會深入沙漠腹地，去探尋與眾不同的風光，有時因為路程遠，一群人還會在沙漠裡支起帳篷，唱歌聊天看星星。極目四望，閃閃爍爍的星光奪人心魄，讓人一下子就被迷住。

在沙漠裡行走，有時還會遇見當地的游牧民族，他們快意地馳騁在沙漠中，揮灑著生命的激情。陳平為這樣的情景感動，也越發地迷戀起沙漠來。「只有在深入大漠裡，看日出日落時一群群野羚羊飛奔的美景時，我的心才忘記了現實生活的枯燥和艱苦。」她覺得，用六年的時間能尋到愛情，能找到這處可以放縱自己的沙漠，確實很值得。她從來不會隱瞞自己的收穫和喜歡，每每有任何的感受都會說與荷西，而且也會帶他一起來感受大漠風情。

結婚的手續一直在辦理中。為了讓婚禮更加體面些，荷西又開始加夜班以圖多賺錢。兩人見面的機會越來越少，陳平只能學著適應這樣的生活。有幾次，她都想把父母給的錢補貼到家用中，荷西不說，但神情中卻透著反對，她也只好作罷。沙漠中的生活完全與世隔絕，除了電燈，凡是用電的裝置都是「聾子耳朵」，只是擺設。既然這樣，陳平只能待在四處透著熱氣的屋子裡，找個地方開始寫作。這樣的感覺是美妙的，甚至能夠讓人忘記一切煩憂。

荷西回家的次數越來越少，人也越來越黑，尤其是那叢大鬍子，看上去也帶著些滄桑。只要他一回家，陳平就會撒嬌，想盡一切辦法不讓他走。荷西也不想來回奔波，可是為了賺錢，還得繼續這樣的狀態。為了不讓陳平傷心，荷西只能早早上路，可就算這樣，平時睡得很死的陳平也會跟著爬起來，依依不捨把他送到門口，然後又飛快地爬上天臺，直到他的身影看不見為止。

有好幾次，荷西回頭都看見陳平還傻傻地站在天臺上眺望，那顆堅硬的心就變得柔軟起來，頓時就有一種想哭的感覺，但他還是堅決不再轉頭，堅定地朝著礦廠而去。也有那麼幾次，他原本堅定的立場垮塌了，也不管公司會不會扣自己的薪資，就沿著原路跑了回去，嘴裡不住地喊著：「Echo! Echo!」

漸漸習慣後，她可以忍受沒有衣櫃、洗澡只能擦洗的生活，但唯一不足的就是寫作時沒有桌子，只能找塊板子放在腿上。

辦法也想過不少，但在這裡太難實現，木材在這個地方貴得出奇。其間也想說給荷西聽，卻又怕他多心，只好繼續堅持著。只是隨著她對文字喜愛程度的加深，對桌子的渴求也越發強烈起來。沒事的時候，她就到鎮上的店鋪去轉悠，想從中找到便宜貨，可每次都是失望而歸。

沙漠的生活狀態就是這樣，所有這些都是陳平自己選擇的，她也無話可說，直到有一天她在鎮上的木材店發現一批用以包裝的長木箱要扔掉，便想盡辦法讓老闆考慮一下自己。老闆倒也大方，二話不說就給了她幾塊木板。

喜出望外的陳平連連道謝，然後找來毛驢車趕緊往回拉，生怕老闆突然變卦。這一路上，她的臉上都洋溢著喜悅。木材有了，如何打造成需要的家具還是問題。荷西在家的時間不多，一個女人家又無法把它們拖到天臺上，又擔心可能會丟失，只能想辦法守著，結果把自己折磨得不輕，徒增了不少煩惱。

荷西回來後，看到這些木板也是喜不自勝，又是做滑輪，又是拆鐵條，忙得不亦樂乎。陳平在一旁看得眼花撩亂。等著簡單的草圖設計完，真正顯手藝的時候到了。

荷西和陳平都不懂木匠活，但他們硬是憑藉著自己的想像，陸續加工出了書桌、茶几、衣櫃等家具來。一件件的家具，飽含著濃濃的愛意，也見證著兩個人白手起家的堅韌不懈。這個小家越發有了感覺，前來觀瞻的人也就越來越多。這個時候的陳平是開心的、滿足的，她終於可以舒心地趴在桌子上寫作了。

人就是這麼奇怪，艱苦的環境總是可以磨練人的意志。那些日子裡，陳平最喜歡寫寫畫畫，常常陶醉在自己的世界裡。

過了一段時間後，陳平才知道這些木板都是從西班牙運來包裝棺材的。無奈歸無奈，陳平又捨不得將其扔掉，也顧不得想那些晦氣的事情，好在大家的注意力都不在木板上，也就沒有放在心上。陳平更關心的還是結婚手續的進展。

功夫不負苦心人。三個月後的一天中午，當地法院來人通知，手續已經審理透過，從次日下午六點半起，就可以舉行結婚儀式。那一刻，她有些不敢相信自己的耳朵，明明剛才還在等待，現在就盼來了幸福。馬上就要結婚了，似乎還有好多事情都沒有處理。她一會兒照照鏡子，一會兒又趴在窗前，心神不定，不知道如何是好。但她很快就決定過幾天舉行結婚儀式。

好消息要分享給最重要的人。想到這些，她覺得趕緊要把這消息傳給荷西，同時也要告訴父母。父母擔心了這麼多年，現在終於可以把自己嫁出去了。相信他們聽到這個消息後，一定也會和自己一樣開心。

就像突然發現了寶藏一樣，陳平也顧不得氣定神閒地寫信了，她催促著自己趕緊出門，一是要想辦法攔住一輛磷礦公司的車，通知荷西請假回來結婚。一是搭車去鎮上，想法發電報通知父母。關鍵時候，陳平還是很能沉住氣，她一邊盤算婚禮的事宜，一邊抬腿出門去辦事。運氣還算不錯，剛剛出門就見到了一輛磷礦公司的車，正掀著沙塵歡快地賓士著。她認識這種特有的車型，便遠遠地招手叫停。

問清楚情況後，陳平便遞過去一包菸，拜託司機通知荷西：「讓他請假回家，明天和我一起準備結婚。」司機是個年輕人，人不錯，只是半天沒有明白陳平說的話。

「明天回來準備結婚，荷西自己都不知道啊？」他很不解地問起來。

「不知道，他不知道，我才定下來的。」這話說得陳平自己也有些不好意思起來，聽得司機更是雲裡霧裡。但他還是答應，一定把這個消息傳給荷西。

荷西得知這個消息後，也是興奮得不得了，匆匆忙忙就往家中趕。「我要結婚啦，要去結婚啦」的聲音傳遍整個廠區。六年的時光，終於換來了幸福花開。他恨不得肋下能夠生出雙翅膀，早些飛到愛人身邊，盡情去享受那人生中的美妙。

當天晚上，兩個人為了鄭重其事告別單身，專門去了沙漠裡唯一的電影院，看了一場電影《希臘左巴》(*Zorba the Greek*)。說實話，沒有什麼節目可選擇，電影演的什麼內容也不知曉，兩個人只是需要這樣的儀式感，雖然簡單得不值一提，但這樣的方式足以讓年輕人感到滿足。說是看電影，實際上兩個人卻在竊竊私語，商量著如何籌辦婚禮。

婚禮一旦進入倒計時，似乎要做的事情就很多。陳平要去買水，怎麼說也要美美地泡個澡。然後還要做個簡單的髮型，換身別緻的衣服……女人的事情本來就多，現在更是煩瑣得一塌糊塗。荷西要聯絡教堂，要準備禮物，要修剪鬍鬚，等等。看來也是一大堆的事情在等著他。

陳平不是貪慕虛榮的人，她現在只想一心一意與荷西過日子。條件雖然簡陋，但精神世界卻很豐富，完全可以滿足自己的需求。經歷過那麼多的往事，她覺得一切都是浮雲，而荷西的本分實在，以及對於愛情的付出，才讓她願意安安心心走進婚姻的殿堂。

人活在這個世界上，重要的是要做好自己，就算缺少那些個身外的功名利祿又能怎麼樣呢？她從未因為身邊的任何一個人有利可圖，就厚顏無恥地貼上去。當年，有位追陳平的「富二代」，要給她送車送房，都被她婉言拒絕。她認為，愛情不是激情衝動，也不是基於物質利誘，而是兩個人彼此用心，相互依靠。在沙漠這幾個月的生活中，他們承受著昂貴的房租，面對著各種困難，還得學會在荒漠中活下去。他們如同生長在沙漠惡劣環境下的植物，以其堅韌不拔創造著希望。

第二天一起床，兩個人一陣忙亂。這個人的髮型還沒有收拾到位，那個人的襯衣還沒有熨平。最關鍵的是還沒想好要準備什麼樣的禮物送給對方。

從家到教堂，需要四十分鐘的路程。一切準備停當後，兩人才不緊不慢地朝著鎮上走去。

「你可別後悔嫁給我。我現在是一窮二白。」

「當初可是你要我嫁給你的，現在把我騙到沙漠不管了。不可以的。」陳平一本正經地說。

這樣的調侃是幸福的，也讓兩個人越發想結合在一起。然而等他們走進法院時，卻被辦事人員一身正裝搞得不好意思起來。再看他倆，陳平著淡紫色細麻長裙，頭髮用皮筋束著。荷西是藍色的寬大襯衣，牛仔褲，腳上配的是露趾頭的涼鞋。這些衣服都不是新的，感覺不像在結婚，卻似臨時拼湊起來的演員。

公證現場。

年輕的法官問道：「你願意做荷西的妻子嗎？」

「我願意。」陳平一臉虔誠地回答道。她頭上戴著闊邊的草帽，由於一時間找不到鮮花，臨出門時便用手從廚房抓了一把綠菜，又細緻地別在了帽簷上，頓時就有了濃濃的田園風情。

「你願意做陳平的丈夫嗎？」法官有板有眼地問。

「我願意。」荷西看上去有點滑稽。他的大鬍子特意修剪過，但還是可以看出烏黑發亮的鬍渣來。在陳平看來，這樣的婚禮雖然簡單，但是脫俗出新，反而容易讓人記住。所以，她並不在意這些，只是默默地享受著愛情帶來的欣喜。

時間過於倉促，陳平沒有準備任何禮物給荷西。荷西雖然沒有可以拿出手的禮物，但還是別出心裁地表達了自己的心意。婚禮上，他鄭重其事地遞給陳平一個紙盒。等她慢慢開啟時，差點沒被嚇掉魂魄，好在她很快鎮定下來。原來紙盒裡面盛放著一堆頭骨，雪白的骨頭完整地銜接在一起，可以很清晰地看出是駱駝的頭骨，兩個眼眶黑洞洞的，一對大牙齒緊緊地咬合著。

看了片刻，陳平笑了。只要是心上人送的禮物，怎麼看都是好的，都是可以讓人開心的。她的笑容是那麼美，美成一朵花深深地印在荷西心底。他這時才輕輕地喘了口氣。從此以後，這件禮品就被視為寶貝，一直跟隨著她沒有離開過。「這副頭骨，就是死，也不給人的，就請它陪著我，在奔向彼岸的時候，一同去赴一個久等了的約會吧。」

婚禮非常簡單，程序化的儀式很快就結束了。想著這樣就成了結髮夫妻，陳平心中因為情感所受的傷痕漸然撫平了。還有什麼比結婚更值得記憶的事情呢？

總之，這兩個人結婚了。經過六年的等待，他們終於走到了一起。

—婚後生活—

所有的生活，在外人看來都是光鮮幸福的。

儀式一結束，這兩個人就著手準備去度蜜月。公司還專門為荷西漲了薪水，批了半個月的婚假。雖然沒有見過女婿的模樣，陳氏夫婦還是尊重了女兒的意見，希望他們能夠幸福地生活。

沙漠裡的蜜月，其實沒有多少選擇，但經過陳平的安排，頓時就有了趣味。他們租車直接沿著沙漠往西走。

車行大漠，自有一番情趣。越是無人涉足的地方，越是充滿他們的笑聲。這笑沒有絲毫造作，完全是心靈的放飛。等待了這麼久才來的幸福，誰會不珍惜呢？

無論是從車窗看外邊的風光，還是親自感受沙漠的真實，都在滿足著陳平的沙漠情結。她就像個孩子，全身心都投入旅行之中。來到撒哈拉沙漠有段日子了，但等她眼下開始橫穿這片大沙漠時，才真正知道沙漠有多大，自己有多渺小。這樣的震撼，讓她更加明白大自然的瑰麗，明白不同地域的文化差異。

車經過了阿爾及利亞後，又輾轉著回到西屬撒哈拉沙漠。成天看沙漠，陳平並不厭煩，相反還讓她那顆自由的心，更加貼近這片神奇的土地。彷彿步入了另一個世界，車行到每一處，都有著不同的感動。

在陳平眼裡，常年居住在這裡的人，單純而質樸。「他們根本就不知道什麼是名，也無所謂利；他們就是沙漠裡的一種產物，跟沙漠裡的一塊石頭，一朵仙人掌上的小花一樣，屬於大自然。他們從不抱怨冷，從不抱怨熱，也許知道世局，但並不關心。」或許簡單才會閃爍出另一種美來，反正從沙漠的土著居民身上，她在嘗試著發現和感受另一種美。

一路上，小倆口構想著以後的幸福生活，想像著如何把這個不起眼的小家，用心打造成為沙漠中的「宮殿」。陳平相信自己有這個能力，當然她也相信老公會給予她全部的支持。小倆口依偎在一起談論著，也不在乎隨行司機的眼光。現在看來，沙漠中的時光是如此之美，而司機也是別出心裁，由斯馬拉直接插到了新內加地界，而後又沿著另外一條小路，來到了西屬沙漠下方的維亞西納略，最終到達阿雍城。

這一路風塵僕僕，吃不好睡不好，強烈的紫外線把人晒黑了許多。彼此互望，相互調侃，更覺人生中有許多值得開懷的地方，最重要的是彌補了兩個人此前分多聚少的缺憾。

不待從神奇的旅行中走出，平凡的家庭生活又要重新開始了。陳平應該是有心理準備的，但還是對於荷西的工作心生罅隙。

「老公，你要是不上班該多好，我們就可以天天在一起了。」荷西一邊收拾工作服，一邊憨笑著說：「不工作，就沒有幸福的生活。」

「你就不可以留下來陪我嗎？就一天。」她帶著撒嬌的口吻說。就在幾天前，陳平還囑咐荷西要好好工作，賺錢來改造這個小家。但女人就是這樣多變。

幾天後，陳平終於耐不住一個人在家的寂寞了，把正要出門上班的荷西攔住了。

「今天就不要上班了，我要你留下來。」陳平很認真地說。「別鬧了，一會就趕不上去公司的班車了。」荷西說完就要出門，沒想到陳平轉身拿來一把菜刀，橫擋在門前，滿眼含淚地說：「你今天要是去了，我就拿刀殺了你。你就知道上班，我在家要去提水，要去換煤氣，還要搶在物價上漲前去採購，這到底是什麼樣的生活？」陳平剛才還好好的，說著說著突然就翻了臉。荷西能做的只有安慰，緊緊地把她擁在懷裡，並輕輕地拍著她的背，想盡快讓她煩躁的情緒平穩下來。

荷西走後，陳平就後悔了，為自己衝動的舉動感到懊悔。確實，一個人在家裡，難免會有許多寂寞無聊，也不知道該做些什麼。

為克制因脫離文明社會而帶來的壞情緒，她不斷強迫著自己做事情，生怕大腦閒下來就會生出吵架的事情。如此一想，她就完全像變了一個人，很快就從嬌慣的都市女，成了操持家務的主婦，以此來修正自己的小孩子脾氣。

這個世界就是這樣，只要你願意用雙手來創造，就會有意想不到的收穫。就如刷牆，也不知道陳平怎麼想的，從鄰居處借來油漆，就開始認真地塗抹起來。之前，她哪裡又做過這樣的事情呢？白色的泥灰如同雨下，大片大片地滴落在頭上、臉上，甚至有粉塵落進眼裡。她哭不出來，一個人也不知道哭給誰看。想到這些，反而讓自己的舉動給逗笑了。

刷牆是個技術活，也是個體力活，但在陳平眼裡，卻是個徹頭徹尾的藝術行為。她隨心所欲地刷著，把自己的天賦都刷到牆面上。這就是她精心打造的神奇世界，她也相信荷西一回家就會被感動。

荷西確實也發現了家中的變化，牆壁上斑駁的泥灰，恍若小孩子初學畫畫時的手筆，再看歪躺在床上的妻子，全身上下都沾滿泥灰，已累得沉沉睡去。他也不願打擾她休息，又接著在牆上塗抹起來，把之前的那些塗鴉一般的痕跡全都均勻地刷了一遍，這才去做晚飯。等到陳平醒來時天已經黑了，可她還是迫不及待地拉著荷西要看自己的成果。荷西順從地跟在後面，不斷地誇讚著陳平的變化。

這樣的表揚陳平是受用的，她聽得樂滋滋的。在以後的艱苦歲月裡，她把所有心思都轉移到居家過日子上面。還記得第一次走進這個房子時，家徒四壁，甚至連水泥地面也是坑坑窪窪，稍不小心就會扭到腳。陳平每次都是小心翼翼，生怕會把自己摔倒，她也一直想改變這樣的狀況。

現在機會終於來了。她透過鄰居買來一批用沙子做成的空心磚，然後又找來工具，開始動手要給家裡鋪地。這樣的想法對於她來說，實在有些太難實現，但她還是嘗試著將一塊塊地磚鋪得平平整整。陳平天生就有著藝術天賦，看到家裡逐漸大變樣，她非常滿足，對著鏡子不住地傻笑。

為了讓這個小家更溫馨，她又買來幾塊厚海綿墊子，分別砌放在靠牆的地方，又動手縫了帶有花邊的布，竟然製成了一個簡易的沙發。做完感覺還真是不錯，軟軟的，可以躺可以坐，非常舒適，一下子提升了房間的品味。陳平還專門給父母親寫信匯報了此事，聽得老人又激動又傷感，更多還是為女兒長大而欣慰。

荷西原以為這位「女神」嬌生慣養，見到這些巨大的變化後，實在喜出望外。在他的表揚下，她繼續發揮自己的聰明才智，把所有能用的材料都恰如其分地加以運用。周邊的朋友和鄰居聽說陳平心靈手巧後，更是三天兩頭過來參觀，她做得更加起勁了。

小家一天天在變美，這樣的變化有目共睹，樂得荷西在人面前說話時也是底氣十足。沒想到的是，這樣的改變卻無意中喚醒了陳平之前的興趣，她重操舊業，又開始撿拾起破爛來。雖然別人議論紛紛，但陳平不顧不管，撿得開心愜意。尤其是發現中意的破爛時，更是會樂上個三五天。

在他們的小家裡，所有的破爛都派上了用場。汽車輪胎披上墊子，就成了搶手的座椅。各種形狀怪異的瓶子，一旦經過精心裝飾，再插上不同的野花，就沾染上了藝術的氣息。就連各式各樣的海報也有了用途。這個時候的陳平就是一個神奇的魔法師，可以把棉紙變成漂亮的燈罩，可以讓廢棄的動物皮毛，經過處理後變成漂亮的靠墊。

這變廢為寶的手藝，每天都會吸引來一群家庭婦女，她們在陳平的帶動下，也開始穿梭於臭氣熏天的垃圾場，賣力地翻尋著需要的垃圾。荷西從來不管，他只是享受著這一切變化。種種變化，不僅僅吸引著四周的鄰居，無意中也讓一名當地的記者大開眼界。

有一次記者在經過這裡時汽車拋錨，撿垃圾的陳平看到那人遇到困難時不知所措，便及時出手來幫忙。一下午的工夫，兩人竟然變成了好朋友。記者聽到陳平的故事，一開始還不相信，直到親眼見識過之後，才對這位弱不禁風的女子佩服得五體投地。那完全是一個多維的奇妙世界，小小的居室中，她讓人見證的何止是藝術，更是她對於這個家、對於沙漠的愛戀。

「這些都是你的手藝？」記者雖然見多識廣，但還是被這精心的設計觸動了。在這其貌不揚的房屋裡，他領略到的是一種智慧，一個女人內在的優雅。

有段時間，她為了把家裡收拾得更加漂亮，竟為了幾株花草，把目光投向了當地的最高長官家裡。她覺得這想法無傷大雅，便趁哨兵交接之際來到總督家裡。花已經到手，她本來可以安全脫身，不料想突然來了雅興欣賞花園，結果讓哨兵抓了個正著。

陳平還未開口說話，恰好荷西從這裡路過。他見到妻子身陷麻煩，便奮不顧身前去同哨兵交涉。兩個男人越說越複雜，而她又插不上嘴。好在哨兵知道這位因撿垃圾而大名鼎鼎的東方女孩，待弄清情況後，便客客氣氣地送他們出了花園，同時還將那幾株花送給了她。陳平則盛情邀請他和他的朋友，有時間去看看她的手藝。

一場虛驚，又結識了一位朋友，讓陳平多了些許生活的閱歷。說到閱歷，撿破爛還會撿出靈異事件來。

一天午後，陳平不知不覺來到了一處墳地旁邊的垃圾場。天氣太熱，大家都躲在房屋裡避暑。只有風比較熱情，把垃圾吹得四散開來。她也顧不得這些了，只是低頭用心翻找著，對瀰散的臭味也不去躲避。翻著翻著，差點撞到一位撒哈拉威人身上。她還沒反應過來，那人就從寬大的衣服中掏出了幾個雕像，要扔到垃圾堆中。陳平只看了一眼雕像就喜歡上了，便等著撿。結果那人似乎猶豫起來，她也沒有任何顧慮，直接上前討要。說是討要，其實和強要沒什麼區別。

那人的面目始終沒看清楚，但他終究大度地把這些雕像全部奉送。待到要說感謝的話時，眼前空空如也，四處也見不到一個人影，雕像卻完好無損地放在眼前。

這一切就像做夢一樣。帶著無比的疑惑和驚恐，她趕緊抱著這堆寶貝離去，到了家裡，還感覺恍若在雲裡霧裡。

撿破爛生出許多故事，也讓陳平很快成了當地的「明星」。可她並不滿足於這些，除了繼續保持著撿破爛的興趣之外，又開始精心照顧起荷西的飲食起居。都說想要拴住男人的心，就必須先要拴住他的胃，陳平看起來大大咧咧，其實內心也有不為人知的祕密。

說到做飯，陳平始終不太擅長，對此最擔心的還是父母。為兒女操了一輩子的心，最後的關注點還是落在會不會做飯上。在以往漫長的歲月裡，做飯是女人必須具備的基本素養和技能，從少女時代就要被迫學習各種食物的製作，只有這樣才能勤儉持家。

母親每次來信都會叮囑，時間一長，雖說老生常談，但她多多少少還是會照著去做。要說做飯，其實並不怎麼難。第一次下廚，陳平動手做了頓西餐，她想改變自己，也想把丈夫培養成一枚吃貨。

陳平決定動手之後，立即長途跋涉去市場上買來各種食材，然後憑著記憶照葫蘆畫瓢。沙漠裡的馬鈴薯比較多，馬鈴薯餅自然是首選，她把馬鈴薯放入鍋中煮熟，再用力搗成泥，放上雞蛋、鹽巴、胡椒麵，而後又加入適量的麵粉，同時拌上蔥末，倒入油中，煎成金黃。馬鈴薯餅讓她看到了希望，後面陸續又嘗試著完成了黑胡椒桂花蜜汁煎小牛排、什錦吐司披薩等，雖然做得不正宗，但這樣的嘗試讓她的興趣越發濃厚。

隨著這些美食問世，有心的陳平還把製作過程、心得體會一一記錄在小本本上。母親看到女兒變化如此之大，經常透過航空包裹寄來各種食材。這些東西堆放在小小的廚房中，不時地惹得朋友們前來蹭飯。大家品嘗著這些可口的飯菜，嘴裡不住地稱讚，並把這小屋叫作「亞洲飯店」。

「亞洲飯店」，記錄下一位新娘的變化。現在做飯是陳平喜歡做的事，尤其是看著大家大快朵頤，她心中美滋滋的。

最有口福的莫過於荷西了。本來還糾結於如何陪好她，卻沒想到一系列的變化讓人有些摸不著頭緒。為了讓荷西感受到東方女孩的不同，她想盡辦法為他變換著花樣。單是普通的粉絲，在陳平手中就可以翻來覆去，做成各種美味。這些讓荷西大開眼界，他哪裡知道妻子的故鄉本就是個美食大國，任意一道菜都勝過沙漠中的單調。

有了美食，調皮的陳平還會為老公編撰一個個故事來下飯，常常聽得荷西目瞪口呆。不過荷西從來不會停下筷子。美食要比藝術更加吸引人，經過大家的口口相傳，荷西的上司也忍不住想一飽口福了。他接連幾次都藉著問詢工作之由，順便說到了「亞洲飯店」的事。荷西非常開心，當場邀請他和家屬來品嘗妻子的手藝。

生活就是這樣，原本是不起眼的一對夫婦，現在卻成了大家熱捧的對象。那天的飯吃得大家興致高昂，一道道菜也是出盡了風頭。臨分別時，那位上司還依依不捨地邀請陳平來公司工作，成為公司的一分子。後來，這件事還被她寫進了一篇文章中，沒想到文章卻成了廣告，惹得公司的員工以各種理由蹭吃蹭喝。看著這些人吃得滿臉流汗，「我很高興我有了歸宿，我太幸福了，許多人一生只活一次，但我活了許多次不同的人生，這是上帝給我的禮物」。

第六章　一聲嘆息風流去

—最美人間—

「我本來亦不是一個溫柔的女子，加上我多年前看過胡適寫的一篇文章，裡面一再地提到『超於賢妻良母的人生觀』，我念了之後，深受影響，以後的日子，都往這個『超』字上去發展，結果弄了半天，還是結了婚。」陳平在一篇文章中寫道。她幽默而又風趣，甚至還帶著調侃的意味。

荷西越發離不開陳平了，不僅僅因為超凡的手藝，更重要的還有她對於生活的向上態度。在陳平的悉心打理下，這個家發生著翻天覆地的變化。對於做菜，她是全身心投入其中，想盡辦法做著各種可口的美食。沙漠中的單調生活，在陳平一雙靈巧的手中變換著花樣。平凡的生活多了樂趣，她也變得更加迷人。

荒涼無比的沙漠，讓陳平的心情好到極致。隨著與周邊鄰居的關係日益融洽，她自是越發喜歡這個偏僻落後的地方了。這個時候，她渴望流浪的心完全被小小的家拴住了。為了盡快融入，陳平還不斷地改變著性格，就像頑石一樣努力磨礪著自己，像花草一樣修剪著枝葉。

「牆在中午是燙手的，在夜間是冰涼的。電，運氣好時會來，大半是沒有電。」條件非常艱苦，但這也是陳平心態最為平靜的時期，她的心情就像湖水一樣不再為風雨所動。

有了家，就有了牽掛。荷西上班以後，陳平就開始動起來，把簡簡單單的家務事，當成天下最快樂的工作。周圍的撒哈拉威人也開始對這對夫婦好奇起來，搞不懂他們為何會那麼多手藝，甚至談論中視這些人為天外來客，有著一般人不具備的神奇魔力。於是，便有熱心人偷偷來觀望，也有人帶著強烈的好奇心拜訪。陳平每日裡要不停地面對各式各樣的問題，還生怕說不到點子上。有些人懂了，開心而去。有些人依然不懂，反覆來問。就連附近的山羊也趕來湊熱鬧。

當地的房屋建得很有特色，由於沙漠地帶常年少雨水，平整的屋頂上便開了個四方的大洞，主要用於採光。這個洞曾經帶給陳平好多想像。「我就望著那個四方的大洞，看灰沙靜悄悄地像粉一樣撒下來。」確實，那個大洞完全就是天然的降沙口，不論你把屋子收拾得多乾淨，總會有沙灰從上空紛紛揚揚落下來，不一會兒在地上就形成了小小的沙堆。每次打掃這些細沙時，她總是會忍不住唉聲嘆氣，可一旦看到鏡子中那個無奈的可愛形象時，又會悄聲安慰自己。

原本日子就這樣一天天過著，然而這天，屋頂上慢悠悠走過來一隻長鬍鬚的山羊，探頭探腦朝著四方洞中看。沙發上睡覺的陳平猛地一抬頭，嚇得靈魂差點出竅。她用牙用力地咬住手，不讓自己出一絲的聲音。山羊不住地用蹄子刨四方洞的牆沿，沙灰便爭先恐後往下掉。她一邊抬頭往上看，一邊嚇唬著山羊，想讓牠早些離開。然而牠就是不走，還故意擺出「能奈我何」的模樣來。

陳平既擔心牆會垮塌，又擔心羊會從高處掉下來。一個人六神無主，不知道如何是好。最後這隻羊還算知趣，注視了陳平一段時間後，無聊地離開了。一場虛驚之後，荷西回來了，他聽說這樣的趣事後，先是和妻子開了會兒玩笑，然後又按照她的要求，在四方洞上加了層玻璃。

有了玻璃後，陸續還有羊過來，有時是伸頭往下看，有時是蜷臥在上面享受陽光。陳平別提有多後怕了，好在沒有掉下來，要不然得多嚇人。陳平慢慢地才知道，當地人都把羊圈在屋頂的平臺上，平時方便擠羊奶喝。由於房屋都緊挨在一起，平臺便平整地連在一起。家家戶戶之間也不設防，大家可以互通有無，利用空地。只是沒想到，山羊也會對這位東方女孩生出好感來。

為了防止山羊再跑過來騷擾，荷西又在房屋的連線處砌了圍牆，想著這下可以一勞永逸了，結果調皮的山羊們也是卯足全力，一隻隻邁開前腿就輕易跳過來，就彷彿這裡有豐盛的水草一樣。沒辦法，荷西開玩笑對鄰居們說，下次要是有羊從屋頂上掉下來，我們可就烤全羊吃。鄰居們才不在乎，因為誰也沒有見過有羊會從四方洞中掉下去。

說的也是，那麼大的一隻羊，怎麼會從小小的洞中掉下來呢？就在大家熱心討論這個話題時，真有一隻羊傻傻地掉入了四方洞中。那羊也不知道為何，先是踢碎了上面的玻璃，伸頭就往洞裡鑽。陳平看得瞠目結舌。

碎玻璃渣掉得到處都是，點綴在浮起的沙塵中，像極了遺落在沙漠裡的珠寶，閃耀著星星點點的光芒。望著這一地亂糟糟的景象，她又不能立即就去收拾，頭頂上方那隻傻羊正在用心折磨著，非要嘗試一下高空自由飛翔的感覺。陳平急得要瘋，她準備爬上平臺去把那隻羊給拖出來，可是還不待出門，牠已經重重地摔了下來。

幸好這羊並沒有死，狂叫了一陣子後，才努力爬了起來，開始滿屋子找出口。眼看著精心收拾的家，就讓這個不速之客給糟蹋了，陳平氣不打一處來，恨不得暴打牠一頓。但是人家不理不睬，我行我素。看著看著，陳平氣也消散了，竟開心地大笑起來，笑聲把小羊嚇得紋絲不動，警惕地觀察著周圍。

一隻羊掉了下來，不久後又掉下過一隻。陳平真是無語了，只能把玻璃換成了透明有機瓦。聽說有羊從四方洞掉下，好多孩子便來了興趣，興沖沖地圍上來，也不管陳平在家裡幹什麼，伸著腦袋就四處亂看。小孩子是天真的，但陳平卻讓這些孩子折磨得夠嗆，又沒有別的辦法，只能隨時和動物一樣，接受著大家的指指點點。這樣的日子有著太多無可奈何，但自由的心靈卻是放飛的，畢竟生活就是這樣的。

除了羊之外，天臺上還經常會有撒哈拉威女人來晾衣服。大家在一起，免不了要聊天。由於生活習俗不同，她們有時會來借陳平的東西用，每次都是有借無還。陳平起先還會硬著頭皮催要，對方卻表現出匪夷所思的樣子，背地裡還指責她太不夠意思。內衣褲屬於私人物品，她們也是不管不顧，從天臺直接收回去就用，幾天後才會無所謂地還回來，說什麼被風颳落在地，現在撿了送回來。陳平常常氣得無語，只能自己長個心眼，把這些小衣服晾在家裡面。

陳平常常被搞得哭笑不得。這些事雖不愉快，好在她性格不錯，周圍的人都喜歡她，視其為好朋友。誰家裡要是宰殺了駱駝，首先就會想到給她來一盤。誰家裡有好吃的，也會給她送過來。她們骨子裡的小氣與大度，竟然是如此渾然一體。對於駱駝肉，她開始還是拒絕的，看到那大塊大塊的肉，她多半是恐懼，後來嘗試著吃了些，慢慢也就接受了這種獨特的口感。

一件件小事，看起來不可思議，想起來卻是妙趣橫生。

拋開這些與人打交道的事情，陳平最喜歡的還是陪著心愛的人，一起駕車去沙漠深處追逐夢想。在寂寥無人的世界，可以對著一叢叢草發呆，也可以對著一處沙丘出神。生活原來是這樣的美好。再看看荷西，以前那個喜歡寫情書的男孩不見了，生活的負擔已將他變得更加結實黝黑。她靠在他寬大厚實的肩膀上，看著大漠落日的餘暉，頓時就從心底升起蒼茫的壯美來，頗有「走馬川，雪海邊，平沙茫茫黃入天」的氣勢。

陳平對茫茫大漠有著一種特別的情懷，從前她從來沒想過自己會依偎著心愛的人看落日，而且還是在這單調的黃沙中。

那真是可愛的一天。他們一直行走在路上，好不容易有時間停了下來。光線在變暗，生命力強盛的草卻依然醒目，像沙漠的眼睛。這種綠，忍受著沙漠的炎熱，用生命守護著這片荒漠。這些綠色也像極了隻身來到阿雍城的陳平，雖然沒有花枝招展，卻給荒涼增添了生機，彰顯著生命的蓬勃向上。

「這綠色真的是太奇妙了，除此之外還有什麼能代表生命呢？到處都是死亡的面目，到處都是奄奄一息。」

「我們的愛情就像這綠色，充滿著生命力。」荷西不善言辭，有時說話卻很讓人感動。

溫度漸漸降下來，他只覺得有雙手緊緊地抱住了他的腰。一股子溫暖的感覺頓時在身體中流動開來。「要是一直在一起該多好啊！」說到這裡，他們帶著撿來的烏龜化石，起身朝車上走去。一到晚上，沙漠的溫度會降到零度以下，不盡快離開的話就很危險。

車在沙漠中撒歡地跑著，依稀還能夠看到以前留下的車轍，就那麼朝著遠處延伸過去。窗外一片肅殺，死氣沉沉的沒有任何生機。離開迷宮山越來越遠，卻不知道怎麼就開進了一片溼地邊。

「你來開車，我下去看看地形。」荷西說著，就停車下去，刺眼的車燈照射得很遠，望過去還是沙漠。陳平跟著荷西的足跡小心翼翼駕著車，生怕有任何的閃失。剛才還覺得渾身涼颼颼的，現在卻又讓汗水溼了後背。

「荷西，荷西，快停下！」陳平還全神貫注地開著車，突然發現荷西身子一斜，人沒有倒下，但明顯少了多半截。再一細看，他身後竟然冒起了一連串的泡泡來。

荷西手忙腳亂，身子往下陷著。陳平顧不得許多，趕緊從車上跳了下去。「但是荷西已經踏進這片大泥淖裡去了，溼泥一下沒到他的膝蓋，他顯然吃了一驚，回過頭去看，又踉蹌地跌了幾步，泥很快地沒到了他的大腿，他掙扎了幾步，好似要倒下去的樣子。」陳平徹底慌了，可是她沒有任何的辦法，只得到車上去找尋工具，然而什麼也沒有。

荷西知道自己沒救了，只能讓她回到車上去。溫度越來越低，他連說話也變得結結巴巴。陳平想死的心都有了，可她不能看著心愛的人就這樣消逝在泥水中。

「我不，我不要你死！荷西，我愛你！」她的話聽起來像是告別，軟弱無力。她恨自己，為何出發前不阻攔他，非要跑這麼遠尋找烏龜化石。如果不出來，他們現在還在溫馨的小屋中喝酒聊天呢。

荷西還在招手，示意她趕緊到車上去。

「不，不要！我們要死在一起！我不能沒有你！」陳平淚流滿面，她徹底要對自己的人生感到絕望了。這時，一束光線射了過來。

陳平像打了雞血，也不知道怎麼就爬上了車頂，放開嗓門大聲喊叫又從車頂爬下來，瘋狂地按著喇叭。深夜裡，這求助的聲音顫抖著，帶著無盡的希望。就連荷西也變了態度，催促著陳平想辦法。

燈光由遠至近移了過來，從車上下來了三個撒哈拉威男人。這些人一見陳平頓生歹意，根本就不在乎現在泥潭中的荷西，任憑他發著怒。

荷西眼睜睜看著這幕，無奈除了破口大罵外，束手無策。陳平和這幫壞人周旋著，好不容易上了車，一腳油門下去，便似風一樣開得遠遠的。她也不知道自己是如何甩掉這幫人的，等她熄掉燈光，關掉發動機，坐在駕駛倉裡發呆時，才驚覺自己這輩子可能再也不會見到荷西了。車裡的哭聲由高到低，是那麼悲切，是那麼傷情。等她哭夠了，又趕緊開車去找荷西，怎麼能將他一個人扔在這裡呢？就是死，也要把他帶回溫暖的家中。想到這裡，她來了精神，又一路摸索著返了回去。

荷西還在，稀泥已經湧到胸口，他臉漲得通紅。見到陳平安然歸來，他一顆懸著的心才落到肚子裡。

「還好嗎？親愛的。」他四肢被牢牢困住，真的難以想像是什麼樣的滋味，說起話來也是氣若游絲，命懸一線。

「我要救你，一定要把你救出來！我們還要生寶寶！」陳平說到做到，她想盡辦法總算把他從稀泥中拽了出來。從泥淖中爬出來時，荷西就像走了回鬼門關，全身有氣無力，躺在車邊再也不願移動身體。

過了許久，他似乎養足了精神，這才說道：「還要來沙漠找化石嗎？」

「要。你呢？」

「我也是。」

「什麼時間？」

「明天下班。」荷西說著就哈哈大笑起來。

這便是生活，先是用驚險趕走開心，然後又在經歷種種驚險後再次開心。開心是一種生活狀態，而驚險卻讓這兩個相愛的人，重新領略了愛的偉大。即便是荷西身體沉沒了，愛情的意義和價值也同樣讓人感動不已，更何況他還死而復生。

「這是承諾，還是笑話？」陳平思考了一會兒問。

「我不知道，我希望只是愛。」天已經非常冷了，他脫去身上的溼衣服，又從車裡找來毛巾擦了擦，順手撿起一件衣服套在身上，然後駕車朝家的方向駛去。現在還是火熱的夏天，他們已經在這裡一年多的時間了，以往都是按部就班地生活，只有今天，把以往規律的生活方式打亂了。遠處的光在變白，越來越白。剛才的黑暗卻像被水沖走了，漸漸越來越弱，直到無法看見。之前的一切，就像做了一場可怕的夢。再看陳平，她修長的睫毛下是一雙緊閉的雙眼，和著溫柔的氣息熟睡著。

路從來沒有這麼顛簸，他處處小心地開著車，只怕會攪擾了她的沉睡。那完全就是一個夢，好像一叢沙漠裡的綠色，有著歡快、有著向上、有著無法言說的美妙。他伸出手去觸摸她的臉和身上柔軟而溫暖的皮膚。車此時恍若行在水裡的舟船，來來回回蕩漾著，讓人迷醉在陽光初升的早晨。

迷宮山之行，讓彼此間的感情升溫，也讓溫暖生動的接觸成為輕柔如細雨的記憶。雨水澆灌下的綠色，溫潤而有生機。陳平帶著這種獵奇心理，繼續在阿雍城周圍發掘著各種未知。

比如沙漠中洗澡。在這裡，肥胖的女人是受歡迎的。平日，這些女人都喜歡用布把自己遮得嚴嚴實實，恨不得把全部都包裹起來，只留下一對眼眸。懷揣好奇，她穿著泳衣走進了洗澡堂。就見這裡的每個人都用扁平的石頭，用力地朝著身體上刮，一條條黑水便沿著峰巒一般的身體流了下來。言談中才知道，這裡的人很少洗澡，大多數都住在帳篷裡。

澡堂裡的氣味很重，陳平草草衝了幾瓢水後，就覺得身體有些發冷，便要穿衣出去。

開車回去的路上，陳平用那雙很大的眼睛不斷地觀望著外面，其實她還在思索一件事，就是要把這裡的一切都記下來，不論是用心還是用筆。她要告訴那些沒有涉足沙漠的朋友，這裡是如何的有趣，如何讓人難忘。時間到了1976年5月，陳平用心書寫的《撒哈拉的故事》如期出版。這是她的第一本書，後來連續多次再版，風靡一時。

從這本書開始，她真正意義上重新撿拾起了寫作，並一直堅持到生命結束，或許是為了這片內心喜歡至極的沙漠吧。她又給自己取了個筆名叫三毛。

——生命孤獨——

快樂的日子總是非常短暫，對於成為家庭主婦的三毛來說，更是如此。

從被稱為三毛那天開始，陳平快樂得就像無比輕盈的風。她每天最開心的事，莫過於回覆天南海北的讀者來信，介紹撒哈拉沙漠的情況，她樂此不疲，完全陶醉在自己的小世界中。

好多時候，她都在想如何幸福地在沙漠中生活下去，和荷西一起過優雅別緻的生活。雖然生活中會經歷太多意想不到的事情，可這些終究都是浮雲，細細想起來卻有著太多樂趣在其中。

屋子裡的綠植越來越多，它們努力地生長著，在沙沙的聲音中簇擁著，那聲音說不清到底是流沙還是在拔節。但切切實實帶給了這個小家非凡的生機。三毛靠在簡陋而有情趣的沙發上，沙發已經有些時間了，現在看來像一朵盛開的花。皺巴巴的坐墊，如同重重疊疊的花瓣，柔柔的，厚厚的。來來往往的人常常坐在上面，開心地談論著各式各樣的事情。畢竟，她心情是愉悅的。

不知不覺，已在沙漠邊緣住了近兩年的光陰。阿雍小城的印象，清晰完整地銘刻在她的腦海深處。從來這裡的第一天起，她就將自己視為當地人，與當地人一起快快樂樂地生活著。現在想來，那些個藍眼睛的當地人並非冷酷、險惡的，他們充其量只是生活在不同的世界，讓人敬而遠之罷了。

春天過去了，炎熱的天氣越發熱烈起來，沙漠還是那副模樣，無情中又有著樂趣。周邊早已跑遍了，兩個人就像沙漠裡的地鼠，沒事就會開著車出去兜風、探險。可以說，她與這裡的一草一木都有連繫，她將它們視為生命中不可缺失的部分。

荷西把手輕輕地放在她肩上，極其輕微地撫慰著她。這些時日的變化，他都看在眼裡，感動在心間，他為心愛的人能夠在這艱苦環境中無怨無悔而欣慰。這段時間他回家少了，由於西班牙、摩洛哥和阿爾及利亞等國交惡，把矛頭都對準了處於交叉地帶的撒哈拉沙漠地帶。公司裡也在不時地動員，要求大家配合好軍隊撤離重要物資。

荷西是公司裡的核心人物，自然要時刻待在公司。這種情形之下，他還是會想辦法回來看三毛，生怕有個意外。每次回來的路上，他都會看到牆壁上有許多極端的標語，血腥的字眼和著鮮紅的顏色，讓人一下子感到了時局的動盪。三毛卻不在乎這些，每次荷西說起來這些事，她都覺得與自己無關，就像聽別人的故事一樣。自然，她是單純的。過慣了太平的生活，也就想不到社會局勢的複雜，依然一門心思撲在這個小家上。

這天午睡起床，她出門想買些日用品，隔壁家的小女孩笑盈盈地跑過來，要唱首歌給她聽。三毛很開心，這些年流浪漂泊的日子裡，她很喜歡小孩子，也希望能快些有自己的寶寶。

「唱吧。」她滿臉含笑。

小女孩一本正經地站好，溫柔細氣地就唱開了：「先殺荷西，再殺你。先殺荷西，再殺你。」三毛聽得毛骨悚然，小孩子唱完後，還跑過來抱三毛。小孩子自然什麼也不懂，可成天只痴迷於家務的她，終於感到了時局的變化動盪，平靜的沙漠生活也將要掀起大的波瀾。

本來要出門的好心情沒有了，她只想轉身「回到家裡成一統，任爾東南西北風」。此時，只有家是溫暖的、安靜的，讓人處於一種夢幻的狀態中。可是，開門的瞬間，她又發現了自己家的牆壁上，也重重地書寫著血色大字：西班牙狗滾出我們的土地！

那一刻，她的心情變得很不好，甚至不知道自己是怎麼回到家裡的。門反鎖了還不放心，後面還要放個桌子，窗戶也不敢開了，讓窗簾把一切都隔絕起來。這樣一番布置後，心底才算平靜下來。只是沒了心思看書寫字，坐臥不安也不知道做什麼，索性侍弄花草。

經過了解才知道，西班牙的國力近些年來不斷衰弱，對於撒哈拉威殖民地的控制力度也是大不如前。生活在沙漠邊緣的人民和善勤勞，但他們骨子裡卻渴望著自由，希望能夠解除與西班牙的關係。於是，各種復雜的關係就交織在一起，一方是當地政府組織，一方是善於打游擊戰的地方武裝，雙方為自己的權益邊談邊打。平靜的沙漠更加火熱起來，常常看到各式各樣的隊伍你來我去，相互攻擊。開始當地武裝還只是仇視西班牙人，到最後就無所謂哪裡人了，看到誰就槍殺誰，嚇得當地人都不敢上街。本來就偏僻的地方，因了這些情況變得更加淒涼。

三毛決心不捲入這些爭鬥。在她看來，無論誰來領導這個地區，都是和她無關的。可如今，她已經不知不覺地被納入對立的勢力圈中，一想起來就覺得可怕。面對濃濃的敵意，她只想盡快脫身離去，雖然她對這座小城市有著別樣的感情。這裡讓她找尋到愛情、組建了家庭，如果沒有這些爭端，她還會有一堆寶貝。只是這些現在都成了臆想。

沒辦法，生與死、愛與恨本來就相互纏繞在一起。想到這裡，她又有些釋然了。不是嗎？就在前不久，深愛自己的荷西有了豔遇，這些都是她不曾想到的。

那是有一次三毛和荷西一起去賣魚，走到一家酒店門口，自己偷懶想休息，就讓他提著一條魚走進去推銷。沒想到多半個小時過去了，荷西還沒有出來，她忍耐著，等待著，直到實在沒耐心再等下去，這才直接進去想看個究竟。

沒想到有個漂亮女孩正在摸他的臉。女孩溫柔的手細細地觸控著，荷西卻沒有任何表情變化，完全就是一隻呆瓜，又似乎進入了沉睡的狀態。她站在門口沒有說話，只是靜看著事態的發展。那個女孩無比鎮定，那隻手隨心所欲地遊走著，彷彿在為他驅散煩惱。他到底在想什麼？三毛腦袋裡亂亂的，她實在看不下去了，猛地在寂靜的大廳中喊了一嗓子：「賣魚，五百元一斤！」說著將手中的魚狠狠地摔在桌面上。

兩個人從陶醉中清醒過來。

「你不可以亂漲價，你先生剛說的五十元一斤。」她一副底氣十足的模樣。荷西有些著急，忙把三毛拉到一邊說：「你別鬧好不好？我馬上就要將魚賣掉了。」

三毛瞪著荷西不說話，但眼神中透露出的意思卻是，你膽敢再讓別人摸臉，我就和你斷絕關係。至於魚，別說五百元，你信不信我賣到五千元一斤？

原本是要為愛廝守，現在卻要犧牲愛情來換取利益，三毛一怒之下又將另一條魚拎了回來，轉身出了大廳。荷西只能不解地緊隨其後。沒想到，三毛轉身揮手就打。

她也知道這件事不是荷西的過錯，只是因為眼前這條魚引發了不快。

「你喜歡她？我給你自由好了。不就是孤獨者的自由嗎？」三毛故作笑容，心裡難受得要死過去。她是那麼愛荷西，誰會願意有人來沾染自己喜歡的人呢？

「沒有，只是想趕緊把魚賣掉。」

原來她和他都是這樣的不容易。可她那張嘴卻是不饒人：「你是賣魚還是賣身？」

荷西不語。

事情沒過去多久，一位叫蜜娜的鄰居又出現在三毛眼中。蜜娜是當地的美人，有事沒事就跑到三毛家裡來聊天。起先她還中規中矩，說話做事都比相對小心，到後來卻慢慢對荷西生出了感情來，以至大張旗鼓要約他出門去。

荷西很尷尬，但還是巧妙地把彼此的界線劃分得很清楚，尤其經歷過一次這樣的事情後，他開始對所有示好的女人都提防著。三毛十分滿意荷西的做法，等到蜜娜結婚時，還專門和荷西一起到婚禮現場，送了一塊漂亮的布料祝賀。

豔遇是一場美麗的夢，但這夢讓三毛這個小女人輾轉反側，絞盡腦汁想著各種對策。想到這些生活中的碎片，她心情好了許多，畢竟在和女人們鬥智鬥勇的過程中，她勝出了。有開心的事，足可以滋養一天的好心情。荷西最近回來很少，三毛一個人在家操持著。隨著夜幕的降臨，她又開始了擔憂。這樣的日子沒頭沒尾，也不知道何時才能結束。但她也明白，僅僅活著是不夠的，人還需要有陽光、自由和芬芳。

眼下的阿雍城裡一片混亂，西班牙出動了警察開始設卡盤查，各種裝備著武器的車輛四處在巡邏，轟鳴的發動機破壞了往常的寂靜。很快，政府開始在這裡實施宵禁，街道上很少能夠見到行人。大家的生活變得越發不方便，槍聲也緊接著出現了，時不時就會火爆地來上一陣子，像從天空中瘋狂砸下的冰雹。事後，就會聽消息靈通的人說，哪裡發生了槍戰，場面是如何血腥。又說聯合國派駐的調停組也來到小城，為爭取和平來回奔波。各種消息甚囂塵上，各種猜疑四面湧來，讓生活在阿雍城的人們烤在了火爐上。

戰爭讓夜越來越漫長了，黑暗吞噬了小城，就連沙漠上空的圓月也不常看到了。整個城市沒有了燈光，如同陷入沙漠中。只有設防的部隊可以被清楚地看到，他們的駐地燈火通明，站在任何地方都可以一覽無遺。

荷西中途回來過一次，大致說了事情的嚴重性，並提出要一起離開沙漠。縱然再愛這片土地，但戰爭已經將這裡染紅，三毛也感到了厭煩。把美好的事物活生生地粉碎給人看，這定然是個殘酷之舉。三毛眼裡充滿幽怨，她的心簡直要碎掉了。

小城的美好從此不再，只剩下戰爭的硝煙夾雜著沙塵，熾熱的溫度暈染著焦灼的氛圍。本來就扎眼的建築，現在因為這些標語的襯托，顯得更加醜陋了。再遠一些的沙漠，雖然還保持著原樣，但是綠色早已少了許多。

還有留下來的價值嗎？三毛這段時間反覆地問自己。現在，荷西的話正中她意，她楚楚可憐地躲進了荷西的懷抱。空氣中傳來淡淡的花香。一切都在萌發中，也就是從那天晚上開始，她決定要離開這個熟悉的地方。

「你一定會難過的。」

「肯定會。一個住慣的地方就像愛人，經歷了辛酸和苦痛，只要能緊緊地握住，到死也不肯放棄。」陳平這一番話，既表達了自己對愛情的堅貞，又折射出環境的詭譎多變。

1975年10月17日，經過一段長時間的鬥爭，國際法庭做出了西屬撒哈拉享有民族自主權的裁決。面對這樣的決定，有人歡喜有人悲，戰爭的出現，讓這些常年生活在大漠裡的民族，從與世無爭變成了習慣爭鬥。只有七萬人的小城，到處都瀰漫著山雨欲來的恐慌。三毛起先還對時局心存希望，不相信會再起硝煙，現在看著一大群記者從世界各地蜂擁而來，她知道沒有緩和的餘地了。

荷西無法回來，叮囑三毛趕緊離開阿雍城。作為當地四名外籍女子中最後撤離的她，將阿雍城的一片狼藉深存在了心底。為緩解巨大的壓力，她又開始抽起了菸，有時一天會抽上三四包。菸一根根地燃燒著，燒掉的是煩躁，是壓抑，是對一個地方的念想。

從戰爭的中心倉皇逃出，兩人一路驚心地選擇了丹娜麗芙島居住。重新見到了久違的藍天白雲，心情別提有多好了。兩個人放鬆身心看著大海，喝著紅酒慶祝重生。三毛每天愜意地寫文章賺錢，荷西自由自在地在水下作業。無比明亮的光線裡，這對夫妻是幸福的，尤其是在穿越了生死之後，他們對於活著的每一天都非常珍惜。

海風吹來，帶著微微的鹹澀襲向全身，寬鬆的輕紗便飛揚起來，甜甜的笑容中便有了按捺不住的興奮。她乾脆光著腳從屋裡跑出來，無比喜悅地吶喊著，向大海跑過去，與浪花共舞。

荷西被陳平的快樂感染，也跟著奔跑起來，手裡還提著一包剛蒐羅到的漂亮貝殼。貝殼在不停地互相撞擊著，那緋紅的硨磲、別緻的玫瑰千手螺、優雅的鸚鵡螺發出了各色悅耳的聲音。

「好美的貝殼，一起環島遊吧？」兩個年輕人心血來潮，便拍板決定了從明天開始，僱船去挑戰夢境一般的大海，就像當初馳騁迷宮山一樣。如果說，當初沙漠裡的驚險刺激是為了滿足三毛，那麼對於熱愛大海的荷西來說，環島遊確實是三毛送給他最好的禮物。現在，他們和游魚一樣，完全陶醉在水天相連的恬靜中。海水有著翡翠一般的顏色，用手輕輕地捧起，立即又變得清澈通透，妙不可言。

大海與沙漠竟然如此不同，同樣彰顯著博大，大海是以包容來表現一望無際，而沙漠卻用開闊來表達無限遼遠。見過了大海和沙漠，三毛深感震驚的同時，只想這樣單純地開心下去。幸福日積月累，每每回首時，總有著太多感懷。同時，三毛也會莫名擔心幸福會不會像流沙一樣逝去，像海水一樣流走。當然，這些瞬間即逝的念頭，她又怎麼會記在心裡呢？

結婚六週年的時候，荷西送給三毛一塊老式的羅馬錶。為了等他回來一起慶結婚紀念日，三毛一直等到了天黑，心裡七上八下，直到他忐忑不安地出現在自己面前，又小心翼翼地掏出一個精緻的盒子。

「這是我加班賺來的禮物，請不要介意價格。」三毛分外感動，可當他想起荷西的辛苦，又不由自主地流下了心疼的淚水：「我們要永遠在一起，分分秒秒都不分離。答應我好不好？」荷西木訥地只是點頭，他不明白三毛最近為何動不動就會莫名地流淚。

女人心，細如針。現在看來三毛或許早有預感。紀念日過去沒多久，一個不幸的消息就傳來了。荷西潛水時意外喪生，一個熱愛大海的人就這樣離開了人世，離開了一直深愛著的妻子。三毛一遍遍地喊著荷西的名字，可是逝去的終究不會復生了。

荷西的屍體從水裡打撈上來時，整個身體都是腫脹的。面容未改，陰陽兩隔。三毛不敢相信自己見到的這些都是真的。迷宮山大難不死，還以為可以就這樣白頭到老……

人生中的分離，永遠都寫滿悲傷。

「埋下去的，是你，也是我。走了的，是我們。我拿出縫好的小白布口袋來，黑絲帶裡，繫進了一握你墳上的黃土。跟我走吧，我愛的人！跟著我是否才叫真正安息呢？我替你再度整理了一下滿瓶的鮮花，血也似的深紅的玫瑰。留給你，過幾日也是枯殘，而我，要回家去了……」當三毛顫抖著寫下這行話時，心已經成了碎片，就那麼散亂地拋撒在海邊。

—滾滾紅塵—

荷西突然離去，讓沉浸在幸福中的三毛再次變得一蹶不振。她再怎麼也不會想到一個如此熱愛水的人，會以這樣的方式和自己分開。充滿著煙火之氣的滾滾紅塵，頓時給人一種飄搖的匆匆之感。

等待了六年，相處了六年，如今所有的一切都變得虛無縹緲起來。三毛不懂，人生中為何總有那麼多傷悲。一個人的時候，她也無法靜下心來，香菸始終繚繞在身邊。就是在這樣雲裡霧裡的環境中，三毛時而清醒時而混亂。就在前不久，雙方的父母還分別來到他們這個小家，與小夫妻倆說了許多體己的話，只是想不到老人們的願望還未實現，卻得面對這樣的噩耗。

難道這一切都有預兆嗎？

六年前，三毛已經有過一次撕心裂肺的感覺，用淚水和愛情埋葬了一個安定而穩重的男子。從此，命運無常就成了潛藏在心底的陰霾，始終或隱或顯伴隨在周圍，讓她不敢面對接踵而至的幸福。這樣的想法，三毛從沒跟任何人說起過，她實在不願意把自己的脆弱展示給別人，來換取他人的同情。

記得送父母離開阿雍城去歐洲旅行時，三毛反常地表現出對荷西的不捨，荷西也是有著太多說不出的眷戀。雖然只是短暫分別，給人的感覺卻像是生死別離。那天，三毛一行乘坐著小型直升機都起飛了，可他還是站在原地不停地揮手，拚命地揮著。三毛感動得眼淚都漾出來了，又不想讓父母和周圍的人看見，就把臉緊緊地貼在舷窗上。

上次環島遊也是，大家無意中就說到了生死，三毛說笑著問荷西：「如果我現在死了你如何辦？」

荷西不假思索地說：「那我就一把火把這船燒了，生生死死就在這水裡了。」甜蜜時光裡的玩笑話，荷西卻回答得鄭重其事。當然，他清楚自己沒有了三毛，活在這個世界上也沒任何意思。同時他也發現，最近兩人談論的話題全和生死相關。他也曾告誡自己水下工作時要規範，並提醒三毛在家也要注意安全。三毛又何嘗沒有這樣的感覺？自從她的文字受到熱捧後，有不少的報紙雜誌都來約稿，其中臺灣的《讀書人》更是在書信中採訪道：假如你只有三個月的時間可活，你會怎麼辦？

這個奇怪的問題讓三毛無法回答。她不想生命的期限只有三個月，還有好多事情在等著她去完成呢。然而荷西對這個問題也很好奇，不停地催問她。她也不理，只是熟練地包著餃子。待一大盤餃子呈現在眼前，她才抬頭去看荷西。荷西見妻子終於有了空當，又是一陣催問。

「就只給我三個月的生命，沒人幫你煮飯不怕餓死啊？我才不想死，不想死，不想死！」她想起了那次死裡逃生的經歷，心情立即變得糟糕起來。荷西見狀知道闖了禍，也顧不得洗手，上前就去抱她。

「我不想死。」

「你不死，你不會死的。」一滴滴淚水落到荷西粗壯的手臂上面，有些涼。荷西不停地重復著這句話，像中了邪一般。

這樣一來，三毛反倒擔心起荷西來，她柔聲細氣地安慰著：「好好的，我們都要好好的。」

「可是我們要怎麼樣去面對生死呢？」荷西一臉茫然。

「要等到我們很老很老，老得都走不動路時，穿上新衣服躺在床上，然後一起閉上眼睛說，一起去吧。」很濃重的話題，最終讓三毛巧妙地化解開來，可死亡的氣息似乎越來越濃了。她很是煩躁不安，卻又不知如何是好。

等三毛的臉離開舷窗，她掏出鏡子補了補妝，立即變成了一臉喜氣的三毛。旁邊坐著一位著裝精緻的中年婦女，見到三毛轉身坐好，便禮貌地湊上去打招呼。

「太太，那是你丈夫嗎？感覺你們好恩愛。」

三毛聽到這些才釋然，原來愛情就是這樣啊。她收起小鏡子，理了理著裝，才微微欠身回答。

「我丈夫不想讓我去旅行。」她說著就忍不住要笑起來，趕緊用手捂上了嘴巴。

「小夫妻從來都是這樣。」對方說著，很自然地遞過來一張名片，定睛一看，上面竟然寫著「××的未亡人」。

三毛原以為自己看錯了，仔細一看確實沒錯，只是心裡有種不祥之感。也不知道是飛機顛簸，還是手有些顫抖，那幾個字一直在眼前劇烈地晃動著，由心而起的恐懼不停地向她襲來。三毛知道，當地死了丈夫的婦女，通常都會在名片上這樣寫，如果不是最近一段時間陷入生死的漩渦中不能自拔，她本是不會在意這些事情的。

「纏著我已經幾年的噩夢又緊密地回來了，夢裡總是在上車，上車要去什麼令我害怕的地方，夢裡是一個人，沒有荷西。多少個夜晚，冷汗透溼地從夢魘裡逃出來，發覺手被荷西握著，他在身畔沉睡，我的淚便是滿頰。我知道了，大概知道了那個生死的預告。以為先走的會是我，悄悄地去公證人處寫下了遺囑。」就在三毛覺得自己會出問題的時候，荷西卻先一步撒手人寰。空蕩蕩的屋子，突然沒有了他的聲音，感覺是如此靜寂。窗外的海水還是那麼碧藍，她卻少了以往生活中的歡笑。

三毛的心臟一直有毛病，時不時就會發生絞痛，經常到醫院也找不到確切的理由。雖然不是多麼嚴重，但還是會影響到日常的生活。為此，她經常會推掉朋友間的各種聚會，想多些時間陪荷西。荷西也是個工作狂，常常加班加點，從 1977 年 2 月到奈及利亞的拉格斯後，就在一家私人公司做水下測量打撈工作，水下工作風險大，島上雨水又多，為了多賺錢，他每天的工作時間長達十六個小時。

她清晰地記得，與荷西分別三個月後的那次見面。以往粗壯的荷西瘦了許多，就連茂盛的大鬍子也少了生機。最不可思議的是，三毛無意中還看到了荷西病中的日記，上面寫著某年某月，患初期瘧疾，病假兩日，藥費自理，薪水扣除。迫不及待地繼續往下翻看，發現他幾乎就沒有留給自己休息的時間。

從沙漠逃亡出來，誰也沒有想到會是這樣的結果。荷西也為此後悔過，與其每天和騾馬一樣拚命地工作，還不如待在戰爭中心，雖然擔驚受怕，至少還能享受高薪資的待遇。現在，貧窮的生活條件，殘酷地折磨著好強的荷西，也讓她在面對荷西時深藏內疚。沒有好的辦法，只能是埋頭工作，換回可憐的尊嚴。

面對現狀，三毛也是焦急地想著辦法。誰不羨慕閒適的生活條件呢？看風景、划船釣魚，享受日光浴，想想都覺得滋潤。在沙漠時，可以驅車數萬里，一覽沙漠風光。即便是剛來到海邊時，也有時間周遊群島。現在愜意的日子沒有了，經濟疲軟，工作並沒有想像中那麼好找，謀取高收入的工作更是不易。

有天匆匆行走在路上，她只顧著想找工作的事情，卻沒想到迎面撞上飛馳而來的汽車。真是屋漏偏逢連夜雨，家裡更加愁雲密布。

三毛還算沒有大礙，只是骨折。痊愈出院後，下體仍時有出血現象。荷西不放心，又帶她去醫院進行了複查，才知是車禍引發的一系列婦科後遺症。由於當地醫院條件簡陋，無法治療。面對醫生的診斷，還有鉅額的醫藥費用開支，三毛又急又憂。為了盡快恢復身體，她只能飛回臺灣進行治療。

一連串的現實問題，緊緊地壓迫著這兩個人，讓他們無法喘過氣來。三毛的菸抽得比以前要凶多了，經常抽菸不但讓她的膚色發生了變化，而且性情也開始變得多疑、神經質起來。尤其夜半時分經常會從夢中醒來，說荷西會丟下她不管。更可怕的是，她說自己感到了死亡的來臨。

她睡眼矇矓地嘶啞著嗓子，用手緊緊地抓住荷西，生怕他會拋棄自己。「一直都以為是我，一直預感的是自己，對著一分一秒都是恐懼，都是不捨，都是牽掛。」為了讓三毛的精神狀況得以恢復，荷西只好辭去工作回家照顧她。日子越發拮据，幸好三毛的創作漸入佳境，筆下生花，寫出了一系列好作品，可以賺取稿費，來養活這個家。

三毛筆下的生活是豐富多彩而又刺激的，吸引著世界各地的華人。這些她當時並不清楚，只是默默地在煙霧的刺激中努力寫著。隨後她的作品由皇冠出版社以《撒哈拉的故事》為名結集出版，接著《雨季不再來》、《稻草人手記》、《哭泣的駱駝》等書籍也陸續得以出版問世，甚至成為供不應求的暢銷書。在臺灣，三毛的名字慢慢為人所知，她筆下的故事也吸引和感動著千萬讀者。

飛回臺灣治療期間，三毛享受到很高的禮遇，聞訊而來的記者一批接著一批地採訪她，那些熱愛三毛故事的讀者也想盡辦法找到醫院，希望她能簽名留念。那段時間，三毛的情緒才有所好轉，她像孩子一樣，樂於看到這樣的場景，喜歡這樣熱鬧的氣氛。

醫院也專門將她安排到一處僻靜之所，因為擔心會招致其他病患的投訴。沒想到，一起住院的病友們聽說和三毛在一起，爭相送她水果和補品，讚譽她年輕有為。荷西傻傻地開心著，為著自己心愛的人。

隨著身體日益康復，三毛的活動越發多了起來，每天都有不同的人來請她吃飯、講座，把她視為偶像。荷西也不說話，就像保鏢一樣緊隨周圍。拚命寫稿，為三毛贏得了意想不到的榮譽。一次活動中，三毛無意結識了作家徐先生。雖未曾謀面，但先生的長篇小說《風蕭蕭》卻早已深深地植入心底，她一度曾為這樣的作品架構和文采讚嘆，她的創作風格也受其影響。

飯局中，兩人越說越近，大有相見恨晚之情，老作家抓住這位文壇新秀的手久久不願放下。都說文人相輕，在這個世界上，其實有個能夠懂自己的人並不容易。

飯局結束後，徐先生激動地要讓三毛認自己做乾爸。三毛也樂意順水推舟，便行了禮節，送了禮物。三毛身體復原後，並沒有立即離開臺北，而是懷揣著好心情去臺灣各處採風旅遊。荷西沒有心情遊玩，早早回去找工作，他也知道，養家餬口才是第一要務，只要三毛心情好，想怎麼樂就怎麼樂。徐老先生也去了法國巴黎，他和三毛都十分珍惜這份感情。又是一段快樂時光。

島上，荷西困窘到連飯也吃不到嘴裡。到後來，就什麼也不去在乎了，隨便和一個只有四個人的小公司簽了用工合約，工作的地點也到了奈及利亞。公司有兩個是老闆，剩下荷西和另外一個負責潛水。荷西為了賺錢，玩了命地工作著。工作的流動性非常大，可以說哪裡需要就要到哪裡去。可是沒想到惡毒的老闆為了獲取最大利益，不僅扣押了他的護照，還剋扣薪水和獎金。荷西不擅長語言表達，只能數次找到老闆苦苦哀求。

老闆才不理會，每次都是假裝答應，事後就會翻臉不認人。無奈之下，他只能把這些委屈說給三毛聽。三毛一聽氣就不打一處來，便早早結束了觀光旅遊，飛到荷西身邊。她生性不羈，兩次找到那位黑心老闆，指著鼻子就開口大罵。不管怎麼說，他們總算發狠要到了一小部分的收入。面對著這來之不易的收入，兩個人傷心得相擁在一起痛哭。他們實在沒想到，現在連生存都成了問題。辭去這份工作後，荷西又在附近的丹娜麗芙島上重新找了份工作。

這就是患難夫妻。雖然面對的都是些微不足道的小事，但這樣的經歷不斷加深著彼此的感情。不管怎麼說，他們精神方面是幸福的，兩顆放逐了許久才結合在一起的心，更渴望著能早些結束流浪。有個安定的歸宿，對他們來說才是最重要的。

日子始終按部就班地過著。自有了穩定的工作後，他們又重新開啟了幸福生活的模式。時間很快就到了除夕夜。

新年鐘聲即將敲響，1979年馬上到來。終於結束了所有煩瑣的事情，可以心平氣和面對眼前的一切美好了。丹娜麗芙島海岸邊已經聚集了不少慶祝新年的人，大家興高采烈地欣賞著一朵朵盛放的煙火。忽明忽暗的火光，時而照亮海岸，時而映襯臉龐，兩個人終於心無旁騖地依偎在了一起。生活的壓力在無形中摧殘著他們，也只有這個時候，開心才會沖淡所有的不幸。

「為我們未來幸福的生活，一起許十二個願望吧。」聽到讓她許願的提醒，再想到之前發生的一系列不快，她趕緊學著荷西，虔誠地舉起雙手。鐘聲每響一下，她就默默唸誦一句。臉上寫滿了難得的幸福。

等鐘聲的餘音輕輕落下，荷西拉著三毛的手開心地祝福道：「新年快樂，祝福寶貝新年快樂！」手和手緊緊相牽，像是極度害怕分離一樣。一種不好的預感再次從心而起，但又很快從心間飄過。對於死亡，三毛是無所畏懼的。

所有不好的預感，終究都成了悲痛的現實。當三毛驚聞噩耗來到拉芭瑪島時，並沒有見到荷西的屍體。一群人正在打撈著。她突然有些欣然，希望這只是一個誤會，於是便跪在沙灘上，祈求上帝用自己的生命來換回荷西。那漫長的一夜，只有大海在悲鳴。

這次，三毛沒有那麼幸運了。不吃不喝兩天後，荷西的屍體從大海中被撈了起來。她瘋狂地撲了上去，拚命地晃動他的身體，已經僵硬的身體再也不會說笑了，他把所有的時光和歡笑，都這樣無情地帶走了。沙漠裡的神仙眷侶，海灘邊的王子公主，兩個人祈禱的白頭到老，承諾的一生一世，原來都無法逃脫命運的安排。

海水開始漲潮，荷西再也不會如同靈動的游魚，在海浪中穿梭翻滾了。呆呆地守著他的身體，三毛只有沉默，之前兩個人總是有著說不完的事情，現在都消失不見了。也不知道哭暈了幾次，但靈是一定要守的。三毛知道，荷西沒有走遠，也不會走遠。那些日子裡，她的眼淚都哭乾了，心早碎得沒有了形狀。

荷西入土的時候，不足三十歲。三毛請匠人打造了一個十字架，又獨自拖著來到墓地，算是送給荷西的最後一件禮物，此後的日子裡風風雨雨就這麼陪伴著他。「那個十字架，是你背，也是我背，不到再相見的日子，我知道，我們不會肯放下。」她很想隨著荷西一起死去。「我要獨自把墳挖好，一剷剷泥土和著我的淚水，心裡想，荷西死在了他的另一個情人的懷抱裡——大海，應也無憾了。」

起初不經意的你，和年少不經世的我，紅塵中的情緣，
只因那生命匆匆不語的膠著。想是人間的錯，
或前世流傳的因果，終生的所有
也不惜換取剎那陰陽的交流。
來易來去難去，數十載的人世遊。分易分聚難聚，愛與恨的千古愁。
……

──最後赴約──

天人兩隔，沒有了荷西的陪伴，三毛像傀儡一樣活著。

又是無比淒涼傷心的一天，三毛痴痴地在墓園一直坐到黃昏，直到守墓人前來催促她，才算回過神來。黃土依稀散發著清香的味道，瀰散在靜寂的環境中。夕陽西下，散淡地照著沉重的十字架，那十字架顏色越發黯淡，像極了荷西的膚色。常年浸泡在水裡，他給人的感覺剛武有力，尤其那黝黑的皮膚，更是彰顯著男人的力量。

四周開始變暗，林立的松柏幽幽暗暗，不時還有奇怪的聲音傳來。三毛沒有感到害怕。平日裡，她相信風水說，也知道待在這種地方很晦氣，可是今天她實在不願離開。因為她怕墓地的那扇鐵門一旦關上，荷西一個人在這裡會害怕、會孤單。

父母聞訊也趕過來幫忙料理後事，他們看上去明顯憔悴了許多。大家都默默地做著事情，都沒有太多的話要說。其實，他們才是最傷心的。女兒已經經歷了兩次這樣的別離，縱然再堅強，這次的打擊也未必能挺過來。送別那天，三毛瘋狂地哭，似乎想用眼淚來喚醒荷西，大家都勸不住她，葬禮也一度被迫停下。大家都被她的真摯感染，悄悄地拭去淚水。

父母也上前去勸說，可是沒有任何的效果。悲慟不斷觸及著三毛。「哪怕手斷了，臉醜了，都無所謂，一定要把我的荷西還給我。」由於太過悲傷，被迫給她注射了鎮靜劑。

從前拮据的生活，有著別人無法體會到的樂趣。那時候，荷西捕捉到的魚總是多得吃不完，就會大大方方地送給鄰居們一起分享，還會把一些漂亮的貝殼、海螺分給周圍的小朋友。生活的壓力著實很重，可自由的心一如既往。而這，也是三毛所看重的地方。因為她知道，這貧窮的生活終究有一天會過去，就像烏雲遮不住藍天。也正是基於這樣的想法，她才用心愛著荷西，陪伴著他從沙漠到海島。

原本是充滿著希望的幸福之地，最終卻成了傷心之處。她欲哭無淚，想把這一切都完全忘記，只是這些都已經深深地融入血脈中，一時半會兒又如何能夠抹去呢？

現在，她更多的是懊悔，覺得自己當初不該讓荷西承擔太大的壓力，如果不是為了拚命地賺錢，他或許還能說說笑笑，開心地陪伴著自己。三毛恍若掉進了無形的黑洞中，只是不停地往下墜，好像永遠沒有盡頭。她只能伸手亂抓，想讓自己停下來，可是沒用。

沒有了牽掛，三毛也只能隨著父母回臺灣。可是回去又能做什麼呢？

一路上，她都在思索著這個問題。說實話，此時的她也不知道為誰而活，如何活下去。國中時代的夢魘又出現在腦海中。血不停地流淌著，流了一身一床一地，看到這些，她嘴角露出了欣慰的笑容，不由自主地朝著血跡撲了過去。

短短的時間內，她幾次飛回臺灣，可這次的感覺與之前是大不同的。然而，前來歡迎三毛回家的讀者熱情卻是依然不減，人頭擠著人頭，身體挨著身體，鮮花連著鮮花，三毛就像來到了演唱會的現場。無數的閃光燈在閃爍，或明或暗的光束碰撞著、交織著，把憂傷的三毛包裹得嚴嚴實實。她只能無奈地面對，並不能去解釋什麼。要是有荷西在就好了，還可以和往常一樣伸手來挽他結實的手臂，她不無單純地想。

面對著這些素不相識的朋友，三毛只能強裝笑顏，哪裡還有心情來寫作呢？不論怎樣，她的出現成了臺北媒體爭相報導的熱門話題。

愛人逝去，往事如烙，回憶成殤，徒留在世間的三毛對這些撲面而來的名利，早已不會動任何心思。悲痛一次次地朝她襲來，三毛沒有任何勇氣活在這個世界上了。回到臺北的第一個晚上，她又夢見了荷西，說他如何孤獨，如何想念她。三毛頭一抬，一大把安眠藥就吞了下去，她躺在舒適的床鋪上，就等著在奈何橋上與他相見。慢慢地，頭就開始變得眩暈起來，各式各樣的場景都出現了。恰好母親進屋有事，發現後立即送醫救治。

從死亡邊緣被拽回來的三毛，沒有大吵大鬧，也沒有表現出任何感激，她此時死意已決，只想著再次尋找機會，完全就像走進了死胡同中。母親緊緊地抓著她的手，生怕她會消失掉一樣。

「孩子，別再犯傻了。你真要有個三長兩短，父母該怎麼活下去啊？」做母親的幾乎是苦口婆心規勸了，可女兒哪裡聽得進去，任憑是誰也拉不回頭。沒辦法，一向不愛說話的父親開口了。

「你再做這樣的事情，那你便和我是仇人。世代都是，因為你要殺死我的寶貝女兒。」說到這裡，老人已經是老淚縱橫。

三毛明白父母的苦心，人生中每次出現大的波折和困難時，從來都是他們默默地陪伴在自己身邊。是的，他們已經無法保護和改變自己的一切，能給予的就是陪伴。關愛如同春雨，不斷地滋潤和撫慰著她傷痕累累的心房，想努力讓她從陰影中走出來。

這是一種怎麼樣的愛啊？愛得又是如此默默無聞。許多陌生的讀者朋友聞訊後都來信安慰，好多人還找到地址上門勸說。面對著一個個因文字而相識的朋友，她慢慢地感覺自己並不孤獨。

最感人的是作家瓊瑤，得知噩耗後，立即致電三毛：Echo，我們也痛，為你流淚，回來吧，臺灣等你，我們愛你。三毛由衷感激這些朋友。她清楚地記得，從國中時代起，自己就對瓊瑤作品愛不釋手。每天都利用各種時間如飢似渴地讀著，為其中人物的命運擔心著、糾結著。

兩人真正意義上接觸，其實還要感謝皇冠出版社的平鑫濤。他看好三毛的做事風格，更看重她創作上的發展勢頭，便在三毛第一次回臺灣時，邀請她來出版社見面，沒料想瓊瑤當時也在，於是便順勢介紹兩位暢銷書女作家認識。

從傾慕到成為朋友，從素不相識到時常談論文學創作，三毛的人際圈子在不斷地擴大著。瓊瑤對三毛也很看好，時常給予幫助。三毛離開臺灣後，她的家人還因有事幾次找到瓊瑤。

現在，因荷西逝去，三毛重新沉浸在傷痛中，瓊瑤這位大姐又及時疏解她鬱結的心情，並接二連三地邀請她到家裡吃飯聊天。三毛不願去，她幾次自殺未遂後，又陸續有過幾次絕食經歷，最嚴重時竟然飯菜不能下嚥，只靠點滴維持生命。病室內隨時都飄散著刺鼻的消毒藥水味道。光從窗戶中照射進來，有種溫暖而空洞的感覺。

躺在病床上，她不停地搖晃著手中的錶，木然而有所思地盯著腕上那隻老式女錶發呆，嘴裡還不時地念叨著：以後的每分每秒都不能忘記我，讓它來幫我數。荷西，這可是你親口跟我說的，現在你卻狠心地扔下我不管了。一旁陪護的家人聽得心裡發酸，卻又不知道如何安慰才好。牆壁是白的，床單被褥是白的，三毛的臉色也是蒼白的。那蒼白中便是無處排遣的憂鬱。

瓊瑤又不厭其煩地打來電話，電話中她還是繼續開導著三毛，希望她能和文字中一樣堅強。「你來我家，這裡只有你和我，你來哭、你來講、你來鬧，隨便你幾點才走，你來，我要跟你講話。」天氣越發地晴朗了，三毛很快走出醫院，當她抬頭看藍天白雲時，才知道自己因為傷心，錯失了好多景緻。現在，整座城市都透明，閃爍著各樣的光澤。她鼓起勇氣照了照鏡子，終於要開始收拾自己了。父母靜坐著看她所有的變化，又為她準備好一束豔豔的花。

三毛打算出門了，她還特意換上一襲黑衣，讓瓊瑤明白拒絕見面的原因。經過這段時間的折磨，她已是心力交瘁，好久沒有面對過豔麗的顏色了。紅色的花、蒼白的臉、漆亮的黑衣便相互交錯在了一起。她用心嗅了嗅花香，把自己置身於茫茫人海、滾滾紅塵中。

這個夜晚，注定是難忘的。

三毛確實好久沒有這樣開口說話了。自從荷西走後，她變得越發沉默起來，不再喜歡漂亮的衣服和首飾，也不去追求華麗的生活。她更願意讓自己俯身在書海，來完成心靈的對話。瓊瑤知道她心裡的想法，極力開導和勸慰她不要草草結束自己的生命，兩人幾乎要聊到天亮，可她始終拒絕回答，以至於最後僵持在了一起。

三毛聽到類似的話太多，只覺得整個世界就要垮塌下來。可她又不能不聽，她無法辜負瓊瑤的心意。迫於無奈，她只好作了承諾：「陳姐姐，我答應你，我不自殺就是。」原以為這樣就可以結束了，瓊瑤卻不依不饒，她那不怒自威的眼神，帶有不容辯駁的說服力，她用一種比愛情更能感化人的感情，把三毛死去的心重新啟用了。

雖然心存牴觸，可三毛最後還是完全接受了她的開導。瓊瑤用柔和的語言，細雨絲絲地滋潤著她，似乎要進入她的骨髓中，將那些沉澱在血脈中的記憶拂去，使眼前的她脫胎換骨成為一個全新的三毛。

那是一種不由分說的友愛，火一樣地點燃著她。

「你要回家對父母講，說我愛你們，我不自殺，我保證。」

火辣辣的逼迫，讓三毛所有的防線都隨之決堤，她只能繳械投降，好像一個做錯事情的孩子。

三毛常常奇怪，倔強的自己為何就在這束火焰面前屈服了。

「那個夜晚，我心裡在喊你，在怨你，在恨你——陳姐姐。」人剛到家，還沒有來得及坐下休息，電話響了起來。瓊瑤的聲音又傳了過來。直至聽到滿意的答案她才說：「好了，現在可以放聲哭出來了。」

在一個極其平常的夜晚，三毛突然長大了許多，她聽著瓊瑤的開導明白了許多道理。就在這之前，她一直以為死亡是愛情的歸宿，就像荷西逝去，自己的心也要跟著埋葬。現在，她在掙扎中知道了，死亡的只是過去的美好，而未來的美好來自活好當下的每一天。她不假思索地「寫了一封信給你，說了幾句話——陳姐姐，你要對我的生命負責，承諾不能反悔，你來擔當我吧！」信匆匆寫好，反覆讀了幾遍，終究沒有再寄，她悽然地將它撕碎拋撒在風中。

想想年邁的父母，尤其是他們操持荷西葬禮時的疲憊身影，她從自殺的念想中逐漸開始退縮。老人們已經失去了半個兒子，現在如若再失去自己，又該怎麼活在這個無情的世間呢？

她總算從傷感中醒悟過來，一場夢就這樣灰飛煙滅了。她從鏡中心平氣和地看著自己，想要看清楚自己的內心。一個人重新充滿對待生活的勇氣時，定然是非常耐看的，有著花朵一樣的美麗。她開始這樣靜默地想，想努力改變鏡子中那個憔悴的三毛。

太陽昇了起來，那些深沉的綠擺脫黑夜的包圍，逐漸被閃耀的光亮裝點起來。窗外，又是新的一天，不遠處的樹林蜿蜒曲折，沿著海岸線鋪陳過去。三毛端坐著，不再呆呆地望著窗外。隨著窗戶開啟，鳥兒清脆的聲音伴隨著清香的氣息很快傳了進來。

又可以書寫那些奇妙而又刺激的生活了。這時候，她就是世界上最心靈手巧的裁縫，運用文字隨心所欲地將各種故事串聯起。現在想想，若是沒有這些文字，她也不會受到那麼多讀者的熱捧，不會在短暫的生命中，書寫出那麼多風靡世界的大作。細細地翻閱這些書，字裡行間寫滿了愛。為了愛，「我們會放棄、會沉迷、會不顧一切地飛入火中燃燒。」其實，她在創作時，就是一隻奮不顧身的飛蛾，在灰燼中，用一生的顛簸來完成生命狀態的記錄。

情緒一天天在好轉，面對著各種熱情的邀請、講座、採訪，她實在有些勉為其難。她想到了逃避。休養了三四個月後，她打算再次離開父母，回到之前生活過的地方。這也是她的心願，對於一個習慣流浪的人而言，她更喜歡外面的花花世界。

聽了這個想法後，父母建議她繞道去東南亞幾個國家走走轉轉，開闊視野，收集寫作素材。這一路確實很開心，她邊走邊玩，朝著加那利那個普通而又寂靜的家而去。一切如舊，有的只是睹物思人的心痛。她顧不得收拾家，而是先到墓園去看荷西。

在這個世界上，有一種相遇，不是在路上，而是在心裡；有一種感情，不是朝夕相處，而是默默無聞。三毛用纖細的手指，輕輕地擦拭著墓碑上的浮塵，又用油漆把十字架塗得油亮光鮮。她細緻地完成這件事，就像是同荷西在低聲細語。

「荷西，我走了。我非常想和你聊聊天，可是現在這個願望卻成了奢望。在結婚以前，在塞哥維亞的雪地裡，已經換過了的心，你帶去的那顆是我的，我身上的，是你。埋下去的，是你，也是我。走了的，是我們。我們說好的，明年春天和你的父母去臺灣旅遊，為何只留下我傷心呢？」

在她看來，荷西沒有埋在土裡，而是化在了無邊無際的大海裡。雖然天氣逐漸變冷，但她知道，自己不能這樣無情地離去。於是她用手從墳包旁邊抓了幾把黃土，用心地放在袋子裡，而後又把臉貼到冰涼的墓碑上。那徹骨的涼，讓她想起了荷西的大鬍子，又黑又扎，一絲絲直往心裡去。

三毛自然是不捨的：「我愛的人，不忍留下你一個人在黑暗裡，在那個地方，又到哪兒去握住你的手安睡？」縱然有千萬個不願意，三毛都必須一個人面對這種傷心的孤獨。

愛情就是這樣，即便是陰陽兩地，也無法阻隔。

遠去雨季

一個人的日子，總是渴望風輕雲淡。

一個人的文字，給了很多人一個流浪遠方的夢。

這時，富有才情的三毛又熱衷起研讀《聖經》來。說是喜歡裡面的文字，其實更多的是想透過參悟，來尋找心靈的淨土。也正是在這種精神的滋養下，她讓自己在旅遊與行走中活得更加明白。每日裡，她有滋有味地書寫著文字。閒暇時，也會去海邊看不斷湧來的海浪，任海水漸漸溼了衣服；也會去墓地守護荷西，靜靜地對他講過去的、現在的故事。

1980年的夏天，島上一片火熱，海水也被炙烤得來回翻滾。三毛身體每況愈下，健忘的毛病折磨著她，讓她對周圍的一切事情都厭倦起來，簡直是厭倦得要死。考慮到父母年事漸高，三毛帶著對情感的懼怕，打算返回臺灣居住。自從有了這樣的想法，如何處置房屋和家具，便成為當下緊要的事情。

三毛是性情中人，做事從來都是不急不緩。說到離開，讓她無法放下的，還是這屋子裡盛放的各種記憶。她不捨，也無法忘記。但她知道，轉身這一去將是今世不會相見。

三毛不慕時間風物，不爭凡塵冷暖，不懼人生悲喜，只為了和花兒一樣縱情綻放。對於愛情，她是至真至純地堅守。對於記憶，她情願享受世俗的孤獨。她是如此熱愛這個世界，最終卻又鬱鬱寡歡地在愛與美中悽苦。

不管怎麼說，房屋是要轉讓的。當售房廣告見報的那一刻，她又為此後悔不已，久久地待在屋裡不願出來，生怕有人來破壞這裡的擺設。但是很快就有人前來看房洽談，三毛心不在焉地注視著屋裡的一切，一遍又一遍細細地回想著。那沙漠玫瑰石，見證了生命中的驚險離奇，那破舊的摩托機車，上面還留著以往的歡聲笑語。這裡的每一件擺設，或多或少都有故事，都承載著最為瑰麗的夢想。一時間，她沒有勇氣來面對她跟荷西共同的記憶了，那是他們歷經六年打造起來的精神宮殿啊。

在這個狹小多情的世界裡，三毛用愛演繹著人生的傳奇，用落拓不羈的情懷追求著人性之美。荷西的話又響在耳邊：人生若想快樂，只要隨心而行。是的，生命不在於長短，而在於是否痛快地活過。就像眼前這間破舊的屋子一樣，不論它在這個島嶼上存在多久，都記錄著曾經的美好。

最終，房屋半價出售，家具送人，書籍送人，還有摩托、轎車都通通送給了身邊的好朋友，自己最喜歡的羅盤、潛水塑像，給了荷西生前最好的兄弟。和東西一起送出的是曾經的愛戀，是離合聚散。

沒有了家具裝扮的家，空蕩蕩的像深不見底的海，她無神地站在地板上，看著遍地的腳印傷感起來。此前，這擦得鋥亮的地板，是她最引以為傲的地方，她自己從不會穿鞋踩在上面。現在如鏡的光亮黯淡了，處處都看不到生機。

「到底跟荷西是永遠地聚了還是永遠地散了，自己還是迷糊，還是一問便淚出。」直到從屋裡走出來，周圍的變化才讓她有了些興趣，沮喪的心情逐漸散去。她只帶著一直深愛著的荷西和一堆信件遠去了。她心裡無時無刻不在想著他，否則就會壓抑得活不下去。

臺灣相關部門也幾次打來電話，邀請她主持 1981 年度廣播電視「金鐘獎」的頒獎典禮。終究無法拒絕，她只得帶著濃濃的鄉愁早早回到臺灣。

從此，一個人的隱居生活結束了，在外漂泊了十四年的海外生活也告一段落。

未等放下滿身的傷痛，竟又有不少慕名者前來瘋狂追求，並表示願意放棄家庭和事業。好心的朋友也心疼她，不時地介紹些優秀男士和她見面。三毛對這些十分排斥。更多的時候，她喜歡對著荷西的照片發呆，在這樣的對視中，不斷撫慰著心中的悲痛。衰老似乎比以往來得更快了些，她覺得自己已經累得無力承擔。

好在她是個有主見的人，又開始重操舊業，在大學當起了老師。大約是十年前，在臺北文化學院，她為學生們教授德文。現在，她又來到這裡，卻教授起了寫作。上課是有意思的事情，常常會有學生過來旁聽，教室裡被擠得水洩不通。這位暢銷書作家從來沒有架子，很快成為大家喜歡的「青春偶像」。

下課後，少男少女們就會蜂擁上來，不是求簽名留念，就是請教創作方法和技巧。三毛又不願偷懶，一堂課會準備許久。「差不多四小時課，總要看十五本書，不能說是消遣了，起碼要去找，但也不一定用。也許那課堂已經準備了很多東西。」然後還要盡心去批改作業，批語一不小心就會達到和習作一樣的數字。忙的時候，她連家都回不了。除了上課，還有個人和單位邀去文藝講座，經常累得疲憊不堪。

新結交的朋友紀政，算是體育界的名人。他就很欣賞三毛的認真。每每看著她為學生嘔心瀝血的情形，就恨不得勸說她辭掉工作。身體雖然吃不消，同孩子們在一起卻是開心的。其間，她也有過想休息的念頭，不等她主動提出來，身體就因為透支報警了，她只能前去美國做短暫療養。

紀政不忍心看三毛為喜歡的事情那麼拼，就透過關係，為她聯繫到《聯合報》的資助，去中南美洲旅遊半年。此時，到處都興起了「三毛」熱，無數的讀者為她清新的文字著迷。三毛也在逐漸拓寬寫作風格，將以前擅長編故事的套路，轉為了真實行走的記錄。

她筆下自由自在的生活，動人心魄的愛情，唯美驚險的海外世界，都在深深地吸引著每一個人。這些文字，就是她人生歷程的回憶和記錄，有時讀起來連她自己都會為之動心。所以這個機會，三毛自是不願意錯過。

對她這個習慣走在路上的人來說，陌生的地域總會讓她有著更多期待。確實如此，無論是粗獷的中世紀城堡，還是少有人煙的鄉鎮，一路上都給她留下了太多的記憶。在墨西哥的一座博物館參觀時，一座面目猙獰的神像引起了她的注意。以前就喜歡尋找各種寶貝，這種少見的神祇自然就吸引了她駐足觀賞。導遊見狀上前，介紹說是為祈求風調雨順而供奉的自殺神。

三毛聽到自殺不由得來了興趣。她是個有著自殺情結的人，也一直以來被自殺情結所困擾，現在聽說這座城市裡竟然還有這樣的神，又想起了學生時代自殺的舉動來。在她看來，自殺只是一種快速結束生命的手段，根本就不會讓人感到恐懼。於是，她便靜靜地注視著，玻璃框內燈光四射，顯得是那麼嚴肅和神聖不可侵犯。第二天，她離開前又專程去拜了神像，等她再從高處看這座博物館時，突然被周圍的荒草觸動了心思。好大的一片廢墟，與金碧輝煌的建築形成了鮮明的對比。一邊是寂寞，一邊是喧鬧。

飛機到了宏都拉斯後，三毛一邊拿行李，一邊低頭想著自殺神的事，不料卻差點撞到一個人身上。她抬頭看去，原來是一位著制服執勤的軍人。說來也奇怪，三毛看他時，對方居然露出了不易察覺的笑容。雖然只是淡淡的笑，卻也激起了她的好感來。那年冬天的奇遇，至今還深深地藏在心裡，也不知道他現在過得怎麼樣，過得好不好。她又重新細細品味了一番，這才朝著海關走去。

這個國家人不多，隨處可以見到外國人的身影，生活的節奏似乎也很慢。當地人像極了在廣場上閒庭信步的鴿子，自由自在，無憂無慮。沒事的時候，她就坐在椅子上看遠處教堂前人來人往，看小攤販，看流落街頭的乞丐，有時也會遞上一塊錢幣。天氣不熱，三毛最喜歡去的還是各種舊貨市場，透過了解當地的風俗，來熟悉這個神祕國家的文化。

人還未到巴拿馬，那條寬大的運河已經映入眼簾。似乎所有的城市，都有著不同的風格。至少巴拿馬在消費水準上緊趨美國。好在三毛並不喜歡那些外在的絢麗，只是浮光掠影地走走看看，就這樣和美籍攝影師米夏一起，一路走過了哥斯大黎加、哥倫比亞、厄瓜多、巴西等國家。

這趟神奇的行走持續了半年時間，雖然苦難艱辛，但依然有著太多難忘的故事。最緊要的是，三毛每離開一處，就會將有趣的遊記回傳給臺北的報社。讀者們幾乎每天都在期待著新報的出版，想盡快一覽中南美洲那些國家的風情。連載結束後，這些文章很快結集為《萬水千山走遍》。三毛回到臺灣後，又舉行了專題的演講會，將路途上的那些精彩故事娓娓道來。

聽到可以回中國探親的消息後，三毛立即從全島的歡呼中靜下心來，著手準備回大陸的工作。其間，她千方百計找到了居住在上海的張樂平先生，並隨信一封，大意是從小就看他的作品，長大後也以三毛為筆名進行創作，非常感激他給了她一個豐富多彩的童年。年屆九十的張樂平非常意外，知道了其中的故事後更是樂不可支，竟然不顧年邁，艱難起身畫了一幅三毛頭像贈給她。

從此，兩人就開始了書信往來，隨後三毛於 1989 年 4 月回到上海探望老人。記憶中的舊事物已經很難尋覓到了，這也是她自 1945 年離開中國後四十多年來首次回家。沒想到兩個素不相識的人，竟然十分投緣。相處的幾天中，人家親近得就像是一家人。走的那天，老人潸然淚下，囑咐她要多保重。三毛也忍不住淚流滿面，拉著老人的手久久不願鬆開。

接下來，她又回到老家祭祖，一一見過故友鄉親，對生養自己的這片土地充滿崇敬之心。或許是心有所繫，她在一段時間內數次前往中國，並努力完成了由林青霞主演的《滾滾紅塵》的劇本。

兩人興奮地討論劇本的故事情節，三毛還因吃酒，不小心摔斷了三根肋骨。雖然意外受傷，可她並不在乎，以執著的態度，每日裡趴在榮民總醫院的病床上堅持編劇。在林青霞的記憶裡，「她把劇本一頁一頁地讀給我聽，彷彿她已化身為劇中人。到了需要音樂的時候，她會播放那個年代的曲子，然後跟著音樂起舞」。傾注了心血，就會有回報。當林青霞用絕佳的演技演繹出這段感人的故事時，不僅感動了真誠的讀者，也斬獲了第27屆金馬獎最佳女主角。站在炫目的臺北大劇院的領獎現場，她激動地對觀眾說：「沒有三毛，我不會得這獎，是她成就了我。」

燈光閃耀的背後，還有著不為人知的故事。三毛離別荷西之後，又有了新的感情經歷，於是在千萬人的關注下，書寫出一段淒美的傳奇故事。

1990年3月，三毛無意從《臺灣時報》上讀到幾篇關於民歌之王王洛賓的文章，得知他遭受了二十七年的牢獄之災，依然從心底流淌出唯美動聽的歌。三毛一時興起，立即請人找到他的聯絡地址，隨團隻身飛赴新疆拜會已經七十多歲的老人。那些天，這一老一少騎車穿行大街小巷，在塵土飛揚中享受著別樣的溫情。

也不知是因她從小聽著他創作的這些民歌長大，還是感懷於他的才華和不幸，想用後半生去撫平他內心的傷痕，為此，她還剪下一縷青絲，悄悄地夾在兩人一起彈唱的樂譜中，權作定情的信物吧。此時，三毛四十七歲，王洛賓七十七歲。現在看來，真有著「一縷青絲一縷魂，一縷悲切一縷塵。一縷青絲為君剪，一縷青絲纏君魂」的意味。

可能是優美的民歌征服了她，也可能是老人的精神感動了她。這個才氣斐然的女子在短短三個月的時間內，寫了十五封書信，來傾訴心中的愛慕之情。待到八月下旬，三毛跟隨《滾滾紅塵》劇組，沿著絲綢之路從西安、蘭州、敦煌西行，再次來到新疆。這樣的遠足滿足了她流浪的夢想，也飽覽了大好河山。當然，她此行還想再見到王洛賓，因為她的心早已留在了西域。三毛此行還帶來了簡單的行李，包括一套西藏女孩的服飾。

理想總是太美，一個個性外向，一個嚮往孤獨，一個豪放，一個拘謹，終歸無法生活在一起。半個月後，三毛終是黯然告別老人而去。

其實，四月時，三毛還曾想見心中極愛的大師級作家賈平凹。當她在西安機場下了飛機時，興沖沖的情緒突然全無，便乾脆在廣場上發起呆來。那一刻，說不清這是一種怎樣的心境。但她還是選擇了華麗地轉身。或許是三毛更喜歡相見不如懷念的感覺，或許是三毛認為這樣的做法過於冒失，便臨時改變了主意。她想，「賈平凹就住在這個城市裡，心裡有份巨大的茫然，抽了幾支煙，在冷空氣中看煙慢慢散去，而後我走了，若有所失的一種舉步」。

留下了一地飛散的菸灰，和或明或滅的菸頭。

三毛雖然只讀過賈平凹的兩部作品，卻反反覆覆地讀了二十來遍，她從中讀出了某種孤寂，以至於「胸口悶住已有許久」。素昧平生的兩位作家，透過書信隔海交流，感受著彼此作品中的真誠。次年元月，新年鐘聲剛剛敲過，三毛帶著新年的願望，寫下了新年的第一封信給賈平凹，說她打算春夏之交來西安，「到了不必陪了遊玩，只想跟您講講我心目中所知所感的當代大師——賈平凹」。

無論是王洛賓風靡一時的民歌，還是賈平凹輕靈飛揚的文字，都見證和凝結了三毛與他們至深至純的友誼，讓有著最從容最自由性情的三毛充分地彰顯出了自我。她原本就是個簡單的人，想哭的時候就哭，想笑的時候就笑，既有著頑皮可愛，又有著美麗瀟灑。這一切都出於自然，不求深刻，只求簡單。

1991年1月2日，三毛因為子宮內膜肥厚住進臺北榮民總醫院。母親全程陪伴著她。女兒這些年來的種種經歷，讓她始終有著操不完的心。好在手術非常順利，家人這才漸然放下心來。她一邊收拾著身邊的東西，一邊催促母親回家休息，勸慰她不要因操勞過度影響身體。晚上休息前，母女倆又開心地聊了聊三毛的病情和以後的其他打算。

4日清晨，母親起床做飯，突然接到醫院傳來的噩耗：三毛自縊身亡。無比沉痛地放下電話後，聲音嘶啞的繆進蘭已無法哭出聲來，父親陳嗣慶也陷入了極度悲傷之中。無論別人怎麼勸說，他都無法接受這個現實，一直抱著女兒不放，並親吻著女兒，希望她能夠再活過來。在看著女兒送走了一個個心愛的人之後，他們最終又看著心愛的女兒悽慘離去。

品一世流年，醉一曲笙歌。望一眼浮華，念一人傾城。不知道是誰寫出如此唯美的句子，但輾轉輪迴中，一切都似注定，而三毛這個奇女子仍在孤獨中驚豔了歲月，在千迴百轉中刻劃著不老的容顏。

塵世孤旅，三毛傳：

只要這一切出於自然，我不求深刻，只求簡單

作　　者：常曉軍
發 行 人：黃振庭
責任編輯：高惠娟
出 版 者：崧燁文化事業有限公司
發 行 者：崧燁文化事業有限公司
E-mail：sonbookservice@gmail.com
粉 絲 頁：https://www.facebook.com/sonbookss/
網　　址：https://sonbook.net/
地　　址：台北市中正區重慶南路一段 61 號 8 樓
8F., No.61, Sec. 1, Chongqing S. Rd., Zhongzheng Dist., Taipei City 100, Taiwan

電　　話：(02)2370-3310
傳　　真：(02)2388-1990
印　　刷：京峯數位服務有限公司
律師顧問：廣華律師事務所 張珮琦律師

定　　價：375 元
發行日期：2024 年 07 月第一版
◎本書以 POD 印製
Design Assets from Freepik.com

國家圖書館出版品預行編目資料

塵世孤旅，三毛傳：只要這一切出於自然，我不求深刻，只求簡單 / 常曉軍 著 . -- 第一版 . -- 臺北市：崧燁文化事業有限公司 , 2024.07
面；　公分
POD 版
ISBN 978-626-394-524-1(平裝)
1.CST: 陳平 2.CST: 傳記
783.3886　　113009875

電子書購買

爽讀 APP

臉書